"十四五"职业教育国家规划教材

"十三五"职业教育国家规划教材

职业教育

电子商务专业

实战型

教材

电子商务基础与实操

（第二版）

主　编　苏　莉　相成久

副主编　张晓娟　刘来毅　梁　丽

常艳丽　栾　兰　李　季

参　编　王木子　于倩颖　王雪飞

王小一　郭　丽　刘　雪

苏雅蓉　张　莹　丁旭佳

张　雷

PPT课件　电子教案　课程标准　习题试卷

中国人民大学出版社

· 北京 ·

图书在版编目（CIP）数据

电子商务基础与实操 / 苏莉，相成久主编. --2 版
. --北京：中国人民大学出版社，2023.6
职业教育电子商务专业实战型教材
ISBN 978-7-300-31675-8

Ⅰ. ①电… Ⅱ. ①苏… ②相… Ⅲ. ①电子商务—职
业教育—教材 Ⅳ. ①F713.36

中国国家版本馆 CIP 数据核字（2023）第 074527 号

"十四五"职业教育国家规划教材
"十三五"职业教育国家规划教材
职业教育电子商务专业实战型教材
电子商务基础与实操（第二版）
主　编　苏　莉　相成久
副主编　张晓娟　刘来毅　梁　丽　常艳丽　栾　兰　李　季
参　编　王木子　于倩颖　王雪飞　王小一　郭　丽　刘　雪
　　　　苏雅蓉　张　莹　丁旭佳　张　雷
Dianzi Shangwu Jichu yu Shicao

出版发行　中国人民大学出版社
社　　址　北京中关村大街 31 号　　**邮政编码**　100080
电　　话　010－62511242（总编室）　010－62511770（质管部）
　　　　　　010－82501766（邮购部）　010－62514148（门市部）
　　　　　　010－62515195（发行公司）　010－62515275（盗版举报）
网　　址　http://www.crup.com.cn
经　　销　新华书店
印　　刷　北京七色印务有限公司　　**版　　次**　2018 年 2 月第 1 版
开　　本　787 mm×1092 mm　1/16　　2023 年 6 月第 2 版
印　　张　12.75　　**印　　次**　2025 年 6 月第 4 次印刷
字　　数　312 000　　**定　　价**　38.00 元

第二版前言

党的二十大报告提出："必须坚持科技是第一生产力、人才是第一资源、创新是第一动力，深入实施科教兴国战略、人才强国战略、创新驱动发展战略，开辟发展新领域新赛道，不断塑造发展新动能新优势。"职业教育是科教兴国战略、人才兴国战略的重要组成部分，为适应上述战略，培养出符合未来社会需要的技术技能型人才，国家推动实施"三教"改革，教材改革就是其中之一。对职业院校学生而言，需要既具有针对性、又具有实践性的教材。本教材自 2018 年出版以来，得到广大职业院校的肯定，对职业院校电子商务专业应用型人才培养发挥了一定的作用。但电子商务是一个新兴产业，近年来发展特别迅速，一些新技术、新方法的不断应用，特别是移动互联网技术（如 5G 技术）的大量应用，使得电子商务在理论上不断有新的突破，在实践上不断有新的模式，新问题、新思想、新观点不断出现，这就客观上要求相关教材必须适应新的形势，跟上时代步伐，不断更新内容。

本次修订结合科教兴国战略的要求，融入了行业发展新技术、新理论，使教材内容更趋完善，具有更强的时代性和可操作性，能更好地让学生掌握电子商务相关理论及最新的电子商务操作技能，增强学生分析问题、解决问题的能力。本次修订还契合创新驱动发展战略，培养学生的创新能力和自主创业能力，在教材中融入了党的二十大精神，旨在让学生树立新的发展目标，苦练技能，成为爱岗敬业、"德技双馨"的社会主义事业建设者。

本次修订工作由电子商务教学一线教师与电子商务企业工作人员合作完成，具体分工如下：项目一由梁丽、王雪飞、刘雪负责；项目二由刘来毅、张莹负责；项目三由栾兰、郭丽、苏雅蓉负责；项目四由张晓娟、丁旭佳负责；项目五由苏莉、李季、张雷负责；项目六由常艳丽、苏莉、王木子负责；项目七由相成久、苏莉、王小一负责。

编写人员具体情况如下：

苏　莉：营口市农业工程学校

相成久：辽宁农业职业技术学院

张晓娟：辽宁农业职业技术学院

刘来毅：辽宁农业职业技术学院

梁　丽：朝阳市财经学校

常艳丽：铁岭市信息工程学校

栾　兰：昌图县职业技术教育中心

李　季：辽宁农业职业技术学院

王木子：辽宁农业职业技术学院
于倩颖：辽宁农业职业技术学院
王雪飞：辽宁农业职业技术学院
王小一：辽宁农业职业技术学院
郭　丽：营口市鲅鱼圈区中等职业技术专业学校
刘　雪：深圳技师学院
苏雅蓉：开封技师学院
张　莹：辽宁省劳动经济学校
丁旭佳：沈阳京东世纪贸易有限公司
张　雷：辽宁京邦达供应链科技有限公司

本教材在编写过程中借鉴了很多学者的成果，一些软件来自互联网（仅限教学使用），在此对相关作者表示诚挚的感谢。

由于时间仓促，教材中难免存在差错和疏漏，恳请广大读者批评指正。

编　者

目 录

项目一 电子商务初识与体验 / 1

任务一 电子商务初识 / 1

任务二 电子商务体验 / 13

项目二 电子商务网络技术基础 / 26

任务一 互联网技术 / 26

任务二 网络平台搭建与运维 / 33

项目三 电子商务支付与结算 / 38

任务一 电子银行支付 / 38

任务二 第三方支付 / 43

项目四 网上交易处理 / 53

任务一 C2C 交易处理 / 54

任务二 B2C 交易处理 / 68

任务三 B2B 交易处理 / 80

任务四 O2O 电子商务模式 / 87

任务五　移动电子商务与跨境电子商务交易模式　/ 97

项目五　电子商务供应链管理　/ 107

任务一　现代电子商务物流模式　/ 107
任务二　电子商务物流解决方案　/ 120

项目六　网络营销运营与规划　/ 133

任务一　网络营销初识　/ 133
任务二　网络营销策略规划　/ 140
任务三　网络营销运作　/ 152

项目七　电子商务安全与法律保障　/ 179

任务一　电子商务安全技术　/ 179
任务二　电子商务立法及相关法律　/ 188

参考文献　/ 197

项目一

电子商务初识与体验

问题引入

出于对商业和互联网的热爱，小米选择了电子商务专业，可是她并不知道什么是电子商务，只是听人说电子商务是热门行业，可以在网上卖东西赚钱，她也听说很多人在网上赚到了钱。小米也想在网上淘金，打算将来毕业之后做电子商务，成为一名“白领”，或者开一家网店创业，可是做这些需要哪些知识和技能？电子商务到底能做什么？对此，小米的认识十分模糊，你能告诉小米吗？

任务导读

本项目主要包括电子商务初识和电子商务体验两个学习任务。学生可以通过具体的学习任务，借助互联网资源和教学资源包提供的资料自学，并与其他同学讨论交流，从而对电子商务产生兴趣，认识电子商务。

学习目标

通过本项目的学习，学生应该：对电子商务有一个初步了解，对电子商务的学习产生兴趣；理解电子商务的含义和发展历史；对开展电子商务的利益、风险及必要性有清醒的认识；掌握电子商务的类型和模式。

任务一　电子商务初识

案例导入

电商创业，年收入50万元，成为学校创业明星

小杨就读于一家中职学校，他有一个不一样的梦想，于是，中职二年级开学没多久，

小杨就开始在学生宿舍推销义乌名牌——梦娜袜子。后来，在朋友的推荐下，小杨开始转战淘宝网。

万事开头难，在淘宝网申请了账号后，他拿出了身上仅有的500元，又向同学借了1 000元，凭着这1 500元，来到商贸城进货。小杨在刚开始经营自己的网上店铺时，问津者寥寥。开业后的第二天晚上，小杨发现有一位客户下了订单。客户选购了一件产品，如果发货，他只能赚0.5元。为了赚这0.5元，小杨舍不得坐公交车，而是步行送货，因为坐公交车要花去1.5元，那这趟生意就亏本了。

在实现了零的突破后，小杨更加注重把握营销方向、价格定位、产品质量。渐渐的，他开始从事化妆品销售，业务量稳步上升，最终稳定在每天100多笔订单、每月2万多元的销售额。

依托义乌的化妆品产业集群，小杨能以很便宜的价格进货，他淘宝网店的生意节节攀升。现在，小杨已成为该中职学校名副其实的创业明星，每年网店的收入达到了50万元，同学们都戏称他“杨总”。

问题与思考：

1. 网上开的店与传统店铺一样吗？为什么小杨能赚到钱？
2. 网上开店就是电子商务吗？你如何理解电子商务？

学习任务单

学习情境	出于对电脑和网络的热爱，小米选择了电子商务专业，可是她并不知道什么是电子商务，只是听人说电子商务是热门行业，可以在网上赚到钱，她也听说很多人在网上赚到了钱。小米也想在网上淘金，打算将来毕业之后搞电子商务，开个网店创业，可是做这些需要哪些知识和技能？电子商务到底能干什么？它有哪些形式？对此，小米的认识十分模糊，你能告诉小米吗？
环境需求	1. 计算机（每人1台）。 2. 互联网接入。 3. 3分钟短片《感受20年中国电商发展　国人消费方式巨变》与央视财经评论《第11个“双11”今年有啥不一样?》（教学资源包提供）。 4. 百度搜索引擎使用说明书（教学资源包提供）。 5. 学习任务考核单（可在教学资源包中下载电子版）。
任务描述	1. 观看视频，调查同学中有过网上购物经历的比例，并请同学们谈谈购物经过和对电子商务的初步理解。 2. 利用搜索引擎搜索电子商务的含义、发展历史及现状，结合自身的理解，说说什么是电子商务，并填写学习任务考核单（要用自己的语言描述）；将电子商务发展的历史以时间段的形式填入学习任务考核单；将近年来电子商务的发展情况以交易额数据的形式填入学习任务考核单。 3. 通过网络了解目前社会上对电子商务人才的需求情况，从教学资源包中下载“电子商务人才岗位需求调查统计表”，仔细阅读，看看你适合哪些岗位或者你将来想从事哪些岗位的工作，确定你学习的个人偏好并填入学习任务考核单。 以上任务建议2学时完成。

小调查	1. 你有网上购物的经历吗？ □没有 □有 2. 如果网购过，你购买的是哪类商品？（可多选） □服饰 □鞋帽 □化妆品 □电器 □食品 □家具 □其他 3. 你在大学期间想开网店吗？ □很想 □看情况吧 □不想 □无所谓 4. 你有 QQ 号码和电子邮箱吗？ □没有 □有，QQ 号码：__________，电子邮箱：__________
素养提升	学习“素养园地”内容，思想和行动紧随党的二十大科教兴国战略、人才强国战略、创新驱动发展战略要求，树立创新意识，努力学习实践，使自己成为新时代国家建设的栋梁。
任务拓展	根据你的学习偏好，到图书馆借阅相关书籍。如果没有 QQ 号码和电子邮箱，请利用课余时间申请。

学习任务考核单

姓名：　　　　　　　　　　　　　　　　学号：

序号	任务	分值	总结与归纳	成绩
1	你的购物经历	10 分		
2	电子商务的含义	20 分		
3	电子商务的发展史	30 分		
4	电子商务的发展现状	30 分		
5	你喜欢的岗位	10 分		
合　计				

＊请学生填写完学习任务考核单后上交。

知识探究

1. 电子商务的定义

“电子商务”是一个外来词，最早来源于“Electronic Commerce”（E-Commerce 或 EC），后来国际商业机器公司（IBM 公司）等又提出了“Electronic Business”（E-Business 或 EB）。目前人们对电子商务的理解尚未统一，不同组织、IT 公司、学者等都依据自己的理解和需要为电子商务下了不同的定义。

1.1 国际组织对电子商务的定义

（1）世界电子商务会议关于电子商务的定义。1997 年 11 月 6—7 日，国际商会在法国巴黎举行了世界电子商务会议，该会议从商业角度给出了电子商务的定义：电子商务是指对整个贸易活动实现电子化。

（2）联合国经济合作与发展组织（OECD）关于电子商务的定义。它认为，电子商务是发生在开放网络上的包含企业之间（Business to Business）、企业和消费者之间（Business to Consumer）的商业交易。

1.2　世界著名 IT 公司对电子商务的定义

（1）IBM 公司。IBM 公司认为，电子业务（E-Business，EB）的概念包括三个部分：内联网（Intranet）、外联网（Extranet）和电子商务（E-Commerce，EC）。它所强调的是在网络计算环境下的商业化应用。

（2）英特尔（Intel）公司。Intel 公司认为，电子商务＝电子化市场＋电子化交易＋电子化服务。

1.3　我国学者对电子商务的定义

从上述定义可以看出，电子商务是一个不断发展的概念。人们只是从不同角度各抒己见，没有谁对谁错之分，都有其科学之处。

我国学者从广义和狭义两个方面给出了电子商务的定义。

（1）广义的电子商务。广义的电子商务一般用 EB 表示，是指各行业、各部门（包括政府机关和企业、事业单位）、各种业务的电子化和网络化。在这个定义下，电子商务又可以称为电子业务，泛指现代的一种经营手段和经营理念，包括电子政务、电子军务、电子教务、电子商务、电子医务、电子公务、电子事务、电子家务等。

小提示

目前，许多学校的网络教学模式、远程教学模式都属于广义的电子商务。

（2）狭义的电子商务。狭义的电子商务一般用 EC 表示，是指人们利用电子化手段进行以商品交换为中心的各种商务活动，如企业与企业之间、企业与消费者之间利用计算机网络进行的以商品交换为中心的各种商务活动，也称电子交易。它包括网络营销、网络广告、网上洽谈、电子购物、电子支付、电子结算等不同层次、不同程度的电子商务活动。人们一般理解的电子商务是指狭义上的电子商务。

无论是广义的还是狭义的电子商务的概念，都涵盖了两个方面的内容：一是离不开互联网这个平台，没有了网络，就称不上电子商务；二是通过互联网完成的是一种商务活动。

扫一扫

深度加油站：新零售

（3）电子商务的概念模型。电子商务的概念模型是对现实世界中电子商务活动的一般抽象描述，它由电子商务实体、电子市场、交易事务和信息流、商流、资金流、物流等基本要素组成，如图 1－1 所示。

在电子商务概念模型中，电子商务实体是指能够从事电子商务

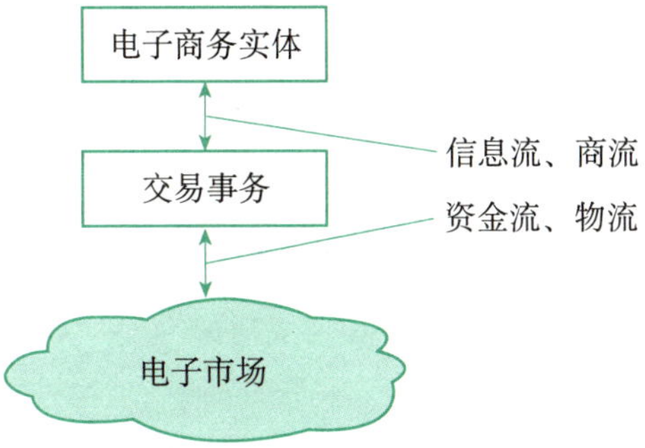

图 1-1 电子商务的概念模型

的客观对象，如企业、银行、商店、认证中心、政府机构和个人等；电子市场是指电子商务实体从事商品和服务交换的场所，它由各种各样的商务活动参与者利用各种接入设备（计算机、个人数字助理等）和网络连成一个统一的整体；交易事务是指电子商务实体之间所从事的具体的商务活动的内容，如询价、报价、转账支付、广告宣传、商品运输等。

电子商务中的任何一笔交易都包含四种基本“流”，即信息流、商流、资金流和物流。

信息流是对服务于商流和物流所进行的信息活动的总称，既包括商品信息的提供、促销行销、技术支持、售后服务等内容，也包括诸如询价单、报价单、付款通知单、转账通知单等商业贸易单证，还包括交易双方的支付能力、支付信誉等。

商流是指商品在购、销双方之间进行交易和商品所有权转移的运动过程，具体指商品交易的一系列活动，包括交易前的商品宣传，用户选择及双方的谈判磋商，交易中的规则确认（合同）及订货、发货过程，交易后的服务行为等，往往涉及商检、税务、海关、运输等各行业。

资金流主要是指资金的转移过程，包括付款、转账、兑换等过程。它始于消费者，终于商家账户，中间可能经过银行等金融部门。

物流主要是指商品和服务的配送和传输渠道。它包括配送、运输、保管、包装、装卸等多项活动。物流可以在线完成，也可以离线完成。

在电子商务环境下，信息流、商流和资金流的处理都可以通过计算机和网络通信设备来实现。物流作为电子商务四种“流”中最为特殊的一种，是物质实体（商品和服务）的流动。

2. 电子商务的基本组成要素

电子商务的基本组成要素有计算机网络、用户、认证中心、物流配送中心、网上银行、商家等，具体如图 1-2 所示。

2.1 计算机网络

计算机网络包括国际互联网（Internet）、内联网（Intranet）和外联网（Extranet）。

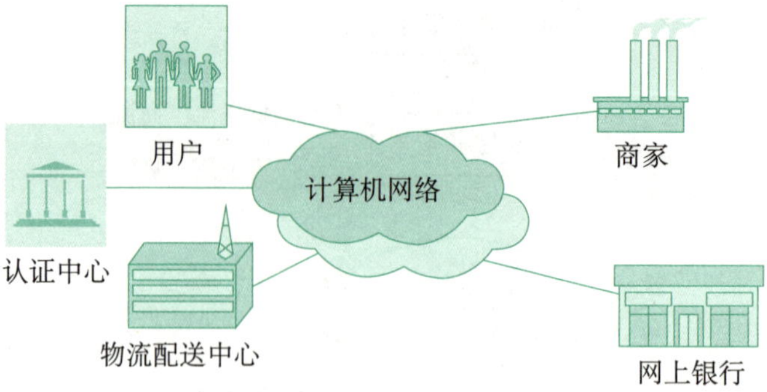

图 1－2　电子商务的基本组成示意图

（1）国际互联网是全球网络的集合，是众多网络的网络，它是电子商务的基础，也是商务、业务信息传送的载体。

（2）内联网是企业内部商务活动的网络平台，是一个组织内部通过使用国际互联网技术实现通信和信息访问的方式。

（3）外联网是一个公共网络连接了两个或两个以上的贸易伙伴，是一个用 WWW 构筑的商务系统，是企业对企业的 Web，更是企业与企业、企业与个人进行商务活动的纽带。

2.2　用户

电子商务用户可分为个人用户和企业用户。

（1）个人用户通过使用浏览器、电视机顶盒、个人数字助理、可视电话等接入国际互联网，获取信息，购买商品和服务，借助中介网络平台发布产品信息并销售产品，利用即时沟通工具进行聊天交友、网游和娱乐等活动。

（2）企业用户通过建立企业内联网、外联网和企业管理信息系统（MIS），对人、财、物、供、销、存进行科学管理。企业利用国际互联网网页和站点发布产品信息，接受订单，同时建立电子商场，在网上开展销售等商务活动。企业还借助电子报关、电子报税、电子支付系统与海关、税务、银行等机构进行有关的商务和业务处理。

2.3　认证中心

电子商务是依靠网络进行的一种非面对面的商务活动，参与商务活动的各方出于交易安全的考虑希望能够确认对方的身份。身份识别是网上交易安全的首要问题，认证中心（CA）正是迎合这样一种需要而产生的。

认证中心是电子商务交易安全的保障部门，是法律承认的权威机构，负责发放和管理电子证书，以便使网上交易的各方能够相互确认身份。电子证书是一个包含证书持有人个人信息、公开密钥、证书序号、有效期、电子签名等内容的数字文件。

2.4　物流配送中心

物流配送中心接受商家的送货需求，组织运送无法从网上直接得到的商品，并在运输过程中跟踪商品流向，保证商品能按时送到消费者手中。如 EMS、邮政的包裹业务等。

2.5 网上银行

网上银行为用户提供全天候实时支付服务，并与信用卡公司合作发放电子钱包，提供网上支付手段，为电子商务交易中的用户和商家服务，完成网上支付。例如，为阿里巴巴、淘宝网以及其他网站提供支付服务的支付宝、拍拍网的财付通、易趣的安付通等。

2.6 商家

商家即提供商品和服务的用户或店铺。

3. 电子商务的功能与特点

3.1 电子商务的功能

通过互联网，电子商务可提供网上交易和管理的全过程服务，它具有广告宣传、咨询洽谈、网上订购、网上支付、电子账户、物流服务、意见征询、交易管理等各项功能。

（1）广告宣传。在开展电子商务的过程中，企业可在互联网上发布各类商业信息。客户可借助网上的检索工具迅速地找到所需商品信息，而商家可利用网上主页和电子邮件在全球范围内做广告宣传。与以往的各类广告相比，网上的广告成本最为低廉，但给顾客提供的信息量却最为丰富。

（2）咨询洽谈。在开展电子商务过程中，交易双方可借助非实时的电子邮件、新闻组和实时的讨论组来了解市场和商品信息，洽谈交易事项，如有进一步的需求，还可用网上的白板会议来即时交流图形信息。网上的咨询和洽谈能超越人们面对面洽谈的限制，提供多种方便的异地交谈形式。

（3）网上订购。在开展电子商务过程中，买卖双方可借助 Web 中的邮件交互传送实现网上的订购。通常情况下，在商品介绍的页面上都会提供十分友好的订购提示信息和商品订购对话框。当客户填完订购单后，系统会回复确认信息单来保证订购信息的收悉。订购信息也可采用加密的方式，使客户和商家的商业信息不会被泄露。

（4）网上支付。网上支付是电子商务的重要环节。客户和商家之间可采用信用卡账号进行支付。在网上直接采用电子支付手段可以省略交易中很多人员的开销。网上支付需要更为可靠的信息传输与安全性控制，以防止欺骗、窃听、冒用等非法行为。

（5）电子账户。网上支付需要有电子金融方面的支持，即银行或信用卡公司及保险公司等金融单位要为金融服务提供网上操作的服务，电子账户管理是其基本的组成部分。信用卡号或银行账号都是电子账户的一种标志，其可信度需配以必要的技术措施来保证。如数字证书、数字签名、加密等手段的应用保证了电子账户操作的安全性。

（6）物流服务。在开展电子商务过程中，对已付了款的客户，应将其订购的货物尽快地传递到他们的手中。而有些货物在本地，有些货物在异地，应在网络中进行物流的调配。最适合在网上直接传递的货物是信息产品，如软件、电子读物、信息服务等，能直接将其从电子仓库中发到用户端。

（7）意见征询。电子商务使企业采用网页上的“选择”“填空”等格式文件来收集用户对其销售服务的反馈意见变得十分方便，这样企业的市场运营就能形成一个封闭的回路。客户的反馈意见不仅能提高企业售后服务的水平，更能使企业获得改进产品、发现市场的机会。

（8）交易管理。整个交易的管理将涉及人、财、物等多个方面，包括企业和企业、企业和客户及企业内部等各方面的协调与管理。因此，交易管理是涉及电子商务活动全过程的管理。电子商务的发展将会提供一个良好的交易管理的网络环境及多种多样的应用服务系统，以保障电子商务获得更广泛的应用。

3.2 电子商务的特点

电子商务是在传统商务的基础上发展起来的，由于信息技术的支撑，电子商务活动呈现以下新的特点：

（1）交易电子化。电子商务是通过互联网进行的商务活动，交易双方从搜集信息、贸易洽谈、签订合同、货款支付到电子报关，无须当面接触，均可通过网络，运用电子化手段进行。

（2）贸易全球化。互联网打破了时空界限，把全球市场联结成为一个整体。在网上，任何一家企业都可以面向全世界销售自己的产品，可以在全世界寻找合作伙伴，同时也要面对来自世界各地的竞争对手。

（3）运作高效化。由于实现了电子数据交换的标准化，商业报文能在瞬间完成传递，且由计算机自动处理。电子商务克服了传统贸易方式费用高、易出错、处理速度慢等缺点，极大地缩短了交易时间，提高了商务活动的运作效率。互联网沟通了供求信息，企业可以对市场需求作出快速响应，提高产品设计和开发的速度，做到即时生产。

（4）交易透明化。互联网上的交易是透明的，通过互联网，买方可以对众多的企业产品进行比较，这使得买方的购买行为更加理性，对产品选择余地也更大，一些建立在传统市场分隔基础上、依靠信息不对称制定的价格策略也将会失去作用。通畅、快捷的信息传输可以保证各种信息之间互相核对，防止伪造单据和贸易欺骗行为的发生。网络招标体现了“公开、公平、竞争、效益”的原则，电子招标系统可以避免招投标过程中的“暗箱”操作现象，制止不正当交易、贿赂投标等腐败现象。实行电子报关与银行的联网有助于杜绝进出口贸易的假出口、偷漏税和骗退税等行为。

（5）操作方便化。互联网几乎遍及全球的各个角落，用户通过网络可以很方便地与贸易伙伴传递商业信息和文件。在电子商务环境中，人们不再受时间和地点的限制，能以非常简便的方式完成过去手续繁杂的商务活动。如可以随时上网查询信息、通过网上银行全天候划拨资金、足不出户订购商品、跨越国界进行贸易洽谈。

（6）部门协作化。电子商务要求企业内部各部门、生产商、批发商、零售商、银行、配送中心、通信部门、技术服务等多个部门的通力协作。电子商务是协作经济，网络技术的发展使得企业间的合作完全可以如同企业内部各部门间的合作一样紧密，企业无须追求“大而全”，而应追求“精而强”。企业应该集中于自己的核心业务，把自己不具备竞争优势的业务外包出去，通过协作来提高竞争力。

（7）服务个性化。到了电子商务阶段，企业可以进行市场细分，针对特定的市场生产不同的产品，为消费者提供个性化服务。这种个性化主要体现在三个方面：个性化的信息、个性化的产品、个性化的服务。个性化的信息主要指企业可以根据客户的需求与偏好有针对性地提供商品信息，也指消费者可以根据自己的需要有目的地检索信息；个性化的产品主要指的是企业可以根据消费者的个性化需求来订制产品；个性化的服务则包括服务订制与企业提供的针对性服务信息。

4. 电子商务的发展历史

4.1 第一阶段：基于电子数据交换的电子商务

电子数据交换（Electronic Data Interchange，EDI）是信息技术向商业贸易领域渗透的产物。20 世纪 60 年代，随着国际贸易额的不断上升，出现了各种贸易单证、文件数量激增的现象。此时，人们主要利用电报来发送商务文件，十分不便。到了 20 世纪 70 年代，传真机的出现代替了电报，使得沟通更加快捷和方便。但是，传真的信息只能进行纸面打印，不能直接进入企业的管理信息系统中。因此，人们开始将电子数据交换技术作为企业间电子商务的数据通信手段。电子数据交换一经出现便显示出了强大的生命力，迅速在世界各主要发达国家得到应用。电子数据交换是企业对企业电子商务活动的重要手段，即使是在互联网风靡世界的今天，在国际贸易中，交易双方的商业文书大多仍然采用电子数据交换技术，这更让企业感觉到安全和放心。

电子数据交换是将企业的商务文件按一个公认的标准从一台计算机传输到另一台计算机上去的电子传输方法。由于电子数据交换大大减少了纸质票据，因此，人们形象地称之为“无纸贸易”或“无纸交易”。

4.2 第二阶段：基于互联网的电子商务

由于使用可视化区域网络（Visual Area Networking，VAN）的费用很高，只有大型企业才有条件使用，因此限制了基于电子数据交换的电子商务应用范围的扩大。20 世纪 90 年代中期后，国际互联网迅速走向普及化，逐步地从大学、科研机构走向企业和百姓家庭，其功能也从信息共享演变为一种大众化的信息传播工具。正是由于商业和公众的加入，互联网才有了今天的成就和辉煌。

基于互联网的电子商务才是真正完整意义上的电子商务，这是因为互联网有着比基于电子数据交换的电子商务更多的优势，这些优势主要体现在以下方面：

（1）成本更低廉。由于互联网是国际的开放性网络，使用费用很低，一般来说，其费用不到可视化区域网络的 1/4。这一优势使得许多企业尤其是中小企业很感兴趣。

（2）覆盖面更广。互联网几乎遍及全球的各个角落，用户通过普通电话线就可以很方便地与贸易伙伴互相传递商业信息和文件。

（3）功能更全面。互联网可以全面支持不同类型的用户实现不同层次的商务目标，如发布电子商情、在线洽谈、建立虚拟商场或网上银行等。

（4）使用更灵活。基于互联网的电子商务可以不受特殊数据交换协议的限制，任何商业文件或单证可以直接通过填写与现行的纸质单证格式一致的电子单证来完成，不需要再进行翻译，任何人都能看懂或直接使用。

4.3 第三阶段：基于普及计算的移动电子商务

21世纪初，随着移动通信技术的迅猛发展和普及，通过手机、个人数字助理（PDA）、上网本等移动通信设备与互联网有机结合进行电子商务活动成为可能，移动设备提供了一种简单的、易于操作的界面，使用户能轻松进入全球数字化经济。通过移动电子商务，用户可随时随地获取所需的服务、应用、信息和娱乐。用户可以在自己方便的时候，使用智能电话或个人数字助理、笔记本电脑等通信终端查找、选择及购买商品和服务，如用手机在网上订餐。采购可以即时完成，商业决策也可即时实施。服务付费可通过多种方式进行，可直接转入银行、用户电话账单或者实时在专用预付账户上借记以满足不同需求。通过个人移动设备来进行可靠的电子交易的能力被视为移动互联网业务最重要的方面。

移动电子商务因其快捷、方便、无所不在的特点，已经成为电子商务发展的新方向。移动电子商务市场从长远来看具有超越传统电子商务规模的潜力。移动电子商务有超过传统有线互联网电子商务的能力，是因为移动电子商务具有一些无可匹敌的优势。有业内人士认为，只有移动电子商务能在任何地方、任何时间真正解决做生意的问题。

4.4 第四阶段：新媒体电子商务

新媒体电子商务，即采用短视频、直播、微信、微博、社群等新媒体手段建立起商品展示和变现通道，实现商品在线销售。新媒体电子商务是通过新媒体的手段在线唤起消费者的消费意愿，并完成购买的行为。现在新媒体电子商务存在两大阵营：一个阵营是由新媒体营销这条路发展而来的新媒体短视频直播平台，典型的如抖音、快手等。它们从新媒体的方向出发，随着发展加入了网络交易的电商模块，从而形成新媒体电商。这类新媒体电商的核心是新媒体，我们暂称作“新媒体+电商”。另一个阵营是由传统的平台电商发展而来，在平台电商的基础上加上了新媒体的引流部分，将引流和变现合二为一，我们暂称作“电商+新媒体”。

素养园地

1. 实现中国式现代化的第一动力——创新

在党的二十大报告中，习近平总书记强调，必须坚持科技是第一生产力、人才是第一资源、创新是第一动力，深入实施科教兴国战略、人才强国战略、创新驱动发展战略，开辟发展新领域新赛道，不断塑造发展新动能新优势。教育是国之大计、党之大计。建设教育强国是中华民族伟大复兴的基础工程。我们要坚持教育优先发展、科技自立自强、人才引领驱动，加快建设教育强国、科技强国、人才强国，坚持为党育人、为国育才，全面提高人才自主培养质量，着力造就拔尖创新人才，聚天下英才而用之。

党的二十大报告强调，从现在起，中国共产党的中心任务就是团结带领全国各族人民全面建成社会主义现代化强国、实现第二个百年奋斗目标，以中国式现代化全面推进中华民族伟大复兴。实现中国式现代化的第一动力是什么？是创新。

在二十大报告中，“创新”出现多达几十次，是最热的高频词之一。习近平总书记强调，贯彻新发展理念是新时代我国发展壮大的必由之路。必须坚持创新是第一动力，坚持创新在我国现代化建设全局中的核心地位。报告还提出，到 2035 年要实现“高水平科技自立自强，进入创新型国家前列”，建成科技强国的总体目标。

因此，作为新时代职业院校的学生，一定要树立科技强国观念，努力学习实践，培养精益求精的工匠精神和勇于改革与创新的精神。

2. 创新创业者需要有哪些良好素质——创业正当时

（1）能力素质。

1）专业技术能力。

专业技术能力是创业者掌握和运用专业知识进行专业生产的能力。专业技术能力的形成有多条途径：一是在学校里从书本上学到的理论知识；二是请创业成功者做专题报告；三是利用项目教学法进行专业技术培训；四是利用现代信息技术搜集有关创业专业技术的知识。平时注意积累、分类，做好记录，如创业计划书的撰写知识、融资知识、懂得如何选定行业、懂得如何确定产品等。

2）社会交往能力。

社会交往能力是指能够妥善地处理与公众之间的关系，以及能够协调下属、各部门、成员之间关系的能力。每个人的社会交往能力是不同的，但只要在职业实践中刻苦努力，社会交往能力不但可以获得发展和提高，还有可能挖掘出潜能。社会交往能力是通过参加各种活动、游戏、联欢会、演讲比赛等逐步培养起来的。与同事和谐相处，互帮互助，善于团结一切可以团结的人，会使自己的社会交往能力逐步提高。

3）决策能力。

决策能力是创业者根据主客观条件，正确地确定创业的发展方向、目标、战略以及具体选择和实施方案的能力。决策是一个人综合能力的表现，一个创业者首先要成为一个决策者。创业者要考察众多的行业及产品，对创业的行业及产品进行分析、判断，去粗取精，去伪存真，由此及彼，由表及里，能从错综复杂的现象中发现事物的本质，找出存在的问题，分析原因，从而正确解决问题。这就要求创业者具有良好的分析能力，同时还要有判断能力。判断是分析的目的，良好的决策能力是良好的分析能力和果断的判断能力的综合。通过分析判断，提出目前最有发展前景和将来大有发展潜力的行业，决定创业的行业和产品。

4）经营管理能力。

经营管理能力涉及人员的选择、使用、组合和优化，也涉及资金的聚集、核算、分配、使用、流动。经营管理能力是一种较高层次的综合能力，是运筹性能力。经营管理能力的形成要从学会经营、学会管理、学会用人、学会理财几个方面去努力。

5）创新能力。

创新能力是人们应用发明成果开展变革活动的能力，这个变革活动是指包括人产生新思想到产生新事物再到将新事物推向社会使社会受益的系列变革活动。创新是一个民族进步的灵魂，是一个国家兴旺发达的动力，也是一个政党永葆生机的源泉。创新是一种企业行为，也是一种个人行为。对创业者来讲，创新能力的培养和提高，首先要突破习惯，即自己要拿出勇气，突破原有的思维习惯、行为习惯和消极文化氛围的束缚，坚持以新的思维、积极的行为来对待生活。其次要进行社会实践锻炼，要具体剖析企业内部的组织、技术、产品和经济等因素的构成及效能，在努力实施解决问题的方案与措施的过程中提高创新能力。

（2）心理素质。

1）强烈的创业意识。

有了创业必备知识并不等于创业能成功，创业成功的因素有很多，其中之一就是要有强烈的创业意识。创业者要挖掘自己大脑的潜力，对创业产生强烈欲望，形成强烈的思维定式，营造创业的氛围，积极为创业创造条件。

2）自信、自强、自主、自立的创业精神

自信是一个人相信自己的能力的心理状态。自信关系着一个人的成功与否，没有自信是很难成功的。创业者要培养和坚定自己创业的自信心，最大限度地挖掘和发挥潜能，成就自我，享受人生；创业者还要有自强、自主、自立精神，要通过多种途径学习创业成功者的优秀品质，深刻领会他们在创业过程中经历的风险。

3）竞争意识。

天地万物无不生存在竞争之中，是生存的竞争促进了生物的进化，是残酷的发展竞争孕育了现代社会的文明。人类正是在竞争之中学会了制造和使用工具，不断丰富发展了自己的大脑。没有竞争就没有发展，没有竞争就没有进步，没有竞争就没有优胜劣汰。

4）强烈的责任意识。

没有责任感的员工不是优秀的员工。创业者要将责任根植于内心，让它成为脑海中一种强烈的意识，在日常行为和工作中，这种责任意识会使创业者表现得更加卓越。责任感是由许多小事构成的，但是最基本的是做事成熟，无论多小的事，都能比以往任何人做得更好。

（3）身体素质。

身体是完成一切任务的基础，只有拥有良好的身体素质，才能使人心胸宽广、拥有一往无前的魄力。如果想创业，就必须要有一个健康的身体。创业者一定要在日常生活中注意锻炼身体，让自己有一个强健的体魄，适应高强度的创业工作。

综上所述，创业者具备了以上三种基本素质，创业成功的概率就高。当然，在创业过程中，创业者难免会遇到各种困难，但只要创业者具备良好的基本素质，敢于应对困难，就不会在困难面前甘拜下风。

同学们，赶快努力学习，不断提升自身素质，勇做时代的弄潮儿！

任务二 电子商务体验

学习任务单

学习情境	通过上个任务的学习，小米明白了什么是电子商务，她对此非常感兴趣。可是，小米还存在以下疑问：到底电子商务能给人们带来哪些方便？现实中哪些行为是电子商务？电子商务与传统商务有什么区别？小米很想亲自体验一下电子商务，以加深了解。
环境需求	1. 互联网接入。 2. 计算机（每人 1 台）。 3. 个人邮箱（没有的可以申请）。 4. 学习任务考核单（可在教学资源包中下载电子版）。
任务描述	1. 访问天猫（http：//www. tmall. com）、苏宁易购（http：//www. suning. com）、京东商城（http：//www. jd. com）、唯品会（http：//www. vip. com）、考拉海购（http：//www. kaola. com）等网站，观察网站的网页和栏目设置，选择一件自己喜欢的商品，在该网站注册为会员，登录并体验网上购物流程（可以真实购买，也可试探性购买），并把产品和订单号填入学习任务考核单。 2. 访问阿里巴巴（http：//www. 1688. com）和义乌购（https：//www. yiwugo. com），观察网站的网页和栏目设置。 3. 访问淘宝网（http：//www. taobao. com），观察网站的网页和栏目设置，选择一类产品到各个网站搜索查看，选择一家信誉级别高的店铺，注册会员，下载安装在线交流软件阿里旺旺或 QQ 等与客服进行购物交流。有兴趣的同学可尝试真实购物。 4. 比较上述网站的异同，结合搜索引擎搜索出的有关“电子商务模式”的知识，把上述网站进行归类并填写学习任务考核单。 5. 在手机应用商城下载天猫、京东、苏宁、拼多多 App，并安装在手机上，体验移动购物。 6. 在手机应用商城下载美团 App，了解该 App 的基本功能，若有需要，可尝试通过手机在线订餐。 以上任务建议 4 学时完成。
课堂讨论	问题 1：你觉得上述哪个网站做得好？理由是什么？ 问题 2：你认为消费者网购流程是简单点好还是复杂点好？
素养提升	学习“素养园地”内容，了解由于当下网络信息发达所引发的侵犯隐私问题，学会保护自己和他人的隐私。
小调查	1. 作为大学生，你的主要消费项目是什么？（可多选） □学杂费 □生活费 □交际娱乐 □手机费 □学习资料 □购买礼品 □其他 2. 你觉得以上哪些消费可以通过网络实现？（可多选） □学杂费 □生活费 □交际娱乐 □手机费 □学习资料 □购买礼品

学习任务考核单

姓名：　　　　　　　　　　　　学号：

序号	任务	分值	总结与归纳	成绩
1	画出网上购物的一般流程	30 分		
2	你选购的商品描述及订单号	30 分		
3	在淘宝网站搜索的店铺（名称、网址、级别）	20 分		
4	网站归类	20 分		
合　计				

* 请学生填写完学习任务考核单后上交。

知识探究

1. 电子商务的框架结构

电子商务的框架结构是指电子商务活动环境中所涉及的各个领域以及实现电子商务应具备的技术保证。从总体上来看，电子商务框架结构由四个层次和两大支柱构成。其中：电子商务框架结构的四个层次分别是网络层、信息发布与传输层、一般业务服务层和应用层；两大支柱是指公共政策和法律规范以及技术标准和安全网络协议，具体如图 1-3 所示。

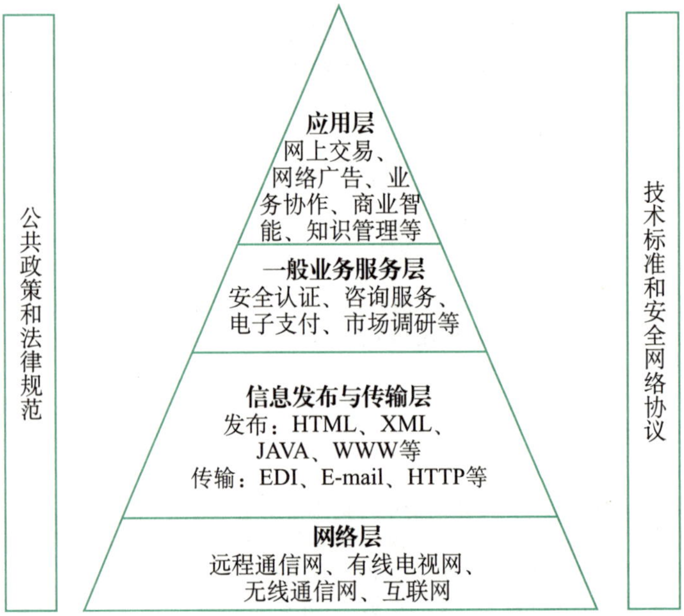

图 1-3　电子商务的框架结构

1.1 网络层

这个层次主要是电子商务的硬件基础设施，也是实现电子商务的最底层的基本设施。网络基础设施主要是信息传输系统，它包括远程通信网、有线电视网、无线通信网和互联网等。

（1）远程通信网（Telecom）包括公用交换电话网、公用数据网、综合业务数据网等。

（2）有线电视网（CATV）是高效、廉价的综合网络，它具有频带宽、容量大、功能多、成本低、抗干扰能力强、连接千家万户的优势，它的发展为信息高速公路的发展奠定了基础。

（3）无线通信网（Wireless）包括移动通信系统、微波通信系统和卫星通信系统。

（4）互联网（Internet）是计算机网络，由骨干网、城域网、局域网等层层搭建而成。

以上这些不同的网络都提供了电子商务信息传输的线路，但是，目前大部分的电子商务应用都是基于互联网的，所以互联网是网络基础设施中最重要的部分。

1.2 信息发布与传输层

网络层决定了电子商务信息传输使用的线路，而信息发布与传输层则解决如何在网络上传输信息和传输何种信息的问题。它提供了以下两种交流方式：

（1）非格式化的数据交流。例如，使用传真（FAX）和电子邮件（E-mail）传递信息，它的对象一般是人，需要人来干预。

（2）格式化的数据交流。例如，使用电子数据交换（EDI）传递信息，它的对象是机器，不需要人来干预，可以全部自动化。

目前互联网上最常用的信息发布方式是在 WWW 上用 HTML 语言的形式发布网页，并将 Web 服务器中发布传输的文本、数据、声音、图像和视频等多媒体信息发送到接收者手中。从技术角度来说，电子商务系统的整个过程就是围绕信息的发布和传输进行的。

1.3 一般业务服务层

这个层次主要是实现标准的网上商务活动服务，以方便网上交易。这个层次是所有企业、个人开展电子商务时都会使用到的服务。它主要包括安全认证、电子支付、市场调研、咨询服务等。

对电子商务来说，信息的传播要适合电子商务的业务要求，必须提供安全和认证机制来保证信息传递的可靠性、不可篡改性和不可抵赖性，且在有争议的时候能够提供适当证据。商务服务的关键问题就是安全的电子支付。目前，很多的技术如密码技术、数字证书、SET 协议等都是为这个服务的，后面我们会专门讨论电子商务中的安全与支付问题。

1.4 应用层

在上述架构的基础上，我们可以一步一步地建设具体的电子商务应用，如家庭购物、企业的网上采购、在线营销与广告、网上银行、网上娱乐、视频点播、有偿信息服务、电子交易市场、供应链管理等。

1.5 公共政策和法律规范

法律维系着商务活动的正常运作，对市场的稳定发展起到了很好的制约和规范作用。开展商务活动必须遵守国家的法律、法规和相应的政策，同时还要有道德和伦理规范的自我约束和管理，只有二者相互融合，才能使商务活动有序进行。

随着电子商务的产生，由此引发的问题和纠纷不断增加，原有的法律法规已经不能适应新的发展环境，制定新的法律法规并形成一个成熟、统一的法律体系，成为世界各国发展电子商务的必然趋势。

1.6 技术标准和安全网络协议

技术标准定义了用户接口、传输协议、信息发布标准等技术细节。它是信息发布、传递的基础，是网络信息一致性的保证。就整个网络环境来说，标准对于保证兼容性和通用性是十分重要的。

网络协议是计算机网络通信的技术标准，处在计算机网络中的两个不同地理位置上的企业要进行通信，就必须按照通信双方预先约定的规程进行，这些共同约定的规程就是网络协议。

2. 电子商务的分类

2.1 按照参与电子商务交易的对象分类

电子商务按照参与交易对象的不同，可分为企业对企业的电子商务（B to B，B2B）、企业对消费者的电子商务（B to C，B2C）、消费者对消费者的电子商务（C to C，C2C）、政府对企业的电子商务（G to B，G2B）以及政府对公众的电子商务（G to C，G2C）。

（1）企业对企业的电子商务，即 B to B（Business to Business），亦简称 B2B。B2B 模式是电子商务中的重头戏，它是指企业在开放的网络中寻求贸易伙伴、谈判、订购、结算的整个贸易过程。目前采用 B2B 模式的主要以阿里巴巴、慧聪网等为代表。企业可以在网络上发布信息，寻找贸易机会，通过信息交流比较商品的价格和其他条件，详细了解对方的经营情况，选择交易对象。在交易过程中，它可以迅速完成签约、支付、交货、纳税等一系列操作，加快货物和资金的流转。

（2）企业对消费者的电子商务，即 B to C（Business to Consumer），亦简称 B2C。B2C 模式是我国最早应用的电子商务模式，以 8848 网上商城的正式运营为标志，目前采用 B2C 模式的主要以天猫、京东等为代表。B2C 模式是企业通过互联网为消费者提供一个新型的购物环境——网上商店，消费者通过网络在网上购物。这里的“物”指实物、信息和各种售前与售后服务。由于这种模式节省了客户和企业的时间和空间，大大提高了交易效率。目前 B2C 电子商务的付款方式是货到付款与网上支付相结合，而企业货物的配送大多数选择物流外包方式，以节约运营成本。随着用户消费习惯的改变以及优秀企业示范效应的促进，网上购物用户正在迅速增长，这种商业运营模式在我国已经基本成熟。

（3）消费者对消费者的电子商务，即 C to C（Consumer to Consumer），亦简称 C2C。C2C 模式的产生以 1998 年易趣的成立为标志，目前采用 C2C 模式的主要以淘宝、拼多多等为代表。C2C 模式是一种个人对个人的网上交易行为，C2C 电子商务企业采用的运作模式是通过为买卖双方搭建拍卖平台，按比例收取交易费用，或者提供平台方便个人在平台上开设网上商店，以会员制的方式收取服务费。

（4）政府对企业的电子商务，即 G to B（Government to Business），亦简称 G2B。G2B 模式可以覆盖政府组织与企业间的许多事务，如政府采购等。政府采购是一种公共经济行为，其宗旨是降低成本，反腐倡廉，调控市场。通过政府采购可以将政府的管理向透明化、高效率转型，同时在管理的取向上向科学化、服务性靠拢；政府通过提供企业报税、进出口报关、企业办事、招商投资、招标公告、中标公告等服务内容，向企业和个人投资者提供办事、政策、信用、财经、招标、投资、产业等相关服务。

扫一扫

深度加油站：曾经的易趣网

（5）政府对公众的电子商务，即 G to C（Government to Citizen），亦简称 G2C。政府通过各级政府网站向民众提供市民办事、便民公告、政策答疑、民意调查、福利费发放、个人缴税等服务内容，引导公民方便地获得政务、办事、旅游、生活等方面的信息咨询及服务。

（6）O2O（Online to Offline）是指线下销售与服务通过线上推广来揽客，消费者可以通过线上来筛选需求，在线预订、结算，甚至可以灵活地进行线上预订、线下交易和消费。这样就将线下商务的机会与互联网结合在一起，让互联网成为线下交易的前台。目前完全可以称为采用 O2O 模式运营的网站非常少，像美团、拉手、窝窝团这类传统团购网站，它们的运作模式既包含了 O2O 的成分，也包含了 O2O 以外的成分。

拓展阅读

电子商务发展：惠及亿万百姓生活

北京市朝阳区 82 岁的李奶奶一个人在家，孩子们都忙，不能经常回家看她。李奶奶腿脚也不方便，不能下楼。孙女通过视频电话，问清楚了奶奶的需要，从网上下订单，快递送货上门。“什么都不缺，心里踏实。”李奶奶乐呵呵地说。

从单纯的统计数据来看，李奶奶不能算是网络购物用户，但她已经实实在在地从中国电子商务的迅猛发展中获益。如今的中国，十几亿消费者的生活和日常与电子商务紧紧地联系在了一起。

党的十八大以来，在习近平新时代中国特色社会主义思想指引下，我国电子商务从快速发展的成长期步入提质增效的成熟期，电子商务深度融入生产生活各领域，成为提升人民生活品质的重要方式，也成为推动国民经济和社会发展的重要力量，发展成就举世瞩目，也为全球贸易投资注入发展新动能。

电子商务催生出四个“世界第一”

巴基斯坦的粉盐、保加利亚的玫瑰水、卢旺达的咖啡、斯里兰卡的红茶……近年来，多国驻华大使直播带货，积极推广本国产品，不少外国优质特色商品借助电商进入中国市场以后落地生根，成了“网红”，迎来了新的发展机遇。中国的跨境电商“买”全球，也“卖”全球。越来越多的跨境电商产品通过“打飞的”的方式从世界各地飞到中国，也从中国各地飞向全球。

世界第一网络零售市场、世界第一网购人群、世界第一快递服务业、世界第一移动支付规模……十年间，中国电子商务跑出加速度。网络零售、跨境电商、移动支付等新业态新模式新场景不断涌现，线上线下消费加快融合，不仅成为经济增长的重要引擎，也深刻改变了中国老百姓的日常生活。

2021 年，我国实物商品网上零售额突破 10 万亿元大关，对社会消费品零售总额增长贡献率接近四分之一，网络购物已经成为居民消费不可或缺的重要渠道。全国农村网络零售额达 2.05 万亿元，同比增长 11.3%，增速持续提升；跨境电商进出口额为 1.98 万亿元，同比增长 15%，其中出口同比增幅达 24.5%。截至 2021 年 6 月，我国电商直播用户规模为 3.84 亿，占网民整体近 40%。根据商务大数据统计，全国重点监测电商平台直播超 2 400 万场。

电子商务交易额保持快速增长的同时，电子商务在经济社会数字化转型方面发挥了举足轻重的作用，成为催生数字产业化、拉动产业数字化、推进治理数字化的重要引擎。

电子商务创新升级不断加速，为新一代信息技术应用提供了丰富的场景。2019 年以来，我国成为全球最大专利申请来源国，5G、区块链、人工智能等领域专利申请量位居全球第一。电子商务市场主体更优更强，中国电子商务企业占据 2020 年电子商务企业全球市值前 5 名中的 4 席。电子商务成为产业数字化转型的重要驱动力，推动智能制造、传统零售转型、服务业线上线下融合成效显著，线上线下相互依托、融合发展成为新常态。

乘上电商“翅膀”致富奔小康

柑橘、辣椒、土豆、柚子……这些不起眼的乡野土货，借助电商平台，摇身一变成为供不应求的“网红”产品……重庆市秀山县通过大力发展农村电商，改变了地处偏远的劣势，促进产品变商品、劳动变劳务、收成变收入。

秀山县地处武陵山区腹地，有着“一脚踏三省，三省共一城”的特殊区位，是一代文豪沈从文笔下的“边城”。受地理条件限制，武陵山区 7 800 余种农特产品仅有 600 种变成了商品，绝大多数在大山中“沉睡”。近年来，当地农民插上电商的“翅膀”逐步脱贫致富奔小康，农村电商成为脱贫攻坚与乡村振兴有效衔接的重要抓手。

“通过电商，我的脐橙卖出了好价格，直接增收了 10 万多元。靠传统的销售，这是想都不敢想的事情。”秀山县雅江镇的脐橙种植大户王成刚通过电商平台销售脐橙，还建立起了自己的品牌“麻雀坡脐橙”。过去 5 年，秀山县累计实现电子商务交易额 705 亿元、网络零售额 136 亿元，卖出价值 64 亿元的农产品及加工品，发出 1.1 亿个快递包裹，被中共中央、国务院授予“全国脱贫攻坚先进集体”荣誉称号。

近年来，国家大力开展电子商务进农村综合示范工作。截至目前，该项工作已累计支持 1 489 个县，对 832 个脱贫县实现了全覆盖。经过持续努力，我国农村电子商务快速发展，助力脱贫攻坚和乡村振兴取得了显著成效。

农村电子商务拉近了农民与市场的距离，让农村产品可以卖得更远、卖得更好，更加重视品质和品牌，全国农村电子商务累计带动 618.8 万脱贫农民增收。农村电商吸引了一批农民工、大学生、转业军人返乡创业，促进了农民创业就业。截至 2021 年底，全国农村网商（店）达到 1 632.5 万家。网购成为农民生活常态，越来越多的服务和商品通过电子商务进入农村，改变了农民的生活和消费习惯。农村电子商务与快递物流协同发展，推动农村物流网络设施布局加快完善。

跨境电商为全球贸易注入新动能

进口业务量从平均一天 300 单到超过 10 万单；进口商品从母婴用品扩充至美妆、食品、运动产品、宠物用品等；商品来源从几个国家到全球 100 多个国家和地区……跨境电子商务率先在杭州实现“从无到有”的突破，全国首个跨境电商产业园、首个综合试验区，都在这里诞生。

国内消费者“买全球”带来更加丰富选择的同时，跨境电商出口也是一片欣欣向荣，为中国制造“卖全球”开辟新通道。作为长期参与跨境电商业务的一线关员，钱江海关驻下沙办事处跨境电商监管一科四级高级主办金涵见证了跨境电商新业态“从无到有”，畅通“买全球，卖全球”新通道的全过程。

经过近十年的发展，中国跨境电商这一新业态正持续展现出强劲活力。据海关统计，中国跨境电商进出口 5 年增长近 10 倍，2021 年规模达到 1.92 万亿元，增长 18.6%。目前，在跨境电商综试区线上综合服务平台备案的企业已经超过 3 万家。跨境电商企业通过打造要素集聚、反应快速的柔性供应链，更好满足了海外消费者个性化、定制化的需求。

我国跨境电商持续快速增长。从 2015 年至今，国务院先后六批批准设立了 132 个跨境电商综试区，已覆盖全国 30 个省（自治区、直辖市）。2018 年，我国创新出台跨境电商零售进口监管政策，并逐步将试点范围扩大到全国 31 个省（自治区、直辖市）。商务部会同各部门和各地方，向全国复制推广了近 70 项成熟经验和创新做法，我国还积极参与国际合作，在世贸组织、G20、APEC、国际海关组织等多边场合提出中国方案，并与 23 个国家签署电子商务合作备忘录。

海关总署副署长王令浚表示：“全国海关积极促进外贸新业态有序发展，‘网购保税进口’‘跨境电商 B2B 直接出口’‘跨境电商出口海外仓’等监管模式，满足了跨境电商企业的发展需求，使‘买全球’‘卖全球’成为现实。”

2021 年全国网上零售额达到 13.1 万亿元，比 2012 年增长 9 倍。自 2013 年起，中国连续 9 年成为全球最大的网络零售市场。

我国网络零售店铺数超过 2 000 万家，全国约有 1/6 的市场主体在从事电子商务行业。

截至 2021 年 6 月，我国网络购物用户规模达到 8.12 亿人。快递服务业发展迅猛，2021 年超过 1 000 亿件。

资料来源：张翼．电子商务发展：惠及亿万百姓生活［N］．光明日报，2022-06-09（05）.

2.2 按照开展电子商务的信息网络范围分类

电子商务按照开展电子商务的信息网络范围可分为本地电子商务、远程国内电子商务和全球电子商务（跨境电子商务）。

（1）本地电子商务通常是指利用本城市内或本地区内的信息网络实现的电子商务活动，其交易的地域范围较小。本地电子商务系统是开展远程国内电子商务和全球电子商务的基础系统。

（2）远程国内电子商务通常是指在本国范围内进行的网上电子交易活动，其交易的地域范围较大，对软硬件和技术的要求较高。它要求在全国范围内实现商业电子化、自动化，实现金融电子化，交易各方具备一定的电子商务知识、经济能力和技术能力，并具有一定的管理水平和能力等。

（3）全球电子商务（跨境电子商务）通常是指在全世界范围内进行的电子交易活动，参加电子交易各方通过网络进行贸易。全球电子商务（跨境电子商务）涉及有关交易各方的相关系统，如买方国家进出口公司系统、海关系统、金融系统、税务系统、运输系统、保险系统等。全球电子商务业务内容繁杂，数据来往频繁，要求电子商务系统严格、准确、安全、可靠，应制定出世界统一的电子商务标准和电子商务（贸易）协议，使全球电子商务得以顺利发展。

2.3 按照电子商务用户使用的设备终端分类

电子商务按照用户使用设备终端的不同可分为传统电子商务和移动电子商务。

（1）传统电子商务。这是相对于移动电子商务而言的，是利用 PC 机（台式电脑、笔记本电脑），通过互联网、内联网或 EDI 等有线网络所进行的电子商务。

（2）移动电子商务。这是指利用手机、PDA 及掌上电脑等无线终端与互联网有机结合所进行的电子商务。它将互联网、移动通信技术、短距离通信技术及其他信息处理技术完美地结合，使人们可以在任何时间、任何地点进行各种商贸活动，实现随时随地开展线上线下的购物与交易、在线电子支付以及各种交易活动、商务活动、金融活动和相关的综合服务活动等。

扫一扫

深度加油站：中国互联网发展现状

3. 电子商务与传统商务的比较

3.1 传统商务的局限性

商务活动是指商品从生产领域向消费领域运动过程中经济活动的总和。商业企业在订货、销售和储存等经营活动中，与生产厂商和消费者发生的贸易、交易与服务行为以及在此过程中的信息传递均属于商务活动的范畴。

传统的商务活动往往采取面对面直接交易或纸面单证往来传递的方式进行。在传统的商务运作活动中，无论是柜台售货、开架自选，还是召开订货会进行商贸谈判，或借助纸质单证往来传递的方式询价与报价等，都是以直接或间接的物理交换或物理接触来完成业务交易。例如：人们在商场试穿一件衣服，试坐一把按摩椅，付现金购买；按照样品订购货物，签订合同，按合同规定交货、付款结算；填写一张保险单；购买国库券；等等。无论是面对面直接交易，还是通过信函等纸面方式交易，都是一种物理接触方式，这是传统商务的运作特点。传统商务与电子商务的比较详见表1-1。

表1-1 传统商务与电子商务的比较

项目	传统商务	电子商务
交易对象	部分地区	世界各地
交易时间	在规定的营业时间内	实施一周7天×24小时服务
营销推动	销售商单方努力	交易双方一对一沟通，是双向的
顾客购物方便程度	受限于时间、地点及店主态度	按自己的方式无拘无束地购物
顾客需求把握	商家需要很长时间才能掌握顾客需求	能快速捕捉顾客的需求并及时应对
销售地点	需要销售空间（店铺、货架和仓库）	虚拟空间（提供商品列表和图片）
销售方式	通过各种关系买卖，方式多样	完全自由购买
流通渠道	流通环节复杂，流通成本高	简化了流通环节，降低了流通成本

由于传统商务活动以面对面及书面单证往来传递为主，这使传统商务具有成本高、易出错、处理速度慢等缺点，极大地制约了商务活动的效率和规模。

3.2 电子商务较传统商务的优势

电子商务极大地提高了传统商务活动的效益和效率。互联网上的电子商务与传统商务体系相比有其自身的独特优势，这些优势包括以下方面：

（1）全新时空。传统的商务是以固定不变的销售地点（即商店）和固定不变的销售时间为特征的店铺式销售。互联网上的销售通过以信息库为特征的网上商店进行，所以它的销售空间随网络体系的延伸而延伸，没有任何地理障碍，它的零售时间由消费者即网上用户自己决定。因此，互联网上的销售相对于传统销售模式具有全新的时空优势，这种优势可更大程度、更大范围地满足网上用户的消费需求。事实上，互联网上的购物已没有了国界，也没有了昼夜之别。

（2）减轻对物资的依赖，全方位展示产品及服务。传统企业的经营活动必须有一定物质基础才可能开展业务活动，而通过互联网可以创办虚拟企业，如网上商店、网上银行的开设和发展基本不需要很多的实物基础设施，同时企业还可以将节省的费用转让给消费者，这正是网上书店当当网能给消费者提供传统书店无法提供的优惠折扣的原因所在。同时，网络上的销售可以利用网上多媒体全方位地展示产品及服务功能，从而有助于消费者完全地了解商品或服务后再去购买它。传统的销售在店铺中虽然可以把真实的商品展示给顾客，但对一般顾客而言，对所购商品的认识往往是很肤浅的，无法了解商品的内在质量，容易被商品的外观、包装等外在因素所迷惑。从理论上说，消费者理性地购买，既是提高自己的消费效用，又是节约社会资源。

（3）减少库存，降低交易成本。企业为应付变化莫测的市场需求，不得不保持一定的库存（产品和原材料）。产生库存的根本原因是信息不畅，但以信息技术为基础的电子商务则可以改变企业决策中信息不确切和不及时的问题。通过互联网，市场需求信息被传递给企业来决策生产，同时企业的需求信息可以马上传递给供应商以方便供应商适时补充供给，从而实现零库存管理。同时，通过网络营销活动，企业可以提高营销效率和降低促销费用。据统计，在互联网上做广告可以提高销售数量 10 倍，而它的成本却是传统广告的 1/10；电子商务还可以降低采购成本，因为借助于互联网，企业可以在全球市场寻求价格最优惠的供应商，减少中间环节。有资料表明，使用 EDI 通常可以为企业节省 5%～10%的采购成本。

（4）密切用户关系，加深用户了解。互联网的实时互动式沟通，以及没有任何外界因素干扰，使得产品或服务的消费者更易表达出自己对产品或服务的评价，这种评价使网上的零售商们可以更深入地了解用户的内在需求。零售商们的即时互动式沟通也促进了两者之间的密切关系。

（5）减少中间环节，降低交易费用。电子商务重新定义了传统的流通模式，减少了中间环节，使得生产者和消费者的直接交易成为可能，从而在一定程度上改变了整个社会经济运行的方式。电子商务提供企业虚拟的全球性贸易环境，大大提高了商务活动的水平和服务质量。新型的商务通信通道，其优越性是显而易见的，具体包括：

1）大大提高了通信速度，尤其是国际范围的通信速度。

2）节省了潜在开支，如电子邮件节省了邮费，而电子数据交换则大大节省了管理环节和人员的开销。

3）增加了客户和供货方的联系。如电子商务系统网络站点使得客户和供货方均能了解对方的最新数据，而 EDI 则意味着企业间的合作得到了加强。

4）提高了服务质量，能以一种快捷、方便的方式提供企业产品信息及客户所需的服务。

5）提供了交互式的销售渠道，使商家能及时得到市场反馈，改进自身的工作。

6）提供全天候的服务，即每年 365 天、每天 24 小时的服务。

7）增强了企业的竞争力。这是最重要的一点。

正是由于电子商务具有以上优势，才使得它具有广泛的应用价值和广阔的发展前景。

4. 电子商务发展趋势

电子商务作为一个新兴行业，在我国已从快速发展期逐渐过渡到成熟稳定期。当下，网络购物出现新形态：电商品牌意识增强、移动电商爆发式发展，如何洞察新发展，把握电商发展新机遇呢？

4.1 跨境电商将迎来新发展

我国跨境电商交易已初具规模，相对实体店，网购人群多为“90 后”，海淘人群更甚，26～35 岁人群占据海淘整体人数的 89%，其中在职人员占 80%。从收入分布来看，家庭月收入高于 10 000 元的消费者占海淘整体人数的 73%，大学学历及以上的比例高达

86%。产品品类、销售渠道、购物模式更加多元化。

随着跨境网购消费者的日益成熟，消费观念不断升级，消费者需求也会进一步细分，这不仅体现在对产品品类的需求，也体现在促使消费者选择海淘的动机。有一千个消费者就有一千种不同的消费需求，这为各大海淘平台的营销提出了更大的挑战。

4.2 农村电商成为一片蓝海

调查显示，农村地区的消费意愿上升，直接体现在网购用户的增速上。农村网民网购用户数量同比快速增长。快递、电商下乡，零售商触电助力电商发展。农村居民的消费需求增长、政府及电商的不断投入成为农村电商增长的两大驱动力。

4.3 线上线下融合，O2O模式将成主流

近几年各地“互联网+”新创公司数量剧增，移动App呈井喷状态。从消费者的角度来看，餐饮外卖、旅游、点评、打车是目前最为流行的O2O模式。数字化时代，消费者购物方式虽然已经改变，便利性、舒适度以及价格依然是消费者考虑购物方式的重要维度。消费者不愿放弃线下消费的体验，同样也希望能享受线上购物的便利。

4.4 移动电商场景化和社交化

得益于智能手机终端的普及，我国移动购物市场保持高速发展态势，移动端交易额占比已超六成，2019年一季度移动端交易占比达65.9%。主要的移动端网购人群分布在26～35岁（53%），本科以上学历居多（80%）。移动端的消费与PC端最大的不同，在于其场景化和社交化的特质，未来社交电商、新媒体电商将进一步增长。

素养园地

个人信息保护的重要性

当今世界，综合国力角逐日趋激烈；当代中国，完备治理体系、提升治理能力任务愈发紧迫。面对前所未有的矛盾风险挑战和改革发展稳定繁重任务，党中央大力弘扬社会主义法治精神，高度重视运用法治思维和法治方式执政兴国，推动依法治国进入新阶段，所以需要全体人民做到知法、守法、用法，提高全民法制意识。由于当下网络信息发达，许多人都说大数据时代没有隐私，所以网络安全人人有责。在我们日常生活中，大家都接到过中介公司、保险公司的电话。其实，这些看似稀松平常的行为背后却隐藏着巨大的个人信息危机，对个人的生活隐私造成了一定的影响，一旦信息泄露，诈骗分子就会盯上你。特别是网上金融交易和网上购物的实现，带来大量个人信息的流动，非法收集、利用、公开个人信息的案件也随之出现。

2019年5月，柳州市境意网络设计有限责任公司通过QQ号购买公民个人信息，并添加受害者微信，将受害者拉进诈骗团伙所建的群里进行诈骗。公司人员使用“小号”在群内对所谓的“教授”“老师”“专家”“大师”进行鼓吹，引诱受害者在总公司违法搭建的“外盘”平台开设账户，对账户进行转账充值，并根据“老师”的指示购买“外

盘”。之后，将被害人的账户信息等发给总公司，由总公司操控后台平台，通过“延时交易”“卡盘”“滑点”等“暗操作”制造被害人投资的钱全部亏损的假象，以此诈骗被害人的钱财。7 月 1 日，柳州警方兵分多路展开收网行动，抓获涉案嫌疑人 68 名，打掉电信诈骗公司 5 个，涉案金额 2 000 多万元。

下面这些途径可能会泄露你的个人信息，一起来看看！

1. 社交媒体

通过微博、QQ 空间、贴吧等和熟人互动时，有时会不自觉说出或标注对方姓名、职务、工作单位等真实信息。有些家长在朋友圈晒的孩子照片包含孩子姓名、就读学校、所住小区；晒火车票、登机牌，却忘了将姓名、身份证号、二维码等进行模糊处理。

防范方法：在微博、QQ 空间等社交网络上要尽可能避免透露或标注真实身份信息。朋友圈晒照片一定要谨慎。

2. 网络调查

上网时经常会碰到各种填写调查问卷、玩测试小游戏、购物抽奖，或申请免费邮寄资料、申请会员卡等活动，一般要求填写详细联系方式和家庭住址等个人信息。

防范方法：参与此类活动前，要选择信誉可靠的网站认真核验对方的真实情况，不要贸然填写导致个人信息泄露。

3. 身份证复印件

银行、电信运营商营业厅、各类考试报名等，很多地方都需要留存你的身份证复印件，甚至一些打字店、复印店利用便利，将暂存在复印店的客户信息资料存档留底。

防范方法：当你需要提交给他人身份证复印件时，要在复印件上写上签注，内容应该包括三个方面：一是提供给哪个单位，二是提供的用途是什么，三是要注明他用无效。

4. 慎用公共场所免费 WiFi

如今你走进任何一家商场或是饭店，拿起手机都可以免费连接 WiFi，可是在你享受公共 WiFi 的便利时，黑客预设的木马病毒就会潜入你的手机，伺机窃取你手机中的通讯录、照片等隐私信息。如果在这期间你使用了支付宝、网银等网络付款方式，几分钟后你银行卡里的钱就会因此不翼而飞。

防范方法：别为了节省几兆的流量，导致自己遭受更大的损失。

网警提示：不要在网络上透露自己的信息，不要轻信他人所说的提供贷款或服务而告知自己电话和银行卡密码，不要贪图小便宜。个人信息中不仅仅能从表面看到你的住址、电话、网络社交记录等，经过更深层次的发掘后，还可以看出你的经济状况、平常的生活习惯、个人的性格特点等。因此，一旦发现个人信息泄露或联络工具丢失，要在第一时间通知家人或亲友，提醒他们加以防范，避免上当受骗。

扫一扫

视界瞭望台：如何保护个人信息

扫一扫

视界瞭望台：如何防诈骗

项目小结

本项目知识是学习电子商务的基础。通过本项目的学习，学生应重点掌握以下知识点：电子商务的定义；电子商务的功能与特点；电子商务的框架与分类；电子商务较传统商务的优势；电子商务的发展趋势。

实训练习

知识微检验：

扫一扫

扫码自测

拓展课下练：

1. 浏览可口可乐公司网站（http：//www.coca-cola.com.cn），可以发现可口可乐公司没有在自己的网站上直接销售产品，其网站的重点是在宣传可口可乐文化，这能说明它没有开展电子商务吗？

2. 结合本项目内容，登录电子商务相关网站，查询国内外电子商务的发展过程及现状，写出调查报告。

项目二

电子商务网络技术基础

问题引入

小米顺利地开始了电子商务专业的学习，发现这个专业不仅需要学习商务方面的知识和技能，还要掌握最新的网络技术，才能搭建自己想要的商务网站。网络技术的知识十分专业而且广泛，小米需要学习哪些网络基础技术，才能满足电子商务应用的需要呢？

任务导读

本项目主要包括互联网技术和网络平台搭建与运维两项学习任务。学生可以通过具体的学习任务，借助互联网资源和教学资源包提供的资料自学，并与其他同学讨论交流，从而掌握电子商务网站建设与运维的相关知识。

学习目标

通过本项目的学习，掌握互联网基本技术和电子商务网站建设的基本流程，了解互联网的定义、协议以及新一代信息技术，掌握电子商务网站运营与维护的相关软件。

任务一 互联网技术

案例导入

一个大学生的网络创业故事

一个非计算机专业的大学生，却用网络赚到了人生的第一桶金，并且现在发展得非常顺利，这就是网络时代的神话，只有在网络社会里才会有这么神奇的事情发生！

小罗在课余时间、假期去图书馆学习计算机知识。他通过自己的努力应聘到了学校的计算机网络中心，做了学校网站的负责人，并且组织设计了学校的网站。某一日，学校社团的赞助商想找学生帮助他们公司做网站，社团的负责人就把小罗介绍给了这家赞助商。小罗奋战了一个多星期，终于做出了一个比较理想的网站，赞助商对他做的电子商务网站非常认可。在这之后，他做了一个大胆的尝试，和朋友合作成立工作室，专门承接做网站的业务，一段时间下来，生意非常火爆，他很快就赚取了人生的第一桶金。

问题与思考：

1. 电子商务与网络技术的关系是什么？
2. 在互联网时代，想要开线上店铺应具备哪些技能？

学习任务单

学习情境	小米通过近期的学习，对电子商务专业有了更深刻的了解。小米发现电子商务的模式和互联网技术息息相关，随着互联网技术的飞速发展，电子商务的运营模式也日新月异，她深刻体会到要想掌握电子商务的技巧，就必须学好用好互联网技能，所以小米对互联网技术产生了浓厚的兴趣。
环境需求	1. 互联网接入。 2. 计算机（每人 1 台）。 3.《互联网时代》第十集视频（教学资源包提供）。
任务描述	1. 调查同学们的计算机操作系统使用与设置、打字速度、快捷键使用和 Office 等常用软件的掌握情况。 2. 设置计算机 IP 地址：192.168.1. 学号，子网掩码：255.255.255.0，默认网关：192.168.1.251，首选 DNS 服务器：202.100.100.202。 3. 互联网协议是互联网终端相互连通的基础，主要有 TCP/IP 协议、HTTP 协议、FTP 协议和 SMTP 协议，请同学们继续探索还有哪些互联网协议。 4. 新一代信息技术其实有很多，请同学们补充还有哪些最新的信息技术，并进行概述。 以上任务建议 2 学时完成。
小调查	1. 你用过 Office 吗？ □有 □没有 2. 你设置过 IP 地址吗？ □有 □没有 3. 你对计算机技术感兴趣吗？ □是 □否
素养提升	通过阅读“素养园地”中的资料，树立爱国意识和民族自豪感。
任务拓展	利用 Windows 自带组件搭建一个 ftp 服务器，或者下载软件 Server-U，使用软件来搭建 ftp 服务器。

学习任务考核单

姓名：　　　　　　　　　　　　　　　　学号：

序号	任务	分值	总结与归纳	成绩
1	操作系统和常用软件熟练度	20 分		
2	设置计算机 IP 地址	20 分		
3	探索互联网协议	30 分		
4	电子商务的发展现状	30 分		
合　计				

* 请学生填写完学习任务考核单后上交。

知识探究

1. 互联网简介

1.1 互联网的定义

互联网（Internet）又称国际网络，指的是网络与网络之间所串连成的庞大网络，这些网络以一组通用的协议相连，形成逻辑上的单一巨大国际网络。这些网络都符合具有地址和命令的标准体系，并经骨干网连在一起。

1.2 互联网的发展

互联网始建于 1969 年，当时美国国防部为连接少数几所大学和协议企业而建立了一个全国性网络。最初的想法是要增加计算机能力并可由许多地点的用户共享，并且通过提供用户间多条路径来找到哪一种计算机网络能够在核战或其他灾难中幸存。

几年间，新的网络接入使越来越多的计算机加入进来。在 1973 年进行了第一次与挪威和英国的国际连接。今天，有成千上万的计算机网络和数百万台计算机与互联网相连。互联网发展如此之快，以至于没有人能准确地说出网上有多少用户。

扫一扫

深度加油站：《中国移动的互联网发展报告（2022）》正式发布

1.3 中国互联网发展情况

近年来，我国互联网应用呈持续稳定增长态势。互联网行业实现跨越式发展，基础支撑、创新驱动、融合引领作用更加凸显，在国民经济和社会中的地位显著提升。互联网正在推动数字技术与传统实体经济深度融合，赋能千行百业数字化转型，成为助推经济社会高质量发展的重要引擎。

2. 互联网协议

互联网协议指的是计算机网络中互相通信的对等实体之间交换信息时所必须遵守的规则的集合。互联网协议是由多个协议组成的，包括 TCP/IP、HTTP、FTP 等。

2.1 TCP/IP 协议

TCP/IP 是 20 世纪 70 年代中期美国国防部为其研究性网络 ARPAnet 开发的网络体系结构。ARPAnet 最初是通过租用的电话线将美国的几百所大学和研究所连接起来的。随着卫星通信技术和无线电技术的发展，这些技术也被应用到 ARPAnet 网络中，而已有的协议已不能解决这些通信网络的互联问题，于是就提出了新的网络体系结构，用于将不同的通信网络无缝连接。在 20 世纪 90 年代，TCP/IP 已经成为局域网中的首选协议，在最新的操作系统（如 Windows10、Windows7、Windows Server2012 等）中已经将 TCP/IP 作为其默认安装的通信协议。TCP/IP 版本 4 属性如图 2-1 所示。

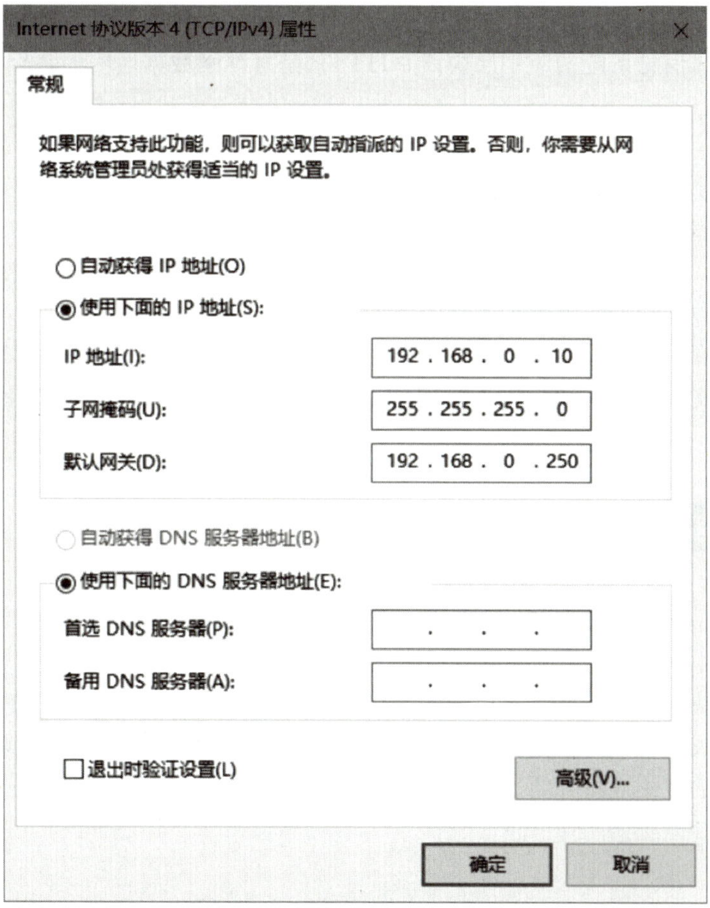

图 2-1　TCP/IP 版本 4 属性

小资料

IPv6

IPv6是英文“Internet Protocol Version 6”（互联网协议第6版）的缩写，是互联网工程任务组（IETF）设计的用于替代IPv4的下一代IP协议，其地址数量号称可以为全世界的每一粒沙子编上一个地址。IPv4最大的问题在于网络地址资源不足，严重制约了互联网的应用和发展。IPv6的使用，不仅能解决网络地址资源数量的问题，而且也解决了多种接入设备连入互联网的障碍。

截至2021年6月，我国IPv6地址数量为62 023块/32，较2020年12月增长7.6%。CNNIC监测范围内的全球知名度较高的23家公共递归服务器厂商中，有12家提供IPv6公共递归服务。

2.2 HTTP协议

HTTP协议（Hyper Text Transfer Protocol，超文本传输协议）是一种用于分布式、协作式和超媒体信息系统的应用层协议。HTTP是万维网数据通信的基础。

2.3 FTP协议

文件传输协议（FTP）作为网络共享文件的传输协议，在网络应用软件中具有广泛的应用。FTP的目标是提高文件的共享性和可靠高效地传送数据。FTP工作在TCP/IP模型的应用层，基于的传输协议是TCP，FTP客户端和服务器之间的连接是可靠的、面向连接的，为数据的传输提供了可靠的保证。

FTP协议的主要作用就是让用户连接上一个远程计算机，查看远程计算机上有哪些文件，然后把文件从远程计算机上复制到本地计算机，或把本地计算机上的文件上传到远程计算机。

3. 新一代信息技术在电子商务中的应用

信息技术是指用于管理和处理信息所采用的各种技术的总称。它主要是应用计算机科学和通信技术来设计、开发、安装和实施信息系统及应用软件。新一代信息技术是以人工智能、区块链、大数据、虚拟现实为代表的新兴技术。它既是信息技术的纵向升级，也是信息技术及其相关产业的横向渗透融合。下面我们对一些典型性的新一代信息技术在电子商务中的应用进行介绍。

3.1 人工智能

人工智能（Artificial Intelligence，AI）是研究、开发用于模拟、延伸和扩展人的智能的理论、方法、技术及应用系统的一门新的技术科学。人工智能已经成为电子商务领域重要的技术手段。

（1）自动回复功能。机器人对常规的问题以文字的形式自动对客户进行引导或者沟通。

（2）自动语音功能。能够实现会话式人工智能，机器人以语音的方式同客户沟通。

（3）自动搜索功能。消费者在搜索商品过程中，人工智能进行与消费者偏好、趋势产品、客户旅程等相关的大数据分析，并为用户提供促使其购买的预测。

扫一扫

深度加油站：《人工智能生成内容（AIGC）白皮书》发布

（4）自动推荐功能。人工智能结合使用历史客户数据、特定类别的偏好进行商品推荐，从而使销售过程中的追加销售和交叉销售更加流畅。

3.2　大数据

大数据是指无法在一定时间内用传统数据库软件工具对其内容进行抓取、管理和处理的数据集合。大数据技术在电子商务领域有广泛的应用。

（1）做到精准营销。通过大数据分析，能够得出消费人群的喜好行为，在消费者搜索关键词后能够将匹配度高的商品推送给消费者，从而提升交易的下单率，节约了时间成本。

（2）提供个性化服务。电子商务平台一般都会针对用户提供一些推荐和导购服务。通过大数据分析对客户标记相应的标签，挖掘消费者的消费需求，同时提供个性化服务。

（3）协助商家推广。能帮助商家了解消费者的消费偏好、消费者对于该类产品的喜好等信息，帮助商家及时针对大部分消费者的消费偏好以及市场的动态，针对产品的性能等进行研发和调整。

3.3　虚拟现实

虚拟现实技术（Virtual Reality，VR）是一项全新的信息技术。虚拟现实技术包括计算机、电子信息、仿真技术，其基本实现方式是计算机模拟虚拟环境从而给人以环境沉浸感。随着社会生产力和科学技术的不断发展，各行各业对虚拟现实技术的需求日益旺盛。虚拟现实技术也取得了巨大进步，并逐步成为一个新的科学技术领域。

小资料

元宇宙

元宇宙的英文为 metaverse，这是一个合成词：meta（超越）＋verse（宇宙），字面含义就是“超越于现实宇宙的另外一个宇宙”，我们可以把它理解为一个平行宇宙。

元宇宙爆红，其实有着相关的社会生活因素和相应的科学技术支撑。一方面，经过多年的发展，虚拟现实、人工智能、区块链、5G 通信、可穿戴设备等底层技术的应用日渐成熟；另一方面，线上会议、线上课程逐渐普及，人们在虚拟空间的停留时间更长，线上生活所占的比例不断升高。在一些具体的场景中，元宇宙使得人类生活中关于线上和线下的边界更加模糊。从在游戏中参加虚拟演唱会，到在虚拟空间以虚拟形象参加会议，且会上可以用语音和动作进行实时交互。这些已经实现的案例，表明了通过使用虚拟现实、增强现实、虚拟角色和计算机，生成栩栩如生的影像，可以将元宇宙概念具象化，将虚拟拉进现实。这些新改变承载着人们对技术发展的信心，以及对未来美好生活的期待，也同时使元宇宙进一步受到关注。

扫一扫

视界瞭望台：看世界人工智能大会元宇宙十人工智能新玩法

3.4 移动互联网

移动互联网是移动设备和互联网融合的产物，它继承了移动随时、随地、随身和互联网开放、分享、互动的特点。将移动互联网与电子商务相结合就衍生出移动电子商务，它可以使人们在任何时间、任何地点进行各种商贸活动，实现随时随地、线上线下的购物与交易、在线电子支付以及各种交易活动、商务活动、金融活动和相关的综合服务活动。

支撑移动电子商务的移动互联网技术主要有以下几种：

（1）无线应用协议（WAP）。它是在移动电话、个人数字助理（PDA）等移动通信设备与因特网或其他业务之间进行通信的开放性、全球性的标准。

（2）5G 技术。第五代移动通信技术是具有高速率、低时延、大连接特点的新一代宽带移动通信技术，能为用户提供增强现实、虚拟现实、超高清 3D 视频等更加身临其境的极致业务体验。

（3）移动定位系统技术。通过无线终端和无线网络相配合，确定移动用户的实际位置信息，通过短消息服务、多媒体消息、语音发给用户或以此为基础提供商务增值服务。

扫一扫

视界瞭望台：二十大报告这些话振奋人心

素养园地

华为：中华有为

在新冠疫情暴发后，武汉建造了火神山医院，华为公司仅用了3天时间就完成了当地5G网络的建设，为火神山医院提供了超高速的5G上网服务，保障了数据采集、远程会诊、远程监护等医疗业务的正常开展。

华为面对种种压力，迎难而上，不断创新，其“天才少年”计划更是面对挑战不断创新的真实写照。少年强则中国强，同学们注重创新，不断努力和奋斗便是对“为中华之崛起而读书”的最真切的答卷！“不畏困难，玉汝于成”，青年一代投身于国家需要的专业、需要的工作岗位中，就是爱国主义的最好体现。

任务二　网络平台搭建与运维

案例导入

社区团购平台——美团优选

美团优选作为美团旗下的社区电商业务，于2020年7月上线，重点针对下沉市场，采取“预购＋自提”的模式，为社区家庭用户精选高性价比的蔬果、肉禽蛋、乳制品、酒水饮料、家居厨卫等品类商品。2021年第一季度，社区电商业务“美团优选”进一步扩大地域覆盖范围，扩展至2 600个市县。

资料来源：金台资讯．候选案例：美团优选“应急保障　生活不停项目”［EB/OL］．（2021-12-14）［2023-03-01］．http：//news. sohu. com/a/508230105_120578424.

问题与思考：

1. 美团优选属于哪种类型的网站？
2. 这种类型的网站应该如何建设？

学习任务单

学习情境	小米曾在美团优选上购买商品，她被该网站的页面深深吸引，该网站生意很好，让小米很羡慕。小米也有些疑问：这个网站是怎么做出来的？怎样才能拥有自己的网站？我要是建网站应该使用哪些工具呢？小米急于了解这方面的知识，因此展开了有针对性的学习。

环境需求	1. 互联网接入。 2. 计算机（每人 1 台）。 3. 学习任务考核单（可到教学资源包下载电子版）。
任务描述	任务 1： 学生上网访问如下网站，并观察网站页面和功能： （1）http：//www. dell. com. cn。 （2）http：//www. haier. com。 （3）http：//www. taobao. com。 （4）http：//www. renren. com。 （5）http：//www. zol. com. cn。 （6）http：//www. moonbasa. com。 （7）http：//www. tmall. com。 （8）http：//www. 1688. com。 （9）http：//www. 163. com。 （10）http：//www. 17u. com。 任务 2： 结合任务 1 就以下问题进行讨论： 问题 1：这些网站相同吗？它们之间有哪些共同点和差别？试着对它们进行归类。 问题 2：这些网站提供了哪些服务？有哪些功能模块？试按不同类型归纳其共同的功能组成。 以上任务建议 2 学时完成。
素养提升	阅读“素养园地”内容，树立民族自信心，培养家国情怀。
任务间歇	播放励志 MV（教学资源包提供）。
小调查	1. 平时你喜欢上哪类网站？ □新闻网　□娱乐网　□购物网　□企业网　□其他 2. 你上网的主要目的是什么？ □购物　□游戏　□交友　□看新闻　□查资料 □看电影　□学习　□其他
任务拓展	上述网站是如何实现互联网访问的？

学习任务考核单

姓名：　　　　　　　　　　　　学号：

序号	任务	总结与归纳	分值	成绩
1	网站的共同点		20 分	
2	网站的差异		20 分	
3	网站的归类		20 分	
4	网站包含的元素		20 分	
5	不同元素用何种软件制作		20 分	
合　计				

* 请学生填写完学习任务考核单后上交。

知识探究

1. 电商网络平台搭建

电子商务网络平台是企业、机构或者个人开展电商的基础设施和信息平台，是实施电商的交互窗口，是从事电商的一种手段。它能提供个性化服务、能够快速拓展市场空间、降低商务活动的成本、处理客户关系管理等。通过平台收集消费者信息和反馈，有助于加强客户服务质量，从而赢得更多客户，为企业创造更多收益，同时企业可以实时收集市场信息资源，调整营销策略，并将产品信息推送到互联网上，获得更多的贸易机会和市场竞争力。

1.1 平台搭建工具

搭建电子商务平台需要通过多种软件来实现。常用的软件有以下几种：

(1) Dreamweaver。简称“DW”，是集网页制作和管理网站于一体的所见即所得网页代码编辑器。利用对 HTML、CSS、JavaScript 等内容的支持，设计师和程序员可以在几乎任何地方快速制作和进行网站建设。

(2) Webstorm。用它来进行网页的前端开发非常方便，是“最强大的 HTML5 编辑器”，更适合动态网页的开发。

(3) HBuilder。它支持 HTML5 的 Web 开发 IDE，使用它来编写 JavaScript 非常轻松便捷，而且个人免费使用，“快”是它的最大优势。

(4) Visual Studio。简称“VS”，是一个基本完整的开发工具集，它包括了整个软件生命周期中所需要的大部分工具，如 UML 工具、代码管控工具、集成开发环境（IDE）等，编写 asp. net 动态网页可使用这个软件。

1.2 数据库工具

电子商务在交易时需要进行数据的处理，在进行交易时需要向客户提供商品的详细信息和分类，交易过后产品的配送方式的处理、顾客购买信息的记录、数据的处理需要一个强大的数据库支撑。数据库应用于电子商务中，可以实现电子商务在交易中对信息的存储，实现了对信息的有效管理。数据库应用于电子商务中，为交易的良好运作提供了保障，对电子商务网站的运行起着重要作用。常用的数据库软件有 Oracle、SQL Server、ACCESS、DB2 等。

处于龙头地位的国产数据库有武汉达梦、人大金仓、神州通用和南大通用。

1.3 电子商务网站建设流程

(1) 网站类型的选择。根据企业项目的目标、特点或企业产品（服务）的特点和形式，结合自身资源优势以及企业实力确定网站类型。

(2) 网站的命名。好的名字不仅能吸引人，还能体现企业的产品和理念。

（3）注册域名。它是企业的网络商标，因为国际域名具有全球唯一性，因此它的价值要高于企业传统的名字或商标。

（4）选择主机。要有网上的经营场地——服务器空间。

（5）网站规划与设计。

2. 电商网络平台运维

将制作好的电子商务网站上传平台后，就需要对网站进行有效的维护、更新和调整。成功的商业站点，必须能够把站点的业务需求、Internet 技术以及网站的美术设计很好地集成在一起。一个电子商务网站的建立，既需要有懂得 Internet 技术的应用程序开发人员，也需要有公司的业务人员和专业美工的参与，离开任何一方，网站的建设都无从谈起。业务人员和专业美工都需要相关软件来辅助工作。

2.1 运营软件

千牛工作台是淘宝卖家的店铺工作管理后台，通过千牛工作台，淘宝卖家可以更好地管理自己的店铺，包含宝贝管理、店铺管理、货源中心管理、营销中心管理等，主要的作用是整合店铺管理工具、经营咨询信息、商业伙伴关系，借此提升卖家的经营效率，促进彼此间的合作共赢。

2.2 美工软件

（1）图像处理。Photoshop（简称 PS）主要处理以像素构成的数字图像。人们使用其众多的编修与绘图工具，可以有效地进行图片编辑工作。PS 有很多功能，在图像、图形、文字、视频、出版等各方面都有涉及。

（2）视频剪辑。Premiere 能对视频、声音、动画、图片、文本等进行编辑加工，最终生成电影文件。它可以对各种视频图像、动画进行编辑，对音频进行进一步处理，能够创建网页上的视频动画，对视频格式进行转换。

扫一扫

深度加油站：其他图像处理软件

素养提升小锦囊

"业精于勤荒于嬉"，以执着专注、精益求精、一丝不苟、追求卓越的工匠精神，将电商平台搭建与运维工具熟练掌握，才能学以致用。

素养园地

新疆产品 国货荣光

自从山姆会员商店进驻中国市场，受到了中国消费者的青睐。超市内很多商品已经成为网红产品，只要一上架，很容易被“抢购一空”，包括烤鸡、提拉米苏蛋糕等。超市内，也经常能看到代购们直播带货。但是自从山姆会员商店偷偷下架新疆产品，在平台上搜不到任何新疆产品的信息后，引发了一大波“退卡潮”。与此相对照，国货鸿星尔克宣布向河南郑州特大暴雨灾害灾区捐款5 000 万元后，其在新疆于田的服装生产基地正式落成并投入生产。鸿星尔克表示要坚守初心，坚定走实业之路，打造国民品牌。电子商务网站规划和设计过程中要保持正确的政治站位。

项目小结

本项目主要完成了商务网站建设流程，从域名注册、主机选择到网站规划、设计制作。学生对域名申请和虚拟主机申请应做到全面了解，能独自完成操作流程，能根据网站规划设计符合商务网站功能需要的简单的网站，并能对网站进行测试和修正。

实训练习

知识微检验：

扫一扫

扫码自测

拓展课下练：

学生利用课余时间设计一个自己的个人主页，介绍自己，宣传自己，设计完成后上传至班级虚拟主机空间子目录中，可以以自己名字的拼音为名建立子目录，之后访问自己的个人主页。

项目三

电子商务支付与结算

问题引入

小米在完成上个任务时看中了一件商品，并下了订单，可是她在结算时遇到了问题。她发现有银行卡付款、微信支付、支付宝支付、云闪付等好几种结算方式，该选择哪种支付方式呢？如何才能开通个人支付宝？

任务导读

本项目主要包括电子银行支付、第三方支付两个学习任务。学生可以通过具体的学习任务，借助互联网资源和教学资源包提供的资料自学，并与其他同学讨论交流，以充分认识电子支付的意义，改变传统支付观念。

学习目标

通过本项目的学习，学生应该掌握电子支付领域相关业务流程，全面了解电子银行、第三方支付等电子支付方式，能够利用手机银行、支付宝等支付工具进行电子支付。

任务一 电子银行支付

案例导入

农行桂林分行网上金融助单位迈入互联网时代

小陈在桂林某大学读书，还有200元杂费没有交给学校。以往他必须到银行柜台交现金或转账，但是现在不用了，11月24日，他在宿舍直接进入学校网站，像网上购物一样就把杂费交了。

这得益于农行桂林分行与该大学合作，开通了该校网上结算业务——企业对客户业务（Business to Customer，B2C），即企业、学校等单位的产品、服务可直接在网上进行结算、消费、缴费等，实现网上“购物、消费、缴费”。

农行桂林分行不断进行金融创新，大力拓展网上金融业务，以金融服务助推企业、学校提质升级，跨入互联网时代。该行有 30 多台离行式注册终端，可以上门为学校师生、企业员工办理网上银行、手机银行、短信通等业务，满足了企业、学校等单位的需要，企业、学校等单位的人员无须到银行网点柜台办理这些业务。据介绍，桂林农行的企业对客户业务可以帮助企业提前锁定客户，较传统作业提前将客户消费资金入账，大大方便了企业资金管理，拓展了企业的销售终端和渠道，为办理网上业务奠定了基础，提升了企业的形象和资质。该行企业对客户业务解决了银行柜台排队现象，大大节约了学生或企业员工到银行办理业务的时间和精力。目前，该行已为三家高校 2.7 万名学生办理了农行校园卡，实现了网上缴费。

桂林农行的金融创新也获得了总行技术上的大力支持：随时可开放接口对接企业、学校等单位的网站，实现网上销售、缴费，助力企业、学校等单位跟上网络时代的步伐。

问题与思考：

1. 什么是网上银行？网上银行能够为我们提供哪些服务？开通网上银行需要哪些条件？
2. 网上银行就是电子金融吗？电子金融还包括哪些内容？

学习任务单

学习情境	小米在完成上个任务时看中了一件商品，并下了订单，可是她在结算时遇到了问题。她发现有银行卡支付、支付宝支付、微信支付、云闪付等好几种结算方式。小米之前把一张银行卡绑定了支付宝，可是发现这张银行卡里没有钱了，支付宝里也没有余额，于是小米打电话让妈妈给自己的银行卡里转钱，小米妈妈离当地银行距离比较远，需要通过手机银行转账。手机银行应如何操作呢？
环境需求	1. 互联网接入。 2. 计算机（每人 1 台）。 3. 学习任务考核单（可在教学资源包中下载电子版）。
任务描述	任务 1： 登录几大银行网站了解电子银行业务开展情况： http：//www.ccb.cn（中国建设银行）； http：//www.cmbchina.com（招商银行）； http：//www.icbc.com.cn（中国工商银行）； http：//www.95599.cn（中国农业银行）； http：//www.boc.cn（中国银行）。 任务 2： 1. 查看自己所拥有的银行卡，手机下载相关银行的 App，注册登录。 2. 利用课余时间到当地相关银行柜台办理手机绑定。 以上任务建议 1～2 个日完成。

小调查	1. 你使用过哪家银行的银行卡？ □工行 □建行 □中行 □农行 □交行 □其他银行 2. 你有信用卡吗？ □有 □没有 3. 你觉得哪家银行的服务好？ □工行 □建行 □中行 □农行 □交行 □其他银行
任务拓展	你还知道哪些银行？它们有电子银行业务吗？

学习任务考核单

姓名：　　　　　　　　　　　　　　学号：

序号	任务	分值	总结与归纳	成绩
1	什么是电子银行？	20 分		
2	什么是网上银行？	20 分		
3	什么是手机银行？	20 分		
4	电子银行、网上银行、手机银行之间有什么关系？	40 分		
合　计				

* 请学生填写完学习任务考核单后上交。

知识探究

1. 电子银行

电子银行是指利用网络技术和信息技术，为客户提供各种自助形式的、综合的、实时的全方位服务。电子银行是基于电子商务平台和银行支付系统的网上金融服务系统，用户使用电子银行可以在网上实现银行账户资金查询、银企对账、银企转账、银行账号挂失、公共信息查询等银行业务，还可以通过网上银行实现网上购物、网上缴费等功能。电子银行是电话银行、网上银行、手机银行、自助银行的统称。电子银行相对于传统银行来说具备以下优势：一是开放性，它在传统银行金融电子化的基础上，广泛采用互联网系统，成为一个兼容性的开放式金融业务处理系统；二是以客户为中心，采用多种服务方式和服务渠道，如 ATM、电话银行、网上银行、手机银行等。

2. 网上银行

2.1 网上银行的定义

网上银行是电子银行的一个重要组成部分。网上银行的网上支付业务被认为是一种金融创新，同时它是电子银行的高级发展阶段。

网上银行也称网络银行、在线银行，是指银行利用网络技术，通过网络向客户提供查询、对账、行内转账、跨行转账、信贷、网上证券、投资理财等传统服务项目，使客户足不出户就能够安全便捷地管理活期和定期存款、支票、信用卡及进行个人投资等。可以说，网上银行是网络上的虚拟银行柜台，它直接把触角延伸到了客户办公室、家中的桌面上，大大延伸和拓展了银行业务的范围，直接为电子商务的发展服务。从各家银行开通的网上银行服务系统来看，网上银行一般分为个人网上银行和企业网上银行两类。

2.2　网上银行与传统银行的比较

与传统银行相比，网上银行有以下优点：

（1）实现零距离服务。网上银行是以计算机网络与通信技术为依托，以金融服务业为主导的现代化银行。网上银行不仅提供丰富的信息资讯服务，而且进行实际的金融交易，使客户足不出户便可完成与银行的各种业务往来，实现银行对客户的零距离服务。

（2）突破时空限制。网上银行突破了传统银行业务在时间上的限制，实行 7 天×24 小时全天候运营，使银行更加贴近客户，更加方便客户。

（3）成本优势。网上银行能降低成本，提高效益，是银行竞争更加有效的手段。

3. 网上银行提供的服务

网上银行除了能够提供在线查询账户、转账、汇款、自助缴费的服务外，还能够提供一些非常方便的增值服务，比如自助归还贷款、在网上进行基金或外汇的买卖、资金在储蓄账户和股票保证金账户之间的转换、不限时的股票委托买卖。更为方便的是，客户可以轻松享受网上支付所带来的愉快购物体验。客户只需要开通网上银行功能，无论在哪家银行，都可以享受到这些基本的服务。

网上银行一般情况下主要为客户提供以下服务：

（1）基本网上银行业务。商业银行提供的基本网上银行服务包括在线查询账户余额和交易记录、下载数据、转账和网上支付等。

（2）网上投资。由于金融服务市场发达，可以投资的金融产品种类众多，网上银行一般提供包括股票、期权、基金投资和信用违约合同买卖等多种金融产品服务。

（3）网上购物。商业银行的网上银行设立的网上购物协助服务，大大方便了客户网上购物，为客户在相同的服务品种上提供了优质的金融服务或相关的信息服务，加强了商业银行在传统竞争领域的竞争优势。

（4）个人理财助理。个人理财助理是网上银行重点发展的一个服务品种。各大银行将传统银行业务中的理财助理转移到网上进行，通过网络为客户提供理财的各种解决方案，提供咨询建议，或者提供金融服务技术的援助，从而极大地扩大了商业银行的服务范围，并降低了相关的服务成本。

扫一扫

深度加油站：网上银行服务

（5）企业银行服务。企业银行服务是网上银行服务中最重要的部分之一。其服务品种比个人客户的服务品种更多，也更为复杂，对相关技术的要求也更高，所以能够为企业提供网上银行服务是商业银行实力的象征之一，一般中小网上银行或纯网上银行只能部分提供甚至完全不提供这方面的服务。企业银行服务一般提供账户余额查询、交易记录查询、总账户与分账户管理、转账、在线支付各种费用、透支保护、储蓄账户与支票账户资金自动划拨、商业信用卡等服务。此外，企业银行服务还包括投资服务等，部分网上银行还为企业提供网上贷款业务。

（6）其他金融服务。除了银行服务外，大商业银行的网上银行均通过自身或与其他金融服务网站联合的方式，为客户提供多种金融服务产品，如保险、抵押和按揭等，以扩大网上银行的服务范围。

4. 移动银行（手机银行）

移动银行（Mobile Banking）也称手机银行，是利用移动通信网络及终端办理相关银行业务的简称。作为一种结合了货币电子化与移动通信的崭新服务，移动银行业务不仅可以使人们在任何时间、任何地点处理多种金融业务，而且极大地丰富了银行服务的内涵，使银行能以便利、高效且较为安全的方式为客户提供传统和创新的服务。移动终端所具有的贴身特性，使之成为继 ATM、互联网、POS 之后银行开展业务的强有力工具，越来越受到银行业者的关注。

手机银行也是电子银行系统的重要组成部分。它作为一种崭新的银行服务渠道，在网上银行全网互联和高速数据交换等优势的基础上，更加突出了移动通信“随时随地、贴身、快捷、方便、时尚”的独特性，真正实现了无论何时、何地均可办理银行业务，成为银行业一种更加便利、更具竞争性的服务方式。

国内各大商业银行纷纷推出手机银行服务，基本实现了银行的各类基础业务。以中国工商银行为例，其手机银行服务已经能够覆盖所有移动和联通手机用户，客户可以获得 7 小时×24 全天候的服务：查询账户、转账/汇款资金瞬间到账、进行捐款、缴纳电话费和手机话费、网上消费实时支付等。

手机银行更是网上银行的延伸，也是继网上银行、电话银行之后又一种能够给银行用户提供方便的金融业务服务方式，有贴身“电子钱包”之称。国内已开通手机银行业务的银行有：中国邮政储蓄银行、中国工商银行、招商银行、中国银行、建设银行、交通银行、广东发展银行、深圳发展银行、中信银行、中国农业银行等，其业务大致可分为三类：

（1）查缴费业务，包括账户查询、余额查询、账户的明细、转账、银行代收的水电费和电话费等；

（2）购物业务，指客户将手机信息与银行系统绑定后，通过手机银行平台购买商品；

（3）理财业务，包括炒股、炒汇等。

总的来说，同传统银行和网上银行相比，手机银行有如下特点：

（1）更方便。手机银行功能强大，是网络银行的精简版，但是远比网络银行方便，因为手机随身携带，非常方便用于小额支付。

（2）更广泛。提供 WAP 网站的支付服务，实现一点接入、多家支付。

（3）更有潜力。暂时还不成熟的商业模式和用户习惯，导致手机银行和支付的发展还没有达到许多人在“.com”时代的预期。网络银行的成功在于它不仅是银行业电子化变革的手段，更是因为它迎合了电子商务的发展要求，手机银行在这方面还有很大的潜力可以挖掘。

建设银行手机银行和交通银行手机银行 App 界面如图 3－1 所示。

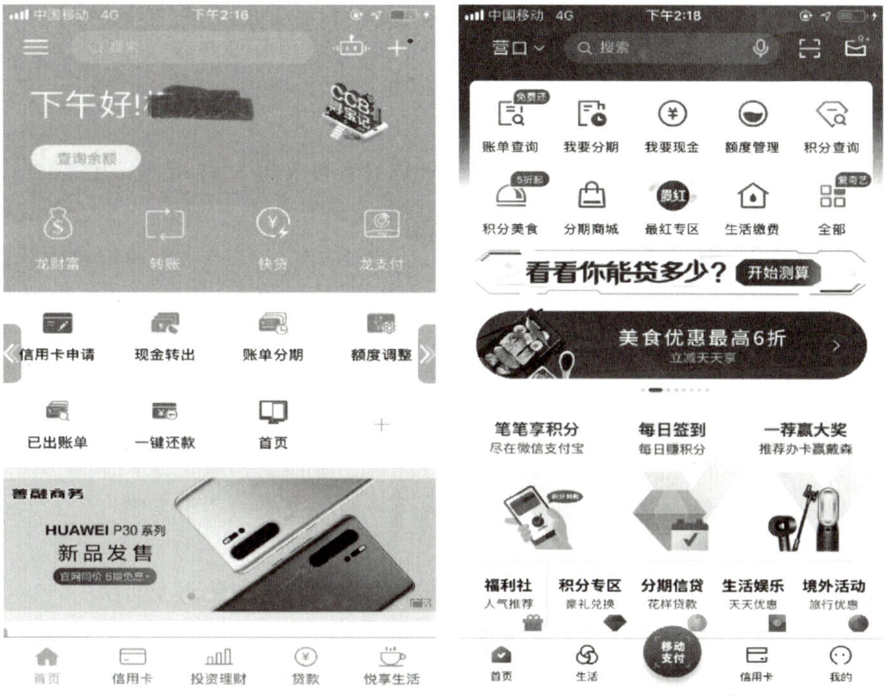

建设银行手机银行　　　　交通银行手机银行

图 3－1　手机银行 App

任务二　第三方支付

案例导入

电商支付的伟大创新——支付宝

阿里巴巴集团为了解决网络交易安全问题，使用了“第三方担保交易模式”，即由买家将货款打到支付宝账户，由支付宝向卖家通知发货，买家收到商品确认指令后支付宝将货款交给卖家，至此完成一笔网络交易。随着业务的发展，支付宝于 2004 年 12 月独立为浙江支付宝网络技术有限公司，是阿里巴巴集团的关联公司。支付宝（http://www.alipay.com）致力于为中国电子商务提供“简单、安全、快速”的在线支付解决方案。支付宝提出的建立信任、化繁为简、以技术的创新带动信用体系完善的理念，深得人心。支付宝以稳健的作风、先进的技术、敏锐的市场预见能力及社会责任感，赢得了银行等合作伙伴的认同。国内工商银行、农业银行、建设银行、招商银行、中国银行、交通银行等各大商业银行以及中国邮政、VISA 国际组织等各大机构均与支付宝建立了深入的战略合作，根据客户需求不断推出创新产品，成为金融机构在电子支付领域最为信任的合作伙伴。

经过短短三年时间，支付宝的用户覆盖了整个 C2C、B2C 以及 B2B 领域，2009 年 2 月底，支付宝注册用户数达到 1.5 亿；2014 年，支付宝实名用户超过 3 亿，支付宝钱包活跃用户超过 2.7 亿，单日手机支付量超过 4 500 万笔，超过 2013 年“双十一”创造的单日手机支付 4 518 万笔的全球峰值纪录。

2014 年“双十一”全天，支付宝手机支付交易笔数达到 1.97 亿笔。

2016 年底，支付宝公布用户数是 4.5 亿。

2018 年 11 月 28 日，支付宝全球用户数已经超过 9 亿，其中，在国内的活跃用户中，70%的用户使用 3 项及以上支付宝的服务。

2019 年 1 月 9 日，支付宝正式对外宣布，支付宝全球用户数已经超过 10 亿。

2019 年 2 月 2 日，支付宝成为首批获得国家认证的企业。支付宝针对用户个人信息安全和隐私保护的体系已达到国家最严格的标准。截至 2019 年 4 月，支付宝“风险大脑”已经与河北、北京、天津、重庆、温州、广州、贵阳、西安、厦门、合肥、温州等 11 个省市的金融办合作，成为这些省市发现和预警高危企业的“千里眼”。

问题与思考：

1. 支付宝存在什么优缺点？在你周围有多少企业或个人在使用支付宝？
2. 你还知道哪些第三方电子支付平台？
3. 除了支付宝支付、微信支付，你还知道哪些电子支付方式？

学习任务单

学习情境	小米下载了自己手中银行卡的银行手机 App，完成注册并利用课余时间到银行柜台完成了手机银行绑定。小米又听说网上购物用支付宝付款更方便，有第三方做担保，退款更容易。小米前几天下的订单还没有付款，她决定开通支付宝，完成购物体验。同学们，你也和小米一道开通支付宝吧！
环境需求	1. 互联网接入。 2. 计算机（每人 1 台）。 3. 智能手机。 4. 银行卡。 5. 学习任务考核单（可在教学资源包中下载电子版）。
任务描述	任务 1：体验电子支付 登录移动或联通网上营业厅，为自己的手机充话费（金额自定）： 中国移动：http：//www.10086.com； 中国联通：http：//www.10010.com。

任务描述	任务 2：体验第三方支付 1. 手机下载安装支付宝 App，注册并实名认证，登入绑定个人银行卡。 2. 查看并了解支付宝都有哪些功能，尝试购买电影票。 3. 打开微信服务钱包，绑定个人银行卡，了解微信支付服务的范围。 4. 横向对比支付宝与微信支付，总结二者的异同。 任务 3：体验数字人民币（开通试点地区可尝试，未开通地区忽略此任务） 手机下载数字人民币 App，注册登录，了解其功能和服务范围。 以上任务建议 2 学时完成。
素养提升	学习“素养园地”内容，了解我国电子支付现状，树立民族自信心。
小调查	1. 你用什么网络的手机？ □联通 □移动 □电信 2. 你知道数字人民币吗？ □知道 □不知道
任务拓展	数字人民币和支付宝有什么不一样？网上搜索相关内容，并做总结。

学习任务考核单

姓名：　　　　　　　　　　学号：

序号	任务	分值	总结与归纳	成绩
1	你对手机充值有哪些经验？	20 分		
2	开通支付宝的条件和步骤是什么？	20 分		
3	支付宝与微信支付有什么区别？	30 分		
4	数字人民币与第三方支付的区别是什么？	30 分		
合计				

* 请学生填写完学习任务考核单后上交。

知识探究

1. 电子支付

1.1 电子支付的定义

电子支付（Electronic Payment）是以计算机和通信技术为手段，通过计算机网络系统以电子信息传递形式实现的货币支付与资金流通。按照电子支付指令发起方式的不同，电子支付可分为网上支付、电话支付、移动支付、第三方支付、销售点终端交易、自动柜员机交易等多种方式。

1.2 电子支付的特点

电子支付通常在专用网络上传输，通过 PC、POS 等进行处理。与传统的支付方式相比，电子支付具有以下特点：

（1）电子支付是采用先进的信息技术来完成信息传输，其各种支付方式都是采用数字化的方式进行款项支付的，而传统的支付方式则是通过现金的流转、票据的转让及银行的汇兑等物理实体的流转来完成款项支付的。

（2）电子支付的工作环境是基于一个开放的系统平台（如互联网），而传统支付则是在较为封闭的系统中运作。

（3）电子支付使用的是最先进的通信手段，如互联网、外联网，传统支付使用的则是传统的通信媒介。电子支付对软件、硬件设施的要求很高，而传统支付则没有这么高的要求。

（4）电子支付具有方便、快捷、高效的优势，用户只要拥有通信网络终端设备，足不出户便可在短时间内完成整个支付过程。电子支付可以完全突破时间和空间的限制，可以满足每周 7 天、每天 24 小时的工作模式。

2. 第三方支付

2.1 第三方支付流程

随着电子商务的蓬勃发展，网上购物、在线交易对于消费者而言已经从一个新鲜、未知的事物变成了日常生活的一部分。对于商家而言，传统的支付方式如银行汇款、邮政汇款等，都需要购买者去银行或邮局办理烦琐的汇款业务；如果采用货到付款方式，又给商家带来了一定风险和昂贵的物流成本。因此，网上支付平台在这种背景下逐步诞生。在线支付作为电子商务的重要组成部分之一，成为电子商务发展的必然趋势。

第三方支付平台的应用有效避免了交易过程中退换货、诚信等方面的问题，为商家开展 B2B、B2C 甚至 C2C 交易等电子商务服务和其他增值服务提供了完整的支持。所谓第三方支付平台，就是一些和国内外各大银行签约并具备一定实力和信誉保障的第三方独立机构提供的交易支持平台，相当于一个中介人的角色，连接着卖家与买家。买家在网上选定要购买的商品后，将货款支付给第三方支付平台，第三方支付平台收到货款后通知卖家发货，买家收到商品后给出确认信息，第三方支付平台就会将货款转入卖家的账户中。由于整个交易过程中货款寄存在第三方支付平台这个中介处，因此买家不用担心自己付款以后卖家不发货，卖家也不必担心发货以后买家不付款。第三方支付交易流程如图 3-2 所示。

与网上银行和传统的汇款方式相比，第三方支付平台有以下明显的优势：

（1）第三方支付平台有延期付款功能，买家可在收到货物后才确认付费，规避部分网购欺诈风险。

（2）付款不受时间限制。卖家开通一家第三方支付平台，可对接买家几乎所有银行

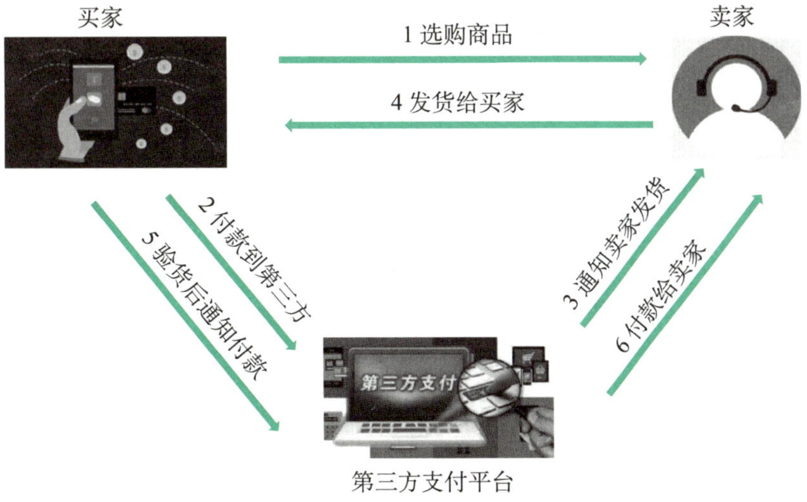

图 3-2 第三方支付交易流程图

卡，免去传统支付方式中买家要办理多家银行卡的烦恼。

（3）免去了传统支付方式（如银行汇款、邮政汇款等）的烦琐业务。

2.2 国内主要第三方支付平台介绍

国内的第三方支付产品主要有支付宝、微信支付、百度钱包、PayPal、中汇支付、拉卡拉、财付通、融宝、盛付通、腾付通、通联支付、易宝支付、中汇宝、快钱、国付宝、物流宝、网易宝、网银在线、环迅支付、汇付天下、汇聚支付、宝易互通、宝付、乐富等。下面介绍常用的几款支付平台。

2.2.1 支付宝

支付宝（中国）网络技术有限公司是国内的第三方支付平台，致力于提供“简单、安全、快速”的支付解决方案。支付宝公司从 2004 年建立开始，始终以“信任”作为产品和服务的核心。旗下有“支付宝”与“支付宝钱包”两个独立品牌。自 2014 年第二季度开始成为全球最大的移动支付厂商。

支付宝与国内外 180 多家银行以及 VISA、MasterCard 国际组织等机构建立战略合作关系，成为金融机构在电子支付领域最为信任的合作伙伴。

2018 年 4 月 1 日起，支付宝静态条码支付每天限额 500 元；2018 年 8 月 21 日，支付宝发布延时到账功能全面升级，被骗资金有望追回；2019 年 2 月，支付宝获得国家认证。

扫一扫

深度加油站：支付宝

支付宝的主要功能如下：

（1）支持余额宝，理财收益随时查看。

（2）支持各种场景关系，群聊群付更方便。

（3）提供本地生活服务，买单打折尽享优惠。

（4）为子女父母建立亲情账户。

（5）随时随地查询淘宝账单、账户余额、物流信息。

（6）免费异地跨行转账，信用卡还款、充值、缴水电燃气费。

（7）还信用卡、付款、缴费、充话费、卡券信息智能提醒。

（8）行走捐，支持接入 iPhone 健康数据，可与好友一起健康行走及互动，还可以参与公益。

（9）蚂蚁森林，通过特定方式获得能量，能量可以养成一棵树，养成后即可在线下的某个地域种下一棵树。

手机支付宝界面如图 3－3 所示。

图 3－3 手机支付宝界面

2.2.2 微信支付

扫一扫

深度加油站：如何开通手机支付宝

微信支付是集成在微信客户端的支付功能，用户可以通过手机完成快速的支付流程。微信支付以绑定银行卡的快捷支付为基础，向用户提供安全、快捷、高效的支付服务。自 2017 年 11 月 23 日起，微信支付服务功能在中国铁路客户服务中心 12306 网站上线运行。截至 2017 年 12 月，微信支付绑卡用户已超过 8 亿，已与近 400 家银行进行合作，并拥有超过 3 万家服务商。微信支付界面如图 3－4 所示。

2018 年 4 月 1 日，消费者在使用微信钱包扫描静态条码支付时，单日使用零钱包支付的上限不超过 500 元，同时微信关联的所有银行卡还可以再独立获得 500 元的支付上限。2018 年 3 月，车牌＝付款码，微信直接推出“高速 e 行”。

微信支付已实现刷卡支付、扫码支付、公众号支付、App 支付，并提供企业红包、代金券、立减优惠等营销新工具，满足用户及商户的不同支付场景。

微信支付有以下安全保障措施为用户提供安全防护和客户服务：

（1）技术保障：微信支付后台有腾讯的大数据支撑，海量的数据和云计算能够及时判定用户的支付行为是否存在的风险。基于大数据和云计算的全方位的身份保护，最大限度保证用户交易的安全性。同时微信安全支付认证和提醒，从技术上保障了交易的每个环节的安全。

(2) 客户服务：7 天×24 小时客户服务，加上微信客服，及时为用户排忧解难。同时为微信支付开辟的专属客服通道，能够以最快的速度响应用户提出的问题并进行处理。

(3) 业态联盟：基于智能手机的微信支付会受到多个手机安全应用厂商的保护，如腾讯手机管家等，这些手机安全应用厂商与微信支付一道，形成安全支付的业态联盟。

(4) 安全机制：微信支付从产品体验的各个环节考虑用户心理感受，形成了整套安全机制和手段。这些机制和手段包括：硬件锁、支付密码验证、终端异常判断、交易异常实时监控、交易紧急冻结等。这一整套的机制会对用户形成全方位的安全保护。

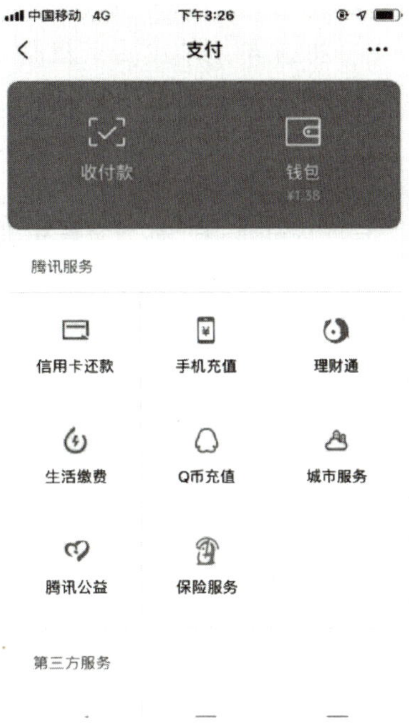

图 3-4 微信支付界面

小资料

微信支付的发展历程

2013 年 8 月 5 日，财付通与微信合作推出微信支付，微信支付正式上线。

2014 年 1 月 4 日，滴滴出行接入微信支付，3 天突破 10 万单。

2014 年 1 月 27 日，微信正式推出微信红包，并迅速流行开来。

2014 年 8 月 28 日，智慧生活全行业解决方案正式公布。

2015 年 2 月 18 日，开创春晚红包，10.1 亿次收发创下了春节全民红包互动的新高潮。

2015 年 5 月，零钱用户突破 3 亿。

2016 年 1 月，微信支付接入线下门店超 30 万家。

2016 年 8 月 8 日，提出“无现金生活”理念，打造全球首个移动支付节日“无现金日”，倡导低碳、高效的生活方式。

2018 年 10 月 1 日起，微信香港钱包正式为香港地区用户提供内地移动支付服务。用户在内地商户消费时，微信香港钱包会将所需支付的人民币金额自动换算为对应的港币金额。

2021 年 10 月，微信支付正式推出品牌视频号，提供支付后跳转视频、支付后直播预约、品牌红包、支付后小程序跳转视频号、品牌发券等能力。

2021 年 11 月 16 日，微信支付小程序支持银联云闪付功能上线。

2022 年 1 月，微众银行（微信支付）数字人民币钱包上线。实名开通微众银行（微信支付）数字人民币钱包后，可以使用数字人民币 App 或微信进行支付。

2022 年 3 月 10 日，微信支付电子小票正式上线，零售商超可实现电子小票自动下发。

2022 年 6 月，微信正式推出青少年模式支付限额功能。只要将手机更新到微信安卓版本 8. 0. 23 后，父母或监护人就可在青少年模式中设置微信支付的限额，包括“每日消费限额”和“单次消费限额”。完成设置后，青少年使用微信支付时，将会受到已设置的额度限制。

2023 年 3 月，数字人民币 APP 支付平台新增“微信支付”。

2023 年 5 月 22 日，微信刷掌支付功能正式发布，用户可以在相关设备上进行刷掌操作。需要先在设备上绑定个人微信账号，录入手掌纹样。消费时，将手掌对准支付设备的扫描区，确认后即可完成支付。

知识充电站

微信支付为各类企业以及小微商户提供专业的收款能力、运营能力、资金结算解决方案，以及安全保障。用户可以使用微信支付来购物、吃饭、旅游、就医、交水电费等。企业、商品、门店、用户已经通过微信连在了一起，让智慧生活变成了现实。

2.2.3 度小满金融（钱包）

度小满钱包（原“百度钱包”）是度小满金融（原百度金融）旗下第三方支付应用和服务平台。

扫一扫

视界瞭望台：制作支付宝、微信二合一收款码

度小满钱包提供连接包括百度 App、百度网盘、百度地图、百度贴吧、爱奇艺、度小满理财、有钱花等各大消费、投资理财场景的商户与海量用户，让用户在移动时代享受一站式支付体验。

2019 年 1 月 17 日，百度与中央电视台正式宣布：百度和 2019 年春节联欢晚会达成独家互动合作。观众可以通过百度 App“摇一摇”“搜索”“小视频”等多种方式获得红包。度小满钱包为春晚红包活动提现提供全程支付服务。

度小满钱包是我国领先的第三方支付应用和服务平台。全面服务消费领域商户和用户的同时，“度小满金融”提供包括基础支付、财富管理、资产管理、消费金融、保险等多样化创新资金服务。

度小满钱包支持包括国有银行、股份制银行、城商行、农商行、地方性银行等在内的百余家银行。除了支付账户服务外，度小满钱包还提供各类期限的定期理财、保险、基金、消费贷款等金融服务。

度小满钱包余额除提现外，可以用于充话费、交易消费、有钱花还款或转账到他人的度小满钱包中，还可以用于百度 App 小说、阅读、文库、百度网盘、百度地图、百度贴吧、爱奇艺等场景的支付。

3. 数字人民币支付

3.1 数字人民币的概念

数字人民币，字母缩写按照国际使用惯例暂定为“e-CNY”，是由中国人民银行发行的数字形式的法定货币，由指定运营机构参与运营并向公众兑换，以广义账户体系为基础，支持银行账户松耦合功能，与纸钞硬币等价，具有价值特征和法偿性，支持可控匿名。

扫一扫

视界瞭望台：自主创新展示新气象，我们更有底气和骨气

数字人民币的概念有两个重点：一是数字人民币是数字形式的法定货币；二是和纸钞、硬币等价，数字人民币主要定位于流通中的现钞和硬币，将与实物人民币长期并存，用于满足公众对数字形态现金的需求，助力普惠金融。

数字人民币由中国人民银行发行，是由国家信用背书、有法偿能力的法定货币。

与比特币等虚拟币相比，数字人民币是法币，与法定货币等值，其效力和安全性是最高的，而比特币是一种虚拟资产，没有任何价值基础，也不享受任何主权信用担保，无法保证价值稳定。这是央行数字货币与比特币等加密资产的最根本区别。

3.2 数字人民币的特点

数字人民币具有以下特点：

（1）双离线支付。数字人民币可以像纸钞一样实现满足飞机、邮轮、地下停车场等网络信号不佳场所的电子支付需求。

（2）安全性更高。如果真的发生了盗用等行为，对于实名钱包，数字人民币可提供挂失功能。

（3）多终端选择。不愿意用或者没有能力使用智能手机的人群，可以选择 IC 卡、功能机或者其他的硬件。

（4）多信息强度。根据掌握客户信息的强度不同，数字人民币钱包可分成几个等级，对于大额支付或转账，必须通过信息强度高的实名钱包。

（5）点对点交付。通过数字货币智能合约的方式，可以实现定点到人交付。民生资金，可以发放到群众的数字钱包上，从而杜绝虚报冒领、截留挪用的可能性。

（6）高可追溯性。在有权机关严格依照程序出具相应法律文书的情况下，可进行相应的数据验证和交叉比对，为打击违法犯罪提供信息支持。即使腐败分子通过化整为零等手段，也难以逃避监管。

素养园地

无现金支付独步全球，中国率先进入无现金社会

2017 年 5 月，来自“一带一路”沿线 20 个国家的青年评选出了中国的“新四大发明”：高铁、扫码支付、共享单车、网络购物。短短几年间，在中国，人们已习惯了出门

不带现金和银行卡的生活：当你需要消费时，只需要掏出手机用微信或支付宝扫码即可。2017年8月17日，美国《纽约时报》以“现金支付正在中国城市快速过时”为题，对正在中国广泛兴起的移动支付现象进行了长篇报道。

有外国记者在上海进行了体验。他惊奇地发现微信已成为许多人的虚拟钱包。这位记者发现了使用现金的种种不便：他在咖啡店或餐厅只能老老实实去排队，与之形成对比的是他的同事却能在办公室订到碗面、零食和咖啡。别人可以在家中直接用手机点餐并付款，而使用现金的他必须去门店点餐。这意味着他必须比别人付出更多的精力和时间成本。这位记者写道：“一种新的经济现象正在中国出现。它与债务、基础设施支出或当今其他主要的经济话题无关，但却与现金息息相关。具体来说，是与中国如何系统、快速地取消使用纸币与硬币有关。在中国，各大城市几乎每个人都在用智能手机进行支付。服务员总是会问你是否使用智能手机的两种支付方式——微信或支付宝。”而美国现在还是以现金和信用卡支付为主。微信、支付宝等第三方支付模式正在改变中国人的消费生活，十年前几乎没人能想到我们使用现金的频率会在短短几年间就变得如此之少。人们能够实实在在地感受到生活在中国的便利和幸福！

项目小结

电子银行、电子支付等都是电子商务领域比较重要的内容，学生应重点掌握手机银行与第三方支付平台、微信支付、数字人民币等支付方式的具体使用过程。

实训练习

知识微检验：

扫一扫

扫码自测

拓展课下练：

上网了解国家对支付宝、微信支付新的政策，讨论数字人民币与手机银行、支付宝的区别与联系。

项目四

网上交易处理

问题引入

小米开通了网上银行，完成了一次网上购物。拿到商品后，小米非常满意，她觉得网络太好了，足不出户就买到了物美价廉的商品。通过调查，小米知道网上交易主要是在网络的虚拟环境中进行的交易，类似于现实世界中到商店购物，差别是网上交易是利用电子商务的各种手段完成从买到卖的虚拟交易过程。那么，现在的网上交易主要有哪些类型？如何操作呢？

任务导读

本项目主要包括C2C交易处理、B2C交易处理、B2B交易处理、O2O电子商务模式和移动电子商务与跨境电子商务交易模式五个学习任务。学生可结合实例学习几种典型电子商务交易模式的具体操作流程和运作方式，通过实例分析、课堂讨论和实践、实训等形式，由浅入深地理解并掌握几种典型的电子商务交易模式的运作流程。

学习目标

通过本项目的学习，学生应该：学会几种典型的电子商务模式的交易流程，学会这些模式的业务处理方式，并能进行简单的电子交易相关操作。本项目包含大量的实践操作内容，学生可以边实际操作边学习，从而提升学习效果。

任务一 C2C 交易处理

案例导入

20 万大学生上淘宝开店 “鬼点子”助突出重围

2020 年全国普通高校毕业生 874 万人，就业压力增大，有些人选择开网店实现梦想。记者从淘宝获悉，2020 年有 20 万大学生涌入淘宝开店创业。这指的是 25 岁以下的在校生、应届毕业生等。

《中国大学生创业报告》数据显示，2019 年有超过 75%的受访在校大学生具有创业意愿。在 2020 年就业新形势下，教育部也鼓励高校毕业生自主创业，并首次明确把“开网店”纳入就业统计指标。

各类开网店平台成为年轻人的创业起点，这些平台门槛低、商业基础设施完善，聚集了大批年轻用户，对创业者十分友好。

数据显示，淘宝上每天都会诞生 1 000 多个新奇的“鬼点子”，小众文化也能找到同伴，年轻人力图靠创意在激烈的竞争中突出重围。

生于 1997 年的张静雯创立了淘宝汉服店“兰若庭”，第一年销售额就超过了 100 万元，随后年年业绩飙升。如今，她的淘宝店年销售额超过 1 亿元，是淘宝上汉服行业的销量冠军。除了漂亮的传统汉服，她的店里还新上了一款可以穿着跑步的运动汉服。

从澳大利亚回国开淘宝店的“95 后”大学生黄斓曦做了一款宠物专属奶茶，让宠物也能体验人类喝奶茶的快乐，一上新就被“喵星人”“汪星人”爱上了，现在店铺每个月销售额超过 40 万元。

资料来源：陈璐．今年以来 20 万大学生上淘宝开店，“鬼点子”助突出重围［EB/OL］．(2020-08-04)［2023-01-29］．https://baijiahao.baidu.com/s?id=1674076860084779680&wfr=spider&for=pc.

问题与思考：

1. 毕业后，你是愿意进入职场，还是愿意选择创业？
2. 淘宝是一个什么类型的电子商务平台？为什么很多大学生都选择在淘宝开店？

学习任务单

学习情境	小米开通了支付宝，完成了一次网上购物，拿到商品后小米非常满意，小米觉得网络太好了，足不出户就能买到物美价廉的商品。通过调查，小米发现，现在有很多在校大学生开网店赚到了钱，她便和同寝室的姐妹们商量：“咱们能不能合伙开一家网店，一是可以锻炼一下自己，二是可以学习相关知识，三是可以勤工助学，何乐而不为呢？”可是卖什么东西呢？怎样开一个属于自己的网店呢？同学们和小米一起来做吧！

环境需求	1. 互联网接入。 2. 计算机（每人 1 台）、手机 1 部/人、相机 1 部/组。 3. 全班分成若干个小组，每组 5～8 人。 4. 身份证。 5. 学习任务考核单（可在教学资源包中下载电子版）。
任务描述	任务 1： 1. 小组内每名学生访问淘宝网、手机下载访问拼多多 App，查看其主页推广商品链接的网店，注意考察所售商品、网店店面和营销策略。 2. 访问淘宝教育（https：//daxue. taobao. com），选择免费课程或观看资源包提供的淘宝开店相关视频，学习开店、选品、选择货源的方法和技巧。 任务 2： 1. 小组讨论本小组开店经营项目，初步确定经营商品类别，对该商品进行网上调研和市场分析。讨论并确定本小组网店名称、经营思想与策略，对小组人员进行分工，确定店铺掌柜、客服、营销推广人员、店面设计人员、物流人员。 2. 以店铺掌柜的身份注册淘宝会员。以掌柜的名义申请免费开店，通过支付宝认证和淘宝刷脸实人认证。 3. 小组人员分工，利用课余时间，一部分人上网收集货源，到淘宝分销平台、阿里巴巴等分销和批发网站考察货源，一部分人到当地或附近批发市场考察货源。 注：经过考察，小组也可修改网店经营计划，在考察货源时，通过交谈可以暂不买该商品，获得照片和信息即可，或者作为合作项目网上代卖。 任务 3： 1. 以掌柜身份登录淘宝网，进入千牛工作平台，按照开店流程设置信息，设计店面，发布商品（至少 10 种），上传商品图片，设置好价格和其他详细信息。 2. 访问本小组店铺，查看店铺前台情况，发现问题及时修改，直到小组成员全体通过，将店铺地址填写在考核单上。 任务 4： 1. 安装千牛并登录。 2. 利用千牛或微信、小红书、微博、知乎、论坛等推广自己的店铺。 3. 和小组成员按照制订的经营计划开店实践。 4. 小组之间互相访问网店，并利用学习任务考核单相互评价，各组给其他小组打分，并分别提交。各组的成绩是各组相互评价与指导教师评价的平均值。 以上任务建议 4～6 学时完成。
素养园地	学习“素养园地”内容，能够遵守电子商务法律法规，合法开展商务活动，自觉抵制不良信息。
任务间歇	播放励志 MV（教学资源包提供）。
讨论	淘宝网与拼多多有什么差别？
小调查	1. 你有朋友或亲属开工厂吗？ 工厂名称：　　　　　　　　　　经营项目： 2. 你有朋友或亲属做商品批发吗？ 批发项目：
任务拓展	尝试在拼多多免费开店，手机下载闲鱼 App，尝试买卖二手商品。

学习任务考核单

组名：

店名：
口号：
掌柜：
店员：

序号	任务	分值		成绩
1	网上开店流程	30 分		
2	网店经营商品	30 分		
3	网店经营计划	40 分		
合　计				

组名：

序号	任务	分值	小组互评/教师打分	成绩
1	第一组	100 分		
2	第二组	100 分		
3	第三组	100 分		
4	第四组	100 分		
5	第五组	100 分		
6	指导教师	100 分		
平均分				

* 请学生填写完学习任务考核单后上交。

知识探究

1. C2C 模式简介

1.1 C2C 电子商务的含义

C2C（Customer to Customer），即消费者与消费者之间的电子商务。通过互联网，消费者之间也可以互相买卖商品，特点是消费者与消费者之间可以讨价还价。例如，网上拍卖网站、全球性在线竞价交易网站，每天均可提供上万件在线商品供用户竞价。C2C 电子商务交易平台的成功在于它正确的市场定位，网站可以是多客户类型、多交易类型、多拍卖类型，以各种网上拍卖的方式运营。网站通过提供交易平台和相关服务，收取交易佣金。

1.2 C2C 电子商务的主要利润来源

由于 C2C 电子商务交易平台是以一种第三方平台的身份参与 C2C 模式的，此特性注定 C2C 企业的网上赢利点不会很多。

（1）交易手续费。交易平台在交易成功的双方中收取占交易额相对比例的佣金。例如，拼多多的收费政策便在此处得以体现。

（2）增值服务费。网站为提高用户满意度，满足用户个性化服务的需求，可以向用户提供基本服务以外的特色服务，并从中收取一定比例的佣金，称为增值服务费。目前此种收费模式在 C2C 网站得到广泛应用，如店铺管理增值服务、卖家推广服务、网站主页广告服务、个性化广告推广增值服务等。

（3）广告费。网站向有关行业出售一定版面作为广告的展示平台，从中收取佣金，这也是互联网企业最稳定的收入来源。

扫一扫

深度加油站：
中国 C2C 简史

小提示

淘宝网由阿里巴巴集团于 2003 年创立，是我国规模最大的综合电商平台，也是世界范围内大规模的电子商务交易平台之一。经过近二十年的发展，市场规模不断扩大，注册用户超过 8 亿。模式也从单一的 C2C 变成了包括 C2C、团购、分销、拍卖等社交＋电商模式，是我国电商平台中的领头羊。

2. C2C 电子商务交易平台的经营模式

C2C 网站的主要经营模式就是网上拍卖。目前国内外拍卖网站采用的交易方式主要有网络英式拍卖、网络荷兰式拍卖、集体议价、逢低买进、标价求购和一口价等几种。

2.1 网上拍卖的概念

网上拍卖指网络服务商利用互联网通信技术，向商品所有者或某些权益所有人提供有偿或无偿使用的互联网技术平台，让商品所有者或某些权益所有人在其平台上独立开展以竞价、议价方式为主的在线交易模式。

2.2 网上拍卖交易方式

目前在互联网上出现的网上拍卖交易方式中，有一些是从传统拍卖中的某些交易方式演变而来的，另一些是针对互联网本身的特点和消费者的喜好而出现的新的交易方式，这些交易方式主要有以下几种。

2.2.1 网络英式拍卖

英式拍卖（English Auction）也称“公开拍卖”或“增价拍卖”，是传统拍卖中最常见的拍卖方式。这种拍卖方式被网上拍卖所采用，成为网上拍卖中最基本、最常见的在线交易方式。网络英式拍卖采用的是正向竞价形式。网络英式拍卖的规则是后一位出价人的出价要比前一位的高，竞价截止时间时的最高出价者可获得竞价商品的排他购买权。买方可以通过浏览历史价格（当前其他买家的出价）决定自己对物品的最高报价，然后提供给系统，系统自动更新后，其所出的价格和历史价格就可以显示在网页上。

2.2.2 网络荷兰式拍卖

荷兰式拍卖（Dutch Auction）是一种公开的减价拍卖，又称“出价渐降式拍卖”。网络荷兰式拍卖针对的是一个卖家有大量相同的物品要出售的情况而产生的，它采用的是逆向竞价形式。网络荷兰式拍卖不存在价格下降的情况，一般是竞价截止时间时，出价最高者获得他所需要的数量，如果物品还有剩余，就由出价第二高的人购买。网络荷兰式拍卖的原则是价高者优先获得宝贝，相同价格先出价者先得，成交价格是最低成功出价的金额。

2.2.3 集体议价

集体议价是一种不同于传统拍卖的网上拍卖类型，集体议价多采用C2B的形式，并无竞价过程，提供集体议价的网站会公布物品的基础价格（初始价），由众多买家构成一个庞大的购买集团，然后根据卖方在登录物品前登记的表格中所标明不同数量、等级的物品的单价进行购买，买家人数越多，价格越低，但通常会有一个最低价（即集合底价）。集体议价实质上更像网站替一批不认识的人去批发购买他们想要的商品。

2.2.4 逢低买进

逢低买进也是不同于传统拍卖的一种交易形式，买家可以暂不投标加入，而是根据商品的价格曲线，选一个自己认可的价格段，一旦价格降到此价格段上，系统会发送通知，告诉买家目前集合的人数已达到他所期望的价位，并将他自动加入购买集体。逢低买进与集体议价的显著不同在于，消费者加入竞买时尚未取得购买资格，能否取得购买资格也是不确定的。

2.2.5 标价求购

标价求购又称反拍卖，是由卖方出价，卖方成为“买方”，其竞争的是向消费者提供服务的机会，具体指消费者可以提供自己所需的产品、服务需求和价格定位等相关信息，由商家之间以竞争方式决定最终产品或服务的供应商，从而使消费者以最优的性价比实现购买。

2.2.6 一口价

一口价是指在交易前卖家预先确定一个固定的价格，让买家没有讨价还价的余地。交易完成后，买家根据卖家预先设定好的价格（即一口价）进行付款。如果卖家出售数量是大于 1 的多数商品，则交易将持续到买家以一口价购完全部商品或在线时间（竞价截止时间）结束。一般在网上拍卖的实际运用中，一口价的买卖方式可以单独使用，也可以结合其他交易类型（如网络英式拍卖）一起使用。

2.3 拍卖网站类型

由于网上拍卖的交易活动本身与《中华人民共和国拍卖法》（以下简称《拍卖法》）中对拍卖活动所作的规定有很大的区别，因此网上拍卖在拍卖标的、拍卖程序、交易的类型、交易场所、竞价时间、拍卖方式、交易成本、中介机构的服务以及法律责任等方面与传统拍卖活动都有很大的区别。所以，根据网站所组织的拍卖活动是否符合《拍卖法》，又可以将拍卖网站分为两类：一类是符合《拍卖法》的专业拍卖网站，另一类是不符合《拍卖法》的网上竞价买卖型网站。

2.3.1 专业拍卖网站

此类网站的经营者是有拍卖企业营业执照的企业，具有《拍卖法》所规定的拍卖人资格，由经验丰富的拍卖师严格按拍卖规则主持网上拍卖活动。如中国拍卖网（http://www.paiorg.com，如图 4-1 所示）、雅昌拍卖网（https：//auction.artron.net）都是取得拍卖法人资格的网站。

图 4-1 拍卖网网站首页

2.3.2 网上竞价买卖型网站

此类网站的经营者没有相应的拍卖资质，多是一些互联网企业，经营目标是为买卖双方搭建一个信息交流平台，并促成买卖双方之间的在线交易，其拍卖服务主要采用 C2C 或 B2C 模式，如京东拍卖（网站首页如图 4-2 所示）、阿里拍卖（网站首页如图 4-3 所示）中的竞价买卖部分、中拍平台（平台首页如图 4-4 所示）等。另外，还有一些网站是互联网企业和传统拍卖企业联合推出的。

图 4-2 京东拍卖网站首页

图 4-3 阿里拍卖网站首页

图 4-4 中拍平台首页

网上竞价买卖型网站虽然也采用公开竞价机制进行商品交易，但是没有专业拍卖师，竞拍活动均由电脑程序自动完成。另外，国内多数网上竞价买卖型网站都是给众多个体提供一个虚拟店铺空间，并借助网站的聚集效应吸引大量个体消费者网上购物。

3. C2C 电子商务交易的一般流程

3.1 一口价交易流程

（1）登录 C2C 网站，注册会员。

（2）卖家用一口价的方式发布多个商品，然后上架。

（3）买家进入系统后，搜索自己所需的产品，并浏览该商品，选择一口价的商品后，立刻购买，然后通过支付平台付款，但在付款时需要注意该支付平台账户里必须有足够的资金。

（4）卖家在买家下订单后发货，找到买家购买商品的订单，选择合适的物流公司发货。卖家可以选择网站推荐的物流公司，也可以自己联系物流公司，甚至不需要物流公司自己送货。

（5）买家确认收货。买家输入支付平台支付密码，确认收货，这样一口价的交易就完成了。

（6）交易完成后进行评价。

3.2 拍卖流程

（1）登录 C2C 拍卖网站，注册会员。

（2）经过拍卖网站认证成为拍卖方后，卖家可上传所要拍卖的商品。

（3）买家查看拍卖的商品。

（4）买家出价。拍卖分为单拍和多拍。单拍即多人竞拍一件商品，最后出价高者获得商品。多拍即荷兰式拍卖，拍卖标的的竞价由高到低依次递减，直到第一个竞买人应价（达到或超过底价）时击槌成交。

（5）买家付款，卖家发货，买家确认收货。

小提示

买家与卖家联系的技巧

常听说购买前是卖家找不到买家，售后却是买家找不到卖家。买卖合作，不是一方面的事情，只有买卖双方相互联系，不断沟通，才能让买卖更开心，服务更完备。与卖家联系也是网络购买的一种必备技巧，值得大家讨论和探究。

1. 与卖家联系前的准备工作

（1）熟悉你要购买的商品。

在购买商品之前，买家首先应该在自己所在地的市场上查看一下，对欲购商品的价格、外观、质量等都要有一定程度的了解。然后买家再到网店去搜索这种产品，与自己所了解的资料进行对比，最后确定要购买的商家。这一点做到与否将决定买家在与卖家交流时是否占有有利地位，而对商品的熟悉也将降低买家“挨宰”的可能性。

（2）划定联系的卖家范围。

每一个拍卖网站上的商品都数不胜数，即便是一模一样的物品，买家都可以查询出很多不同的信息。买家应选择质量、价格和附件等符合自己要求的商品，再和卖家联系。这样卖家的范围就会大大减少，买家的购买效率也大大提高。挑选物品时不能单看物品的价格，要多方面比较质量、性能、售后等，还要查看卖家信用，只有全面过关的物品才值得购买。

（3）联系卖家。

每一个拍卖网站上都提供了多种联系方式，如淘宝网上的“淘宝旺旺”，拍拍网上的“QQ”等。但是与卖家联系也有一定的方法和技巧，适当的方法既能促进与卖家的交流，又能更深入地了解自己中意的物品。

2. 与卖家联系的步骤

（1）和卖家联系首先应该直奔主题：一开始就该直接告诉卖家自己看中了对方的商品，并且有意购买。

（2）买家的基本询问点：一是询问商品有无；二是按照自己的要求询问商品，看商品是否符合自己的心意；三是询问发货方式和价格。

4. C2C 模式运营（以淘宝网为例）

下面以淘宝网为例介绍 C2C 模式运营。

4.1 用户注册

登录淘宝网首页（www.taobao.com），点击页面左上角“免费注册”或页面右侧“注册”，在注册页面（如图 4－5 所示）输入本人手机号码并进行验证，勾选已阅读并同意以下协议复选框，点击“注册”按钮完成淘宝账号注册，已经注册淘宝会员的可以直接登录。

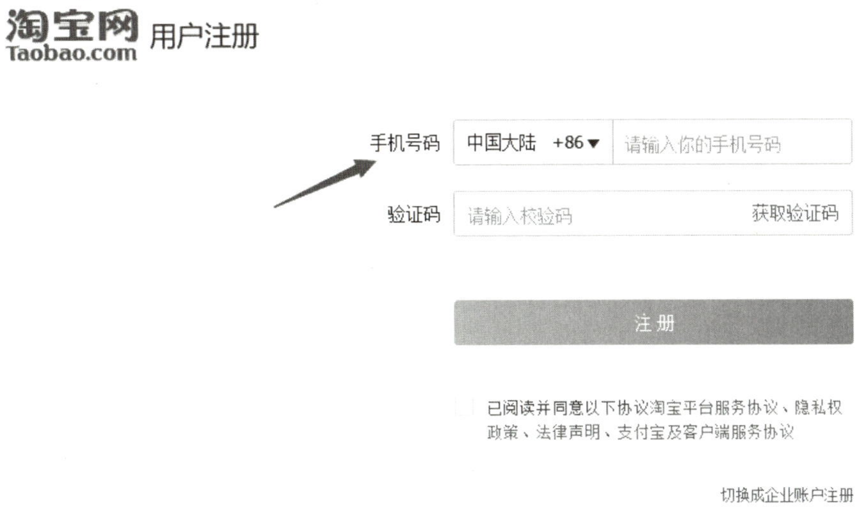

图 4-5 淘宝会员注册

4.2 创建店铺

会员登录后，点击页面右上角的“免费开店”（见图 4-6）。目前，淘宝平台可开设店铺的身份类型有普通商家、大学生商家、品牌商家，作为一名大学生，我们可以选择“大学生商家”（见图 4-7）。输入店铺名称，点击“0 元开店”，进入认证页面（见图 4-8）。

图 4-6 选择“免费开店”

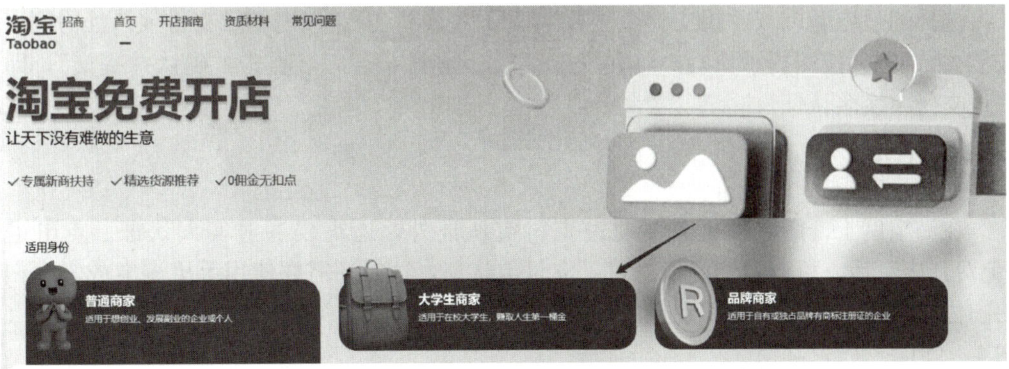

图 4-7 选择“大学生商家”

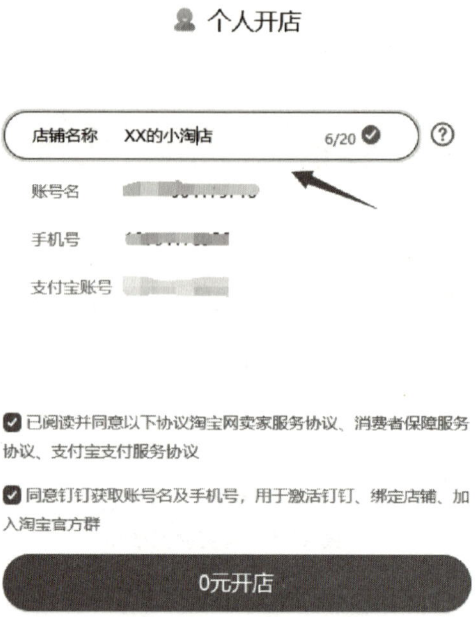

图 4-8　填写店铺名称

知识充电站

大学生商家入驻淘宝平台可选择的店铺主体类型有个人、个体工商户和企业，选择个人为主体入驻，需要准备好与开店主体信息一致的支付宝账户、经营者身份证和用于学生身份验证的证件（学生证、学生卡、录取通知书三选一即可）；选择个体工商户为主体入驻，除上述材料外，还需要准备个体工商户营业执照原件扫描件或照片；选择企业身份入驻，需要准备类型为“公司/企业/农民专业合作社等”的营业执照原件扫描件或照片。

4.3　支付宝认证

选择通过电脑端或手机支付宝进行认证（见图 4-9）。以电脑端支付宝认证为例，点击“去认证”，按照提示填写姓名和身份证号（见图 4-10），点击“确认并提交”，即可完成支付宝实名认证。

4.4　实人认证

在淘宝网上开店，除了需要通过支付宝认证外，还需要通过实人认证。点击进入“免费开店”后，可以看到已经通过了支付宝认证，这时还需要使用手机淘宝或千牛扫一扫扫描二维码，进入人脸识别系统，按照提示内容完成相关动作即可完成实人认证（见图 4-11）。

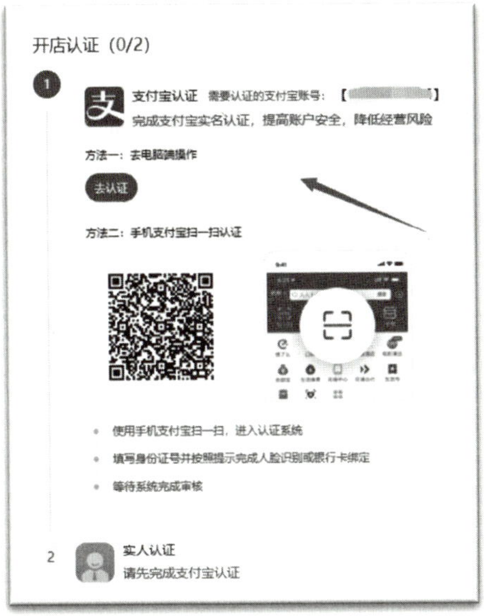

图 4-9　选择支付宝认证方式

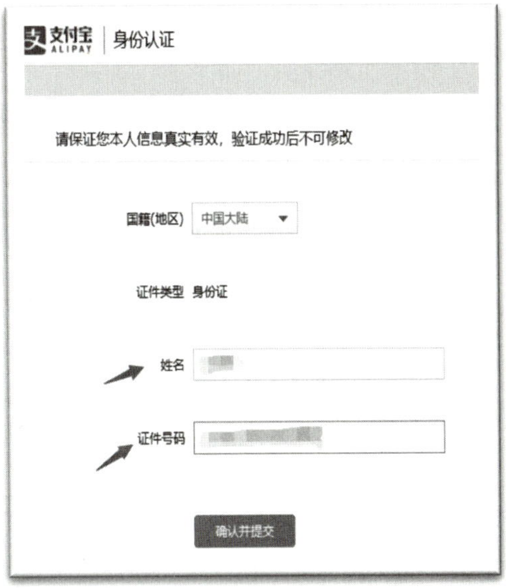

图 4-10　填写姓名和身份证号

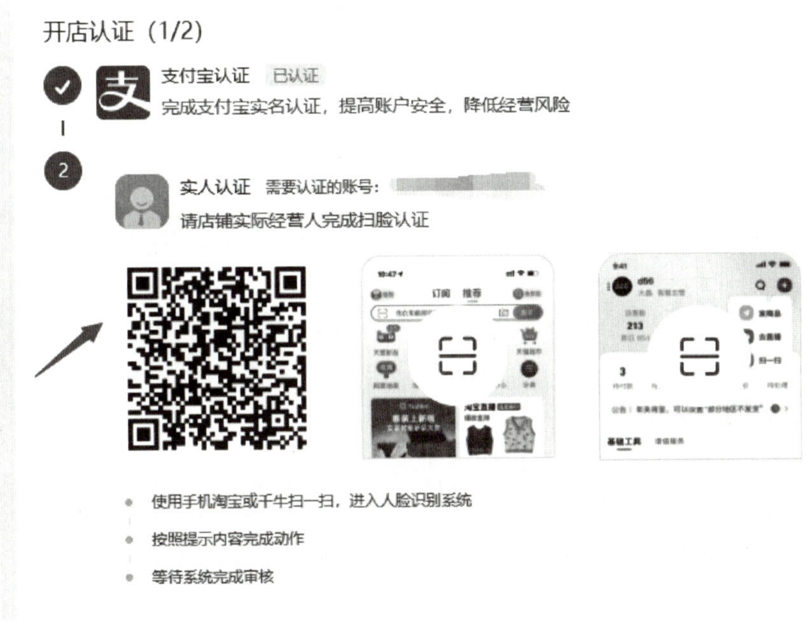

图 4-11　实人认证

4.5　商品（宝贝）发布

店铺创建成功并设置好店铺基本信息后，就可以发布商品了。点击“去发布”，进入商品发布页面，可使用新版商品发布，也可在操作指南处选择返回旧版，使用旧版进行商品发布。新版商品发布页面和旧版商品发布页面如图 4-12 和图 4-13 所示。

以新版商品发布为例，需要完成商品图片上传，并选择商品类目后，进入完善商品信息页面，填写商品基础信息（宝贝标题、类目属性、宝贝类型等，设置商品销售信息即

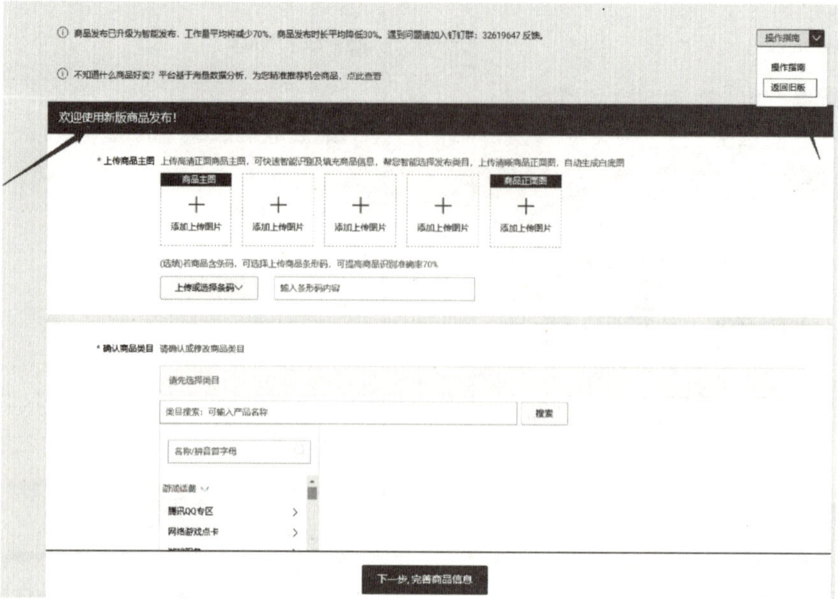

图 4－12　新版商品发布页面

图 4－13　旧版商品发布页面

扫一扫

深度加油站：
淘宝开店保证金

商品颜色分类、价格、数量、编码等）、支付信息（付款方式、售后服务）、物流信息（设置运费模板和区域限售模板）、上传商品图文描述（需要提前制作好），如果制作了短视频，也可以上传，全部完成后就可以发布商品了。

商家还可下载电脑端或手机端千牛工作平台，进行商品发布、客户服务、订单管理、查看数据等操作。

4.6 网店推广

不要以为网店开张了就万事大吉，淘宝上有成千上万家店铺，不做推广，没人会知道你的小店，所以网店推广将是商家下一步工作的核心。网店推广的方式很多，可以通过微信朋友圈、知乎、小红书、微博、贴吧、论坛等发表图文内容，通过抖音、快手、西瓜视频等发布视频获取站外流量，还可以通过优化商品标题、类目、商品描述、设置促销活动等方式获得站内流量，促进成交转化。

4.7 订单处理

经过网店推广以后，店铺可能会有订单，订单应该及时处理，步骤如下：

登录淘宝后，在交易管理模块选择“已卖出去的宝贝”，进入订单页面（见图 4 - 14），查看不同状态的订单。

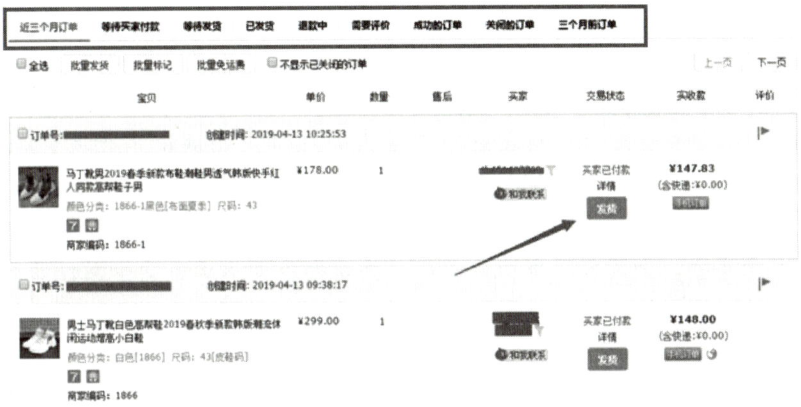

图 4 - 14 订单页面

找到订单并核实后，再找到需要发货的订单，选择“发货”，确认收货信息、交易详情、发货信息后选择物流公司发货。发货处理页面如图 4 - 15 所示。

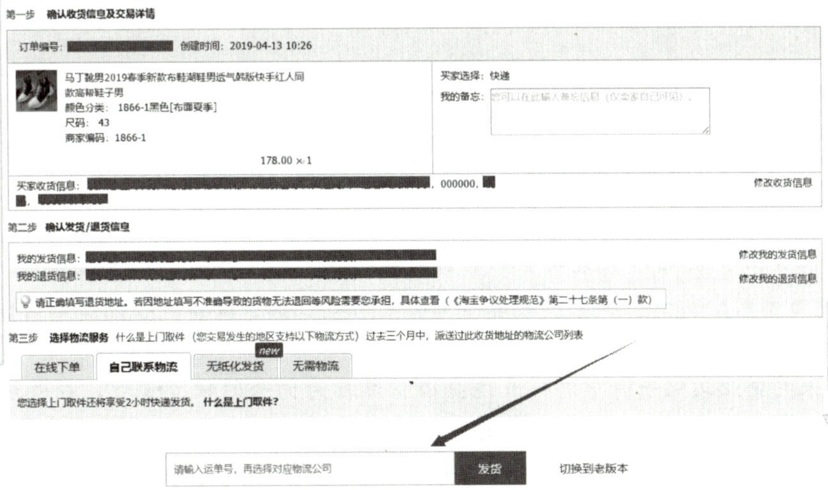

图 4 - 15 发货处理页面

素养园地

如何看待刷单

小倩是某高校的一名大学生，她通过网络广告找到一份网络兼职工作，工作内容主要是在淘宝网上帮某网络公司刷单，对方承诺刷的金额越高，给她的佣金越多。抱着试试看的心态，小倩刷了第一单，随后收到了网络公司退回的本金和几十元佣金。随后的几笔操作中，她成功地领回了本金和佣金。尝到甜头后，小倩彻底放下了对对方的防范。面对对方要其多刷两单大单，给她申请最高金额佣金的诱惑，她深信不疑，从同学和朋友处七拼八凑了一万九千元投入刷单中。然而，等到几天后再联系网络公司时，却发现自己已被对方“拉黑”，她这才意识到被骗了。

刷单，一般是店铺为了获得单品或店铺较好的搜索排名而采取的作弊行为。

在电商平台上，用户评价往往是消费者选择商品的重要参考因素。也正因如此，一些不良卖家为吸引消费者的注意力、获取更多交易机会，寻找“刷手”进行虚假交易，以不正当方式提高商品销量、用户好评度和店铺信誉，损害了消费者利益。

2021 年，国家市场监管总局在全国范围内开展重点领域反不正当竞争执法专项整治，加大对网络不正当竞争行为的监管力度，严厉打击组织专业团队、利用网络软文、网络红人、知名博主、直播带货等方式进行“刷单炒信”、虚假宣传等不正当竞争行为。截至 2021 年上半年，全国各级市场监管部门共查办各类不正当竞争案件 3 128 件，罚没金额 2.06 亿元。

任务二 B2C 交易处理

案例导入

胖东来将建网上商店，传统商超转型有何难点

胖东来，河南零售业的标杆

胖东来成立于 1995 年，是典型的传统商超，如今已是河南零售业著名企业，从最初的 40 多平方米的小店一步步成为许昌乃至河南闻名的零售企业，与其企业精神、服务细节密切相关。

胖东来的企业文化手册中这样表述：经营目标为优秀的细节管理，经营理念为顾客满意，具体而言即丰富的商品、合理的价格、温馨的环境、完善的服务。

作为传统商超，服务是与品质并驾齐驱的一大关键因素。胖东来力图向消费者打造“胖东来什么都有”的品牌印象，在品类补充上，顾客可在缺货登记表上要求进货。在售

后服务方面，胖东来多年来坚持无理由退换货，胖东来还对部分产品价签上标上了进货价、毛利率。

无论是标出进货价还是无理由退换货，都可以看到胖东来的勇气和胆识。在互联网经济时代，胖东来又将如何延续其企业精神呢？

2. 胖东来有何改革？

面对实体门店和电商的双重竞争，胖东来将建立网上商店，超市商品优选，以自有研发品牌为主，可订货配送和邮寄。目前，胖东来自有品牌涉及酒水、饮料、食品、调味品、非食品类的厨房家居用品和家庭清洁用品等。其中德丽可思面包房成立于1999年，主要制作面包、蛋糕、中式糕点类产品，均仅在超市面包区售卖。其他电商平台，主要的品类为肉禽蛋、水产海鲜、米面粮油、乳品、烘焙食品等，普遍以食品生鲜为主，搭配日用品和鲜花绿植。不难发现，其他电商平台虽然在品类上与胖东来相似，但在主推商品上还是有很大不同。

3. 传统商超转型的难点

鲸鲜云仓CEO李波涛认为，传统商超转型线上主要有三大难点：首先是意识问题。如何把握线上化程度以及具体做法，对于习惯于线下工作的职员来说将是一大难题。其次则是“货”的问题。不同于线下门店常售卖散装生鲜，线上渠道必须做到生鲜标准化，在此基础上商品体系、库存管理也需要同步跟进。最后则是交付问题。传统商超若是开通线上渠道，选择哪种交付方式最合适呢？目前，前置仓、到店自提、即时达等都是典型模式，但对于传统商超而言，维持门店本身就已有巨大成本，如果还要建立前置仓，或者选择成本较高的配送到家，对企业更会形成挑战。

无论线下线上服务都是最终决战点，线下可以快速解决售后问题，线上也应搭建完善的咨询、售后体系，赢取顾客信任。胖东来在河南以精致的服务而闻名，相信其线上商店可以延续实体门店的特色和品质，稳扎稳打！

资料来源：吴文婧．胖东来将建网上商店，传统商超转型有何难点［EB/OL］．（2021－05－27）［2023－01－29］．https：//baijiahao.baidu.com/s?id：1700881937793990401&wfr＝spider&for＝pc，有删改。

问题与思考：

1. 请结合案例分析胖东来打算建立网上商店的原因。
2. 传统商超转型线上存在哪些困难？

学习任务单

学习情境	小米和同学在淘宝网上开了家店铺，在经营过程中，小米发现淘宝店的网址很难记，店铺的设置也有局限性，店铺没有自己的会员群，信息的发布量也有限。另外，小米自从体验了网购后，就喜欢上了网购。在网购过程中她发现有一些独立的网上商城很不错，小米想知道网上商城和网店有什么不同。她想，将来自己毕业了，有条件的话也开个这样的网上商城。请同学们和小米一起去探索吧！
环境需求	1. 互联网接入。 2. 计算机（每人1台）。 3. 学习任务考核单（可在教学资源包中下载电子版）。

任务描述	任务 1： 每名学生上网访问如下网站，并就以下问题进行讨论： （1）https：//www. tmall. com。 （2）http：//www. jd. com。 （3）https：//www. suning. com。 （4）http：//www. dangdang. com。 （5）https：//www. vip. com。 （6）http：//sh. jumei. com。 （7）https：//www. gome. com. cn。 问题 1：上述 B2C 电子商务网站主要经营的商品可分为哪几类？ 问题 2：通过访问典型的 B2C 电子商务网站，总结 B2C 电子商务网站前台系统的构成。 问题 3：当前 B2C 电子商务的典型运作方式有哪些？ 任务 2： 1. 利用百度搜索“B2C 网站排行”，对搜索结果中的前五名电子商务网站进行研究，了解它们的创业史及运营模式。 2. 体验 B2C 购物，针对自己的需求，在知名 B2C 网站上选购一件商品，体验 B2C 购物流程和服务，并对该网站给出自己的评价。 以上任务建议 2 学时完成。
素养提升	扫描二维码学习《2022 未来零售发展报告》和《中国商业零售发展历史和未来展望》，谈一谈自己对未来零售的看法。 阅读“素养园地”中的相关内容，关注和了解国家关于促进产业数字化发展和激发创新相关政策。
任务间歇	播放励志 MV（教学资源包提供）。
小调查	1. 你一般去哪里买电器？ □商场　□电子市场　□网上 2. 你或你的亲友在网上买过小家电吗？ □买过　□没有
任务拓展	通过在淘宝上开店经营和你对网上商城相关知识的学习，总结淘宝店和独立网上商城的异同。

扫一扫

2022 未来零售发展报告

扫一扫

中国商业零售发展历史和未来展望

学习任务考核单

姓名：　　　　　　　　　　　　学号：

序号	任务	分值	总结与归纳	成绩
1	B2C 网站的主营商品有哪些	20 分		
2	B2C 网站前台系统主要包括哪几个部分？	20 分		
3	B2C 电子商务的典型运作模式有哪些？	20 分		
4	B2C 网站排行	20 分		
5	体验 B2C 购物	20 分		
合计				

* 请学生填写完学习任务考核单后上交。

知识探究

1. B2C 简介

B2C（Business to Customer）电子商务是指企业与消费者之间以 Internet 为主要服务手段进行的商务活动。它是一种电子化零售模式，采用在线销售，以网络手段实现公众消费和提供服务，并保证与其相关的付款方式电子化。它是随着 WWW 的出现而迅速发展起来的，目前在 Internet 上遍布各种类型的网上商店和虚拟商业中心，提供从鲜花、书籍、饮料、食品、玩具到计算机、汽车等的各种消费品和服务。为了获得消费者的认同，网上销售商在"网络商店"的布置上往往是煞费苦心。网上商品不是摆在货架上，而是做成电子目录，这里面有商品的图片、详细说明书、尺寸和价格信息等。B2C 模式是我国最早产生的电子商务模式，以 8848 网上商城正式运营为标志。

1.1 B2C 交易模式的特点

B2C 电子商务模式最大的特点是商品的交易完全通过网络进行，从消费者到网上挑选和比较商品开始，到网上购物支付和物流配送以及售后服务，都是以网络为媒介完成的，企业和消费者之间不进行面对面的交易。

1.2 B2C 网站系统的构成

具备在线交易功能的电子商务系统和普通企业网站相比，要复杂得多，通常包括前台系统和后台系统两个部分。

前台系统就是直接面向客户的网站，用于发布商务信息、接受客户需求。其主要功能模块有用户注册、商品目录、商品信息发布、商品信息查询、组合检索、网上购物、购物车、支付处理、订单查询、售后服务等。其中，商品目录、购物车、支付处理构成了 B2C 网站的三大基本构架。

后台系统的主要功能是受理客户订单，满足客户需求。其主要功能模块有用户管理、商品管理、订单管理、退换货管理、供应商管理、物流管理、网站经营管理、网站监控、消费商品统计与分析等。

电子商务系统前台与后台是相互联系、相互支持的两个部分，企业在应用电子商务时，不仅要重视前台电子商务网站，更要重视后台系统的集成功能。

1.3 B2C 电子商务消费者购物的一般流程

B2C 电子商务消费者购物的一般流程如下：

（1）注册为商城会员。点击页面顶部“免费注册”，进入注册页面；填写用户名、密码、邮箱等个人信息进行注册；选中“我已阅读并同意《×××商城用户协议》”，并点击“完成”按钮完成注册。

在注册时务必详细填写个人信息。如果忘记密码，网站提供了找回密码的功能，只要在忘记密码的页面中输入用户的 ID 或注册时的电子邮箱，系统将发送找回密码的链接到用户注册的邮箱里。

（2）查找商品。可以按分类浏览或搜索商品。

（3）放入购物车。找到满意的商品后选择购买，修改数量，放入购物车，然后可选“继续购买”或“去结算”。

（4）提交订单并付款。选择“去结算”后进入订单页面，填写配送方式、地址和支付方式，提交订单，并进行货款支付。

（5）查看订单状态。

（6）收货与评价。

小提示

网上购物风险与提示

1. 网上购物面临的风险

（1）购物网站的信用风险，即该网站是否真实经营，是否有欺骗性质，是否能保证交货义务的履行。

（2）购物网站的经营性风险。即该网站是真实诚信经营，若该网站经营不善，随着网络泡沫一起破灭，这对购物本身可能并无影响，但对电器等需要保修的产品，其售后保修服务等将无法进行，或其承诺的积分制、购物券等也将无法兑现。

2. 网上购物风险提示

（1）选择经营历史较长的网站购物。如经历了较长一段时间并一直健康发展下来的网站，其信用服务一般都较好。

（2）选择访问量较高的购物网站。现在有许多新网站，产品也较多，页面也较美观，看上去很像样，但一看它的访问量就会发现，按其访问量，一天可能都不会卖出一件商品，这样的购物网站很难持续经营下去。

(3) 在自销售式的购物网站购物。一些出租柜台式的购物网站，信用一般没问题，但其自己不销售，靠收取入驻费、广告费赢利，所以一般价格较高，并且服务质量良莠不齐。

(4) 选择口碑好的网站购物。信用好的网站，一般都在网民中有较好的口碑。如果对某家在线零售商并不了解，可首先看看网站的大概情况，如果看起来不太专业，没有在显著的地方标明商品退换办法，或者没有注明销售商的地址，这些都是消费者值得警惕的地方。

(5) 选择可货到付款的网站购物。全国范围货到付款需要一定的实力规模，所以只有一定规模的正规网站才做得到。在购买贵重物品的时候，最好是选择同城交易或货到付款的方式。

(6) 如果价格低得有些离谱，那八成就是假货！

(7) 不要害怕向店家提问题。就像在现实中购物一样，消费者有权利知道商品一些具体的细节，如生产日期、配送方式等。

(8) 在每一次购物之前都要进行仔细对照和查询。消费者应该意识到“货比三家”这种在传统零售业中实用的策略在互联网上也很实用，利用搜索引擎可以在最短的时间内比较各种商品的零售价格。

2. B2C 电子商务的商务模式

2.1 从企业和消费者买卖关系的角度分类

从企业和消费者买卖关系的角度，B2C 的商务模式主要分为卖方企业-买方个人的电子商务及买方企业-卖方个人的电子商务两种模式。

2.1.1 卖方企业-买方个人的电子商务模式

这是商家出售商品和服务给消费者个人的电子商务模式。在这种模式中，商家首先在网站上开设网上商店，公布商品的品种、规格、价格、性能等，或者公布所提供服务的种类、价格和方式，由消费者个人选购、下订单、在线或离线付款，商家负责送货上门。这种网上购物方式可以使消费者获得更多的商品信息，虽足不出户却可货比千家，买到价格较低的商品，节省购物的时间。当然这种电子商务模式的发展需要高效率和低成本的物流体系的配合。

2.1.2 买方企业-卖方个人的电子商务模式

这是企业在网上向个人求购商品或服务的一种电子商务模式。这种模式应用最多的就是企业用于网上招聘人才。在这种模式中，企业首先在网上发布需求信息，后由个人上网洽谈，这种方式为企业与个人之间建立起了联系平台，使人力资源得以充分利用。

2.2 根据交易客体的不同分类

根据交易客体的不同，B2C 电子商务可分为无形商品和服务的电子商务模式及有形商品和服务的电子商务模式，前者可以完整地通过网络进行，而后者则不能完全在网上实现，要借助传统手段的配合才能完成。

2.2.1 无形商品和服务的电子商务模式

计算机网络本身具有信息传输和信息处理功能，无形商品和服务（如电子信息、计算机软件、数字化视听娱乐产品等）一般可以通过网络直接提供给消费者。无形商品和服务的电子商务模式主要有网上订阅模式、付费浏览模式、广告支持模式和网上赠予模式。

（1）网上订阅模式。

消费者通过网络订阅企业提供的无形商品和服务，并在网上直接浏览或消费。这种模式主要被一些商业在线企业用来销售电子刊物、在线信息服务、在线娱乐游戏等。网上订阅模式有三种主要方式：在线服务（Online Services）、在线出版（Online Publication）和在线娱乐（Online Entertainment）等。

在线娱乐是无形产品和服务在线销售中令人注目的一个领域。一些网站向消费者提供在线游戏，并收取一定的订阅费。如爱奇艺、腾讯视频、优酷网等视频网站，普通用户只能观看有限的视频内容，付费会员可以享受更多的内容和服务。图 4－16 所示为优酷网首页。

图 4－16 优酷网首页

（2）付费浏览模式。

付费浏览模式是指企业通过网站向消费者提供计次收费的网上信息浏览和信息下载的电子商务模式。付费浏览模式让消费者根据自己的需要，在网站上有选择地购买自己所需的知识产品。如中国知网（https：//www.cnki.net，图 4－17 所示为中国知网首页）、万方数据库（https：//www.wanfangdata.com.cn）大都是以数据库方式赢利。

（3）广告支持模式。

在线服务商免费向消费者提供在线信息服务，其营业收入完全靠网站上的广告来获得。这种模式虽然不直接向消费者收费，但却是目前最成功的电子商务模式之一。如新浪和搜狐在某种程度上就是依靠广告收入支持运营的，最大的中文搜索引擎百度，90％

图 4-17 中国知网首页

的收入来源于竞价排名的广告费。

（4）网上赠予模式。

软件公司经常通过赠送软件产品来扩大其知名度和市场份额。一些软件公司将测试版软件通过互联网向用户免费发送，用户自行下载试用，也可以将意见或建议反馈给软件公司。用户对测试软件试用一段时间后，如果满意，则有可能购买正式版本的软件。采用这种模式，软件公司不仅可以降低成本，还可以扩大测试群体，改善测试效果，提高市场占有率。

2.2.2 有形商品和服务的电子商务模式

有形商品是指传统的实物商品，采用这种模式，有形商品和服务的查询、订购、付款等活动在网上进行，但最终的交付不能通过网络实现，还是通过传统的方式完成。这种电子商务模式也称在线销售。

目前，企业实现在线销售主要有两种方式：一种是独立 B2C 网站模式；另一种是 B2C 电子交易市场模式。

（1）独立 B2C 网站模式。

独立 B2C 网站主要是由企业自行搭建交易平台，企业拥有较强的资金和技术实力，能够自行完成电子商务平台的前台和后台系统的构建。其优势在于可以根据企业特点搭建更能满足个性化需求的网站平台，但由于缺乏规模效应，此类网站需要大力推广，否则难以吸引大量的用户访问，此类网上商店又可细分为新生网上商店、传统商店自办网上商店和进行在线直销业务的网上商店。

1）新生网上商店。新生网上商店是完全的虚拟企业，无实体店。新生网上商店主要经营的产品包括书籍、软件、光盘、贺卡、报纸、在线服务、在线娱乐、在线出版、广告支持等。

2）传统商店自办网上商店。互联网的迅猛发展，使得传统商店为未来生存所迫，纷纷扩大经营范围，进行网上网下同时经营，如苏宁（苏宁易购主页如图 4-18 所示）、国美、沃尔玛等传统企业。由于网上和网下经营面临同一个消费市场，传统商店拥有实体店铺，这就可能出现网上网下销售冲突。目前，多数企业采用的是互补性的经营策略。这些传统零售企业用良好的品牌知名度和信誉助力网上业务的拓展，让网购用户买得放心，用线下的购物体验、服务门类和效率，弥补了纯线上零售模式鞭长莫及的地方。在统一的数据后台下，线上的大数据、物流等服务能力，也能够对其线下的业务赋能。

图 4-18　苏宁易购主页

素养提升小锦囊

世界上万事万物都处在不断发展变化之中，电子商务的快速发展给传统企业的经营发展带来了巨大改变，这种改变中也孕育了大量的机会，我们应当学会用发展变化的眼光看问题，加强自身学习和能力培养，应用更先进的技术和方法，从发展趋势中寻找机会，跟上时代前进的步伐。

3）进行在线直销业务的网上商店。与前两者不同的是，此类网上商店是由生产制造商所开设的，实现的是最原始的直销方式，但是网络平台给传统直销模式注入了更鲜活的元素。典型的网站有戴尔、联想、海尔等。需要注意的一点是，生产制造商的电子商务交易平台通常是 B2B、B2C 的混合模式，其业务既有面向终端客户的零售业务，也有面向上下游企业的电子采购、电子招投标、客户关系管理等业务。

（2）B2C 电子交易市场模式。

电子交易市场指的是在互联网的环境下，利用通信技术、网络技术等手段，把参与交易的买卖双方集成在一起的虚拟交易环境。电子交易市场可分为网上零售市场（B2C）和网上批发市场（B2B）。

B2C 电子交易市场也称网上商厦（E-mall），这是指在一个大的网上商城里分为若干个独立商铺，每个商铺独立经营，但也要接受网上商城的统一管理。天猫商城就是典型代表。天猫商城主页如图 4-19 所示。

图 4-19 天猫商城主页

知识充电站

企业想要入驻天猫商城，需要注意以下事项：(1) 入驻天猫商城的店铺主体必须是中国大陆地区的企业，暂不接受个体工商户入驻。(2) 入驻商品需要为 R 标或 TM 标，不接受纯图形类商标的入驻。(3) 同一个主体在天猫开设多家店铺时，店铺间经营的品牌或商品不得重复，且一个经营大类下，专营店只能申请一家。(4) 一个主体，因严重违规、资质造假等被天猫清退的，会被永久限制入驻；一个自然年内主动退出 2 次，6 个月内也会被限制入驻。(5) 入驻天猫商城，有 3 种店铺类型可供选择：旗舰店、专卖店和专营店。不同类型的店铺对经营资质的要求不同，具体要求可登录天猫招商入驻网站查看。

3. B2C 电子商务交易的一般流程

B2C 电子商务的基本业务形式有商家进行网络商品直销和通过电子交易市场进行交易两种，其业务流程具体如下。

3.1 网络商品直销的业务流程

网络商品直销是指消费者和生产者或商家直接利用网络形式开展的买卖活动，其业务流程如图 4-20 所示。这种交易的最大特点是供需方之间直接联系，减少中间环节，速度快，费用低。

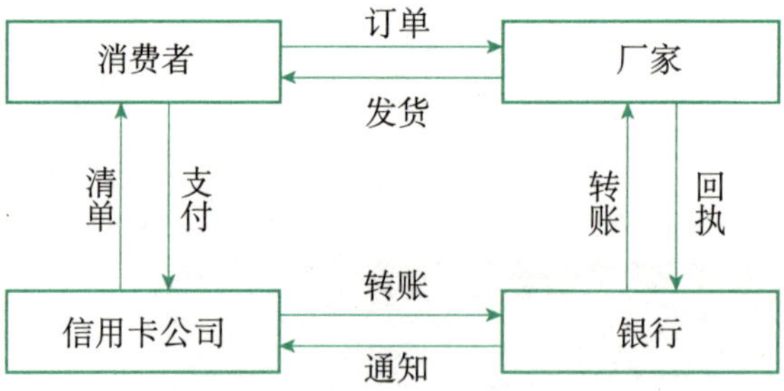

图 4-20　网络商品直销业务流程

网络商品直销过程分为以下几个步骤：

（1）消费者注册并登录在线商店网站。

（2）消费者搜索选购商品，并下订单，通过购物对话框填写姓名、地址、商品品种、规格、数量、价格等订单信息。

（3）消费者选择支付方式，如信用卡（也可选用借记卡、电子货币或电子支票等）。

（4）在线商店的客户服务器检查支付方服务器，确认支付是否成功。

（5）确认付款成功后，厂家通过物流中心配送发货给消费者。

（6）确认收货后，信用卡公司与厂家开户行之间完成资金转账，购物完成。

这种网络商品直销方式有效减少了交易环节，降低了交易成本，从而降低了消费者所购得的商品的最终价格，同时提高了厂家的销售利润，增强了其产品在同类产品中的竞争力。当然，网络商品直销模式也有其不足之处，主要表现在产品实物与网络广告宣传的产品不符、交易安全等方面。

为确保交易过程的安全，需要权威认证机构在网络上对交易双方进行身份认证，一般由 CA 中心来完成。

3.2　通过电子交易市场进行的 B2C 交易的业务流程

电子交易市场又称网络商品交易中心，它以互联网为基础，利用先进的通信技术和计算机软件技术，将商品、消费者和银行紧密地联系起来，为消费者提供市场信息、商品交易、仓储配送、货款结算等服务。B2C 的电子交易市场交易即通过电子交易市场，建立起产品生产厂商与消费者之间的购物平台，从产品的生产厂商处进货后，将产品直接销售给最终消费者。

通过电子交易市场进行的 B2C 交易的流程如图 4-21 所示。

由图 4-21 可以看出，通过电子交易市场进行的 B2C 交易的流程可分为如下几步：

（1）买卖双方将各自的供应和需求信息通过网络通知网络商品交易中心，网络商品交易中心通过信息发布服务，向参与者提供大量的、详细的交易数据和市场信息。

（2）买卖双方根据网络商品交易中心提供的信息，选择自己的贸易合作伙伴，网络商品交易中心从中撮合，促成双方交易。

（3）买方在网络商品交易中心按市场支持的支付方式办理支付手续；银行通知网络商品交易中心买方货款已到账。

（4）网络商品交易中心通知卖方将货物发送到离买方最近的配送部门；配送部门送

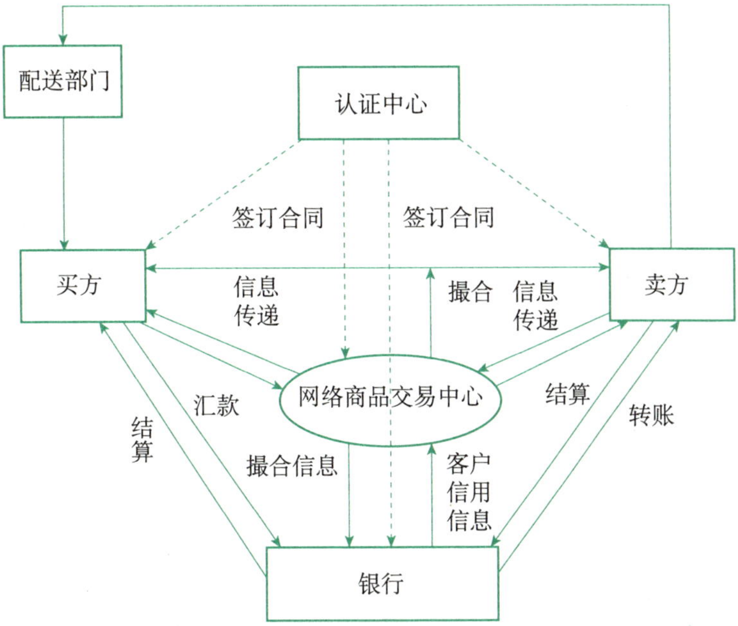

图 4-21 通过电子交易市场进行的 B2C 交易的流程

货给买方。

（5）买方验收货物后通知网络商品交易中心货物已收到；网络商品交易中心通知银行买方收到货物。

（6）银行将买方货款转交卖方；卖方将回执送交银行，至此交易结束。

素养园地

了解国家产业数字化相关政策

2020 年，国家接连颁布刺激消费、提升行业数字化的促进政策，通过完善与零售配套的社会基础设施建设，以及各项针对消费的激励政策，推动消费品零售行业的数字化转型。国家颁布的促进产业数字化和激发创新政策如表 4-1 所示。

表 4-1 国家颁布的促进产业数字化和激发创新政策

时间	颁布部门	政策名称
2020 年 4 月	国家发改委、中央网信办	《关于推进“上云用数赋智”行动 培育新经济发展实施方案》（发改高技〔2020〕552 号）
2020 年 7 月	国家发改委、工信部等 13 个部门	《关于支持新业态新模式健康发展 激活消费市场带动扩大就业的意见》（发改高技〔2020〕1157 号）
2020 年 10 月	国家发改委、科技部等六部门	《关于支持民营企业加快改革发展与转型升级的实施意见》（发改体改〔2020〕1566 号）
2021 年 2 月	国务院反垄断委员会	《国务院反垄断委员会关于平台经济领域的反垄断指南》（国反垄发〔2021〕1 号）

任务三 B2B 交易处理

案例导入

B2B 生鲜电商美菜网

2014 年美菜网正式上线，这是一家主营农产品和蔬菜水果的电子商务网站，截至 2021 年 2 月，美菜网已覆盖全国近 200 个城市，拥有 150 个物流中心，服务商户近 200 万家。美菜网自营覆盖全国 21 个核心城市，拥有 29 个分仓、超 6 000 台配送车辆，日处理超过 500 万个包裹，2 万多辆配送车辆，员工数量达 35 000 人。

1. 用自营模式打通农产品供应链

作为 B2B 生鲜电商企业的美菜网，致力于通过自建仓储、物流、配送的重模式，打通农产品供应链，从而推动农业供给侧改革，解决农产品的标准化，并通过源头战略实现规模化经营，创立了瓜瓜正源、美尖尖等自主品牌，践行着改变中国农业之路。

2. 互联网十大数据技术实现规模化

一直以来，国内农产品市场种类繁多，经营又比较分散。信息的不对称，经常会导致很多农产品和水果滞销甚至坏掉。

为了解决农产品滞销的难题，美菜网利用互联网和大数据技术，在打破信息瓶颈的基础上，实现了种植的精准导向。通过对采购数据的准确分析，美菜网可以获得市场需求的每一款农产品的需求范围，然后指导农民按照市场需求进行农产品种植。与以往农民根据经验种植农产品的做法相比，作为平台的美菜网既解决了产品的销路问题，又能为农民的种植提供科学的建议。

美菜网运用互联网十大数据技术，不断积累，实现规模化，形成量大且稳定的农产品规模，在保证好货源的同时，产生价格优势，借此打通流通环节，并以流通串联生产者和渠道，降低损耗，提高效率，解决农产品滞销问题。

3. 自建高效冷链物流，构建电商生态圈

美菜网自建物流系统，大大节约了物流成本。据美菜网官方透露，美菜网拥有多达 5 000 辆的配送车辆，并建有“美鲜送”物流团队。通过自主研发的 TMS 系统，运用大数据计算出每天每辆车的货品承载量，并合理规划配送路线。经过 TMS 系统的规划后，一台车在它的运输线路上，至少可以满足 15 家餐厅的配送需求，这意味着交通网中多了一辆美菜配送车的同时，可以减少 15 辆蔬菜采购车的奔波，使物流配送精简高效。

斥巨资自建冷链物流，保障农产品新鲜度。众所周知，冷链物流与常温物流的流程和体系不同，仅从生鲜冷链物流成本来看，通常比普通商品高出 1～2 倍，因此很多生鲜电商和农业电商平台一直使用第三方的冷链物流。提高时效性以保障新鲜度，是美菜一直在探索实践的命题，最终美菜网决定斥巨资自建冷链物流网络。

美菜网相关负责人表示：美菜网计划购置 3 000～5 000 辆冷链运输车投入配送体系。

首先要打造全国最大的生鲜仓库与物流配送网络，以速度保障食材的美味和新鲜度；其次要严格把控最前端的农户种植的质量，以质量保障食材的低价和健康。这些都需要足够的量和规模来做支撑，从而真正将“互联网+”注入农业、注入农村，注入土地，推动我国农业可持续发展。

资料来源：世界互联网大会政要云集，美菜网创始人刘传军解码 B2B 秘诀［EB/OL］.（2016－11－17）［2023－01－18］. http：//m. zhicheng. com/mip/107003＿6. html，有删改 .

问题与思考：

1. 请结合案例分析美菜网面向的主要用户群体有哪些。
2. 美菜网的 B2B 模式有什么特点？你如何看待 B2B 生鲜电商的发展？

学习任务单

学习情境	小米学习了如何在网上建立商城，知道了消费者和消费者之间可以在网上交易（C2C），企业和消费者之间也可以在网上交易（B2C）。小米想，网上交易太方便了，那么企业和企业之间能不能在网上交易呢？如果能，它们是如何交易的？小米和同学进行了更深入的学习。
环境需求	1. 互联网接入。 2. 计算机（每人 1 台）、手机（每人 1 部）。 3. 学习任务考核单（也可在教学资源包中下载电子版）。
任务描述	任务 1： 每名学生上网访问如下网站，并就相关问题进行讨论： （1）http：//www. haier. com。 （2）http：//www. 1688. com。 （3）http：//www. hc360. com。 问题 1：通过访问上述电子商务网站，分析 B2B 电子商务能够为企业带来什么。 问题 2：上述 B2B 电子商务网站可以分为几类？ 任务 2： 小组访问如下网站或 App，讨论小组创业项目货源。 （1）http：//www. 1688. com（手机下载阿里巴巴 App）——全品类货源。 （2）http：//www. yiwugo. com（手机下载义乌购 App）——小商品类货源。 （3）https：//www. 17zwd. com（手机下载 17 货源 App）——服装类货源。 （4）https：//www. hznzcn. com（手机下载货捕头 App）——服装类货源。 （5）http：//www. k3. cn（手机下载开山网 App）——鞋类货源。 （6）http：//www. bao66. cn（手机下载包牛牛 App）——箱包类货源。 问题：查找货源并与淘宝和拼多多上的同类产品比价。 以上任务建议 2～4 学时完成。
素养提升	学习“素养园地”内容，树立诚信意识和质量意识；了解电子商务对促进产业升级的重要作用，树立服务“三农”意识。
任务间歇	播放励志 MV（教学资源包提供）。
讨论	企业自建网店和在阿里巴巴上建立网店有什么区别？
小调查	1. 你的亲友或你认识的人有开工厂的吗？ □有　　□没有 2. 他们开通阿里巴巴“诚信通”了吗？ □有　　□没有
任务拓展	B2B 电子商务网站是如何赢利的？

学习任务考核单

姓名：　　　　　　　　　　　　　　　　学号：

序号	任务	分值	总结与归纳	成绩
1	B2B 电子商务能为企业带来什么？	20 分		
2	B2B 电子商务网站的主要类型有哪些？	20 分		
3	网站归类	30 分		
4	货源选择（你看好哪些货源）	30 分		
合　计				

* 请学生填写完学习任务考核单后上交。

知识探究

1. B2B 电子商务简介

B2B 电子商务是指以企业为主体，在企业之间通过专用网络或 Internet 进行的电子商务活动。它包括：企业与其供应商之间的采购；物料管理人员与仓储、物流公司的业务协调；销售部门与其产品批发商、零售商之间的协调；等等。

企业与企业之间的电子商务是电子商务业务的主体之一。就目前来看，电子商务在供货、库存、运输、信息流通等方面大大提高了企业的效率，降低了企业的运作成本，提高了企业的市场竞争力，从而为企业带来了更大的利益。B2B 不仅仅是建立一个网上的买卖者群体，它也为企业间的战略合作提供了基础。企业之间可以通过网络在市场、产品或经营等方面建立互补互惠的合作，形成水平或垂直形式的业务整合，以更大的规模、更强的实力更经济地运作，真正达到全球运筹管理的状态。

素养提升小锦囊

互联网时代，企业间仅靠单打独斗已经不行了，合作共赢成为发展趋势，企业要打破传统商业思维，学会创新，才能在市场中占有一席之地。

1.1　B2B 电子商务分类

企业间电子商务可以分为以下两种：

第一种是非特定企业间的电子商务，是指在开放网络中对每笔交易寻找合作伙伴，并与伙伴进行从订购到结算的全面交易行为。

第二种是特定企业间的电子商务，是指过去一直有交易关系且以后仍要继续进行交易的企业间围绕交易进行的各种商务活动。特定企业间的电子商务活动可以由买卖双方通过公共网络进行，也可以利用企业间的专门网络实现。

B2B 模式的电子商务已有多年历史，特别是基于增值网（Value-added Network，VAN）运行的电子数据交换，使得企业间电子商务迅速发展和扩大。公司间可以通过网络进行电子贸易、电子采购、网上招标、电子合同签订、电子资金转账（EFT）等电子化商业活动。

1.2 B2B 电子商务的优势

与传统商务相比，B2B 电子商务的优势主要表现在以下几个方面。

1.2.1 降低企业经营成本

传统的企业间的交易往往要耗费企业的大量资源和时间，无论是销售、分销还是采购，都要占用产品成本。通过 B2B 的交易方式，买卖双方能够在网上完成整个业务流程，从建立最初印象，到货比三家，再到讨价还价、签单和交货，最后到客户服务。B2B 使企业之间的交易减少了许多事务性的工作流程和管理费用，降低了企业经营成本。网络的便利及延伸性使企业扩大了活动范围，发展跨地区、跨国界的电子商务更方便，成本更低廉。

1.2.2 优化库存管理

以信息技术为基础的电子商务可以通过网络将市场需求信息即时、准确地传递给企业决策层和企业供货商，从而缩短企业的“订货—运输—付款”环节，降低了库存成本，使企业库存维持在最适当的水平上。

1.2.3 缩短企业生产销售周期

在电子商务环境下，企业要赢得市场，就要不断地为消费者提供更优质、更高效的个性化服务。因此，产品从设计、研发，到生产、销售，都需要多个企业的相互协作。通过电子商务可以减少因信息交流手段落后而产生的信息滞后或差错现象，从而大大加快企业资金流和物流的流动，缩短企业的整个生产销售过程。例如，20 世纪 80 年代初，设计制造一款新型汽车，从提出方案到批量生产，美国汽车制造公司一般需要 4～6 年。现在，汽车制造商通过 EDI 系统与其供应商交流生产计划与需求，整个生产过程仅需要 8～10 个星期。

1.2.4 促进买卖双方信息交流

传统商务活动主要通过电话、电报或传真等工具进行信息交流，形式单一，成本较高。B2B 电子商务通过互联网传递文本、图片、音频、视频、动画等多种形式信息，或以 EDI 标准报文传递订单、发票等重要商务文档信息，效率高，成本低。

扫一扫

深度加油站：让互联网融入农业产业转型升级中

素养园地

没有成功的企业，只有时代的企业

“没有成功的企业，只有时代的企业。”工匠精神的美誉，一直伴随着海尔。在改革开放初期的20世纪80年代，大江奔流难免泥沙俱下，制造企业追求效率高过质量的情况很常见。在这样的背景下，“砸冰箱”这段流传至今的美谈产生了，它砸出了过硬的产品质量和质量管理意识，砸出了当时制造企业少有的工匠精神。

彼时，张瑞敏就意识到工匠精神的本质并不在于产品本身，而在于时刻契合用户需求与时代变化。他认为：“用户每天都是新的。”用户体验是动态的，企业必须有相应的创新生态去适应用户，工匠精神的境界必须与时俱进。在物资匮乏的那个年代，制造企业的工匠精神尚可停留于产品质量、制造技艺的精益求精，因为质量好、零缺陷的产品就能满足用户和市场需求。

进入物联网时代，海尔的工匠精神以精益求精的产品质量为基础，实现了与时俱进的动态发展：立足于当下用户需求个性化的发展趋势，制定动态的质量标准。通过推进小微，再到升级链群，让用户体验迭代，创造用户终身价值，实现海尔物联网模式的生态转型。

2. B2B 电子商务交易平台的类型

当前，国内 B2B 电子商务交易平台主要分为三种类型：一是企业自建的 B2B 电子商务交易平台；二是以阿里巴巴为代表的水平式 B2B 交易平台，或称作综合门户网站平台；三是垂直式 B2B 交易平台，或称作专业门户网站平台。从平台的构建者来看，企业自建的 B2B 电子商务交易平台的构建者是经营实体依托的企业（传统企业），而水平式和垂直式交易平台都属于纯粹的 B2B 网站，是网络企业。

2.1 企业自建的 B2B 电子商务交易平台

为了提高效率、减少库存、降低成本，大型企业纷纷建立企业 B2B 电子商务交易平台，以实现企业间电子商务。独立建站的典型企业有联想（http：//www. lenovo. com）、海尔（https：//www. haier. com）、戴尔（https：//www. dell. com）等。这种交易平台是几种 B2B 交易平台中最灵活的，企业可以根据运作流程随时改变交易平台的设计，如戴尔的网站就先后调整了几百次。另外，由于平台由企业控制，网站到管理信息系统的连接不难，但由于各企业的信息系统的提供商不尽相同，跨企业的互联存在一定的障碍，因此，这种交易平台对合作伙伴间的信息系统提出了更高的要求。从企业建立网站，宣传企业形象，到将网站和内部信息系统相连，再到企业间高度互联互通，这也是企业 B2B 电子商务发展的三个阶段。

这种交易平台不仅能够宣传企业形象，同时利用现代化的信息网络，可以加大产品的市场推广力度，提高企业产品竞争力。以海尔集团为例，自 1996 年年底开始建立海尔网站，经过多次改版，并不断推出新的业务，2014 年开始启动 B2B 互联网方面的转型尝试，推出海尔企业用户交互平台海尔企业购，2016 年，正是基于对未来互联网发展趋势的认识，围绕对企业价值链的核心观念的改造，海尔将已经上线两年的海尔企业用户交互平台进行电商化迭代，使其向更开放的平台进行转化，从而更好地与更多领域的企业伙伴合作共赢。2017 年 1 月，迭代之后的新平台——海尔企业购（https：//www. haier. com/business）全新上线，该平台是行业领先的、面向企业用户的、满足商业电器在线交易的垂直类 B2B 平台。

2. 2 水平式 B2B 交易平台

水平式 B2B 交易平台可以将买方和卖方集中到一个市场上来进行信息交流、广告宣传、拍卖竞标、交易、库存管理等。水平式 B2B 交易对参与企业没有特殊限制，行业范围广，也不以持续交易为前提，这种信息平台型的网站对企业的价值主要表现为增加市场机会、比较供货渠道、促成项目合作、宣传企业形象等。此类网站的典型代表有阿里巴巴全球贸易信息网（http：//www. 1688. com）、环球资源网（http：//www. global-sources. com）和慧聪网（http：//www. hc360. com）。

从电子商务的模式上来讲，阿里巴巴网属于“交易平台服务模式”，图 4－22 为阿里巴巴网中文首页。电子商务网站最基本的功能是提供商务平台，目前 B2B 电子商务从单纯的信息平台逐渐演变成真正的交易平台，平台的会员企业会被买家和卖家认为是有限交易的标准，具有 B2B 交易平台参与的交易过程被认为是降低风险的选择。阿里巴巴网是电子商务及国际商贸领域浏览量最高的全球性网站之一，每天逾 50 万人访问阿里巴巴国际网站，其中大多数为有意在中国及其他主要生产国寻找卖家的国际买家及进口商。

图 4－22 阿里巴巴网中文首页

慧聪网属于“信息资讯服务模式”，图 4－23 为慧聪网首页。从信息资讯入手，通过信息资讯服务来聚集人气，以资讯平台来带动商务平台，这是水平式 B2B 交易平台的第二种类型。慧聪网有着很好的线下服务基础，并由此逐渐扩展进而延伸到线上服务，然后融合线上和线下服务。在商务平台的设计方面，按照企业最为关心的要点信息组织信息发布模式，用户通过该平台可以直接替代原有的采购数据库，极大地节省了资料搜集成本。慧聪网是信息资讯服务模式的成功案例。

图 4-23 慧聪网首页

扫一扫

深度加油站：2022 年 B2B 网站十大品牌

2.3 垂直式 B2B 交易平台

相对于水平式 B2B 交易平台，垂直式 B2B 交易平台的特点是专业性强，容易吸引针对性较强的客户，并易于建立起忠实的客户群。此类网站的创办者大都是该行业的从业者，拥有丰富的行业背景资源，熟悉行业的细枝末节。垂直式 B2B 交易平台又可以分为两个方向，即上游和下游。生产商可以与上游的供应商之间形成供货关系，如计算机公司与上游芯片和主板制造商就是通过这种方式进行合作的；生产商与下游经销商之间可以形成销货关系，如美菜网与餐厅之间的交易。

小提示

在电子商务中，很多企业 B2B 与 B2C 并存。如新浪、搜狐、网易等门户网站分别为企业或个人提供新闻、邮件、广告、短信、游戏等服务，门户网站通过 B2B 和 B2C 服务经营电子商务活动获得经济收入；工商银行等金融机构的在线银行通过网络为企业和个人提供金融服务，从事的是 B2B、B2C 电子商务活动；光大证券等证券机构的在线交易为企业和个人提供证券服务，从事的是 B2B、B2C 服务经营电子商务活动。

当前，国内 B2B 网站很大一部分是行业专业网站，如中国钢铁网（http：//www.steelkey.com）、建材采购网（http：//www.jiancai365.cn）、中国化工网（http：//china.chemnet.com）、全球五金网（http：//www.wjw.cn）、中国钟表网（http：//www.chinawatchnet.com）、中国粮油商务网（https：//www.fao.com.cn）等。不

同行业的B2B网站在功能上可能有一定的差别，但从B2B电子商务交易模式总体上来说，垂直式B2B交易平台都属于“行业专业服务模式”，提供的都是行业专业信息。如全球五金网，它是五金类B2B网站的代表，专注于为五金企业提供网上咨询服务，从而带动商务平台的形成。全球五金网的服务包括以下三个方面：(1) 给企业中高层做培训，与五金企业高层就网络商务达成共识； (2) 帮助企业建设网站并推广；(3) 吸引企业成为交易平台会员，让它们活跃在平台上，最终帮助企业实现网络生存，逐渐建立与五金企业互信、互助、互荣的关系。

任务四 O2O电子商务模式

案例导入

从O2O到智慧零售，看苏宁的零售方法论

近年来，互联网巨头们越来越意识到，线上线下融合的O2O模式才是全球商业模式变革的风潮。而真正把O2O落到实处的，却是苏宁。2013年，苏宁正式宣布转型互联网零售商，不惜以牺牲短期利润为代价，实施线上线下同价，将O2O坚持到底。这是全国首例大型零售商全面推行线上线下同价。

同年“双十一”，苏宁易购O2O购物节正式推出，坚持“体验为王”，让O2O购物可见可用，让消费者看得见、摸得着。“O2O”的概念在这一阶段得以极大体现，苏宁也成为真正践行O2O概念的商业巨头。

随后在2015年，苏宁提出走“一体两翼三云四端”路线。“一体”是指以互联网零售为主体；“两翼”是指打造线上苏宁易购（云台）和线下苏宁易购云店，采取O2O全渠道经营模式和线上线下的开放平台；“三云”是指围绕零售本质，将零售企业的商品、信息、资金三大核心资源社会化，向社会开放物流云、数据云和金融云；“四端”是指围绕线上线下，布局POS端、PC端、移动端和电视端，打造全消费场景。

苏宁在2017年3月正式提出“智慧零售”概念。经过近一年的摸索，2017年12月苏宁正式发布“智慧零售大开发战略”，将“智慧零售”从战略概念落实为具体的战略行动。

从传统零售到六大产业再到八大产业，智慧零售大开发时期的苏宁版图不断扩大。目前苏宁已形成了以智慧零售为核心的零售场景体系、支撑体系和生态延展体系，涵盖了零售、物流、金融、科技、置业、体育、文创、投资等板块，全渠道全业态布局基本完成。

在新业态新模式的发展上，苏宁有着深刻的体会。可以说，苏宁的智慧零售发展之路，就是一场新业态新模式的创新实践。以新业态新模式引领的新型消费的发展，就是

零售服务业的发展。立足零售行业，苏宁将一如既往地加强创新落地，深化能力共享，为推动智慧零售发展作出更大贡献。

资料来源：从 O2O 到智慧零售，看苏宁的零售方法论［EB/OL］.（2018-09-27）［2023-05-23］. https：//finance. qq. com/a/20180927/010254. htm. 有删改 .

问题与思考：

1. 苏宁提出的“一体两翼三云四端”路线是指什么？
2. 如何看待苏宁的智慧零售？

学习任务单

学习情境	小米学习了如何在网上建立商城，知道了消费者和消费者之间可以在网上交易（C2C），企业和消费者之间也可以进行网上交易（B2C）。小米想，网上交易太方便了，那么网上交易是否能随时随地实现呢？如果能，如何实现？除此之外，电子商务又出现了哪些新的交易模式呢？小米和同学进行了更深入的学习。
环境需求	1. 互联网接入。 2. 计算机（每人 1 台），智能手机（每人 1 部）。 3. 学习任务考核单（也可在教学资源包中下载电子版）。
任务描述	任务 1： 每名学生用电脑或移动终端访问饿了么、大众点评网、美团网、安居客、蚂蚁短租等网站或 App，并以其中一个网站为例，完成一笔实际交易，分析上述网站的电子商务模式，并指出此模式与 B2C、C2C 等模式的区别。 任务 2： 每名学生用手机或移动终端下载并访问飞猪旅行、携程网、滴滴出行、淘票票等移动 App，与同学们相互讨论这些 App 里面出售的产品或服务有什么特点？使用这些 App 购买商品或服务与通过传统方式购买商品或服务有什么区别？这些 App 的赢利点是什么？ 请完成以上任务并填写任务考核单。 以上任务建议 2～3 学时完成。
素养提升	学习国办发〔2020〕32 号文，了解新型消费的有关知识。 了解电子商务交易的综合模式。
任务间歇	播放励志 MV（教学资源包提供）。
讨论	移动电子商务主要涉及哪些技术？
小调查	1. 你用手机买过电影票吗？ □有　□没有 2. 你觉得用手机购买电影票有什么优缺点？ 3. 你参加过团购吗？ □有　□没有
任务拓展	O2O 电子商务平台的赢利点是什么？

学习任务考核单

姓名：　　　　　　　　　　　　　学号：

序号	任务	分值	总结与归纳	成绩
1	谈谈你对O2O电子商务模式的理解	30分		
2	O2O模式与B2C、C2C等模式的主要区别	30分		
3	适合使用O2O模式的电子商务行业	20分		
4	O2O电子商务平台的赢利点	20分		
合　计				

* 请学生填写完学习任务考核单后上交。

知识探究

1. O2O模式

O2O是指线上营销和线上购买带动线下营销和线下消费，即将线下商务的机会与互联网结合在一起，让互联网成为线下交易的前台。O2O通过打折、提供信息、服务预订等方式，把线下商店的消息推送给互联网用户，从而将互联网用户转换为自己的线下客户，这特别适合必须到店消费的商品和服务，比如餐饮、健身、看电影和演出、美容美发等。

1.1　O2O模式的特点

1.1.1　O2O为用户带来的优势

（1）获取更丰富、更全面的商家及服务的内容信息。

（2）更加便捷地向商家在线咨询，并进行预购。

（3）获得比线下直接消费更为便宜的价格。

1.1.2　O2O为商家带来的优势

（1）能够获得更多的宣传、展示机会，吸引更多新客户到店消费。

（2）推广效果可参考并查看，每笔交易可跟踪。

（3）掌握用户数据，大大提升对老客户的维护与营销效果。

（4）通过与用户的沟通、释疑，更好地了解用户心理。

（5）通过在线有效预订等方式合理安排，节约经营成本。

（6）拉动新品、新店的消费更加快捷。

（7）降低线下实体对黄金地段旺铺的依赖，大大减少租金支出。

1.1.3 为 O2O 平台本身带来的优势

（1）与用户日常生活息息相关，并能给用户带来更多的便捷、优惠和消费保障，能吸引大量高黏性用户。

（2）对商家有强大的推广作用及可衡量的推广效果，可吸引大量线下生活服务商家加入。

（3）带来数倍于 C2C、B2C 的现金流。

（4）巨大的广告收入空间及形成规模后带来的更多的赢利模式。

1.2 O2O 模式的发展历程

1.2.1 O2O 模式 1.0 时期

在 O2O 模式 1.0 时期，O2O 线上线下初步对接，主要是利用线上推广的便捷性等把相关的用户集中起来，然后把线上的流量引到线下，主要领域集中在以美团为代表的线上团购和促销等领域。在这个过程中，主要具有单向性、用户黏性较低等特点。平台和用户的互动较少，基本上以交易的完成为终结点。用户更多是受价格等因素驱动，购买和消费频率等也相对较低。这一时期的代表性网站有美团网（https：//yk.meituan.com）、大众点评网（https：//www.dianping.com）等。图 4－24 所示为美团网首页。

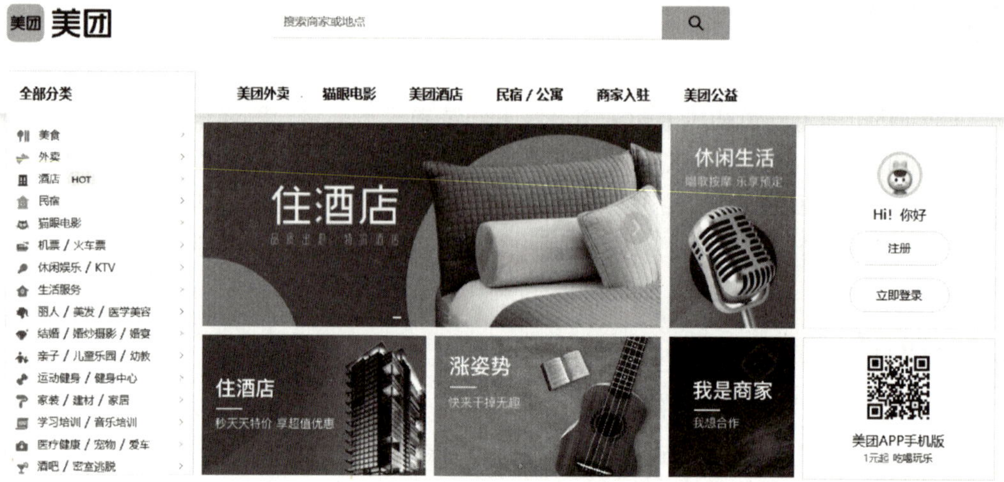

图 4－24 美团网首页

知识充电站

什么是用户黏性？用户黏性是一个网站或网站群对浏览用户的吸引度并由此建立起用户对网站或网站群的忠诚度。实际工作中，可使用 DAU（日活）和 MAU（月活）两个数据来表征用户黏性，一般来说，用户占月活用户的比例越高，就代表用户的黏性比较高。

在 1.0 时期，团购可以说是 O2O，能够低成本地累积商家资源，形成规模效应，解决了规模经济的问题。但事实上，团购只占据了 O2O 四分之一的功能，团购给商家带来的效果仅停留在媒体属性的宣传作用上面，没有从根本上提升线下商家的服务能力。

1.2.2 O2O 模式 2.0 时期

发展到 2.0 阶段后，O2O 基本上已经具备了目前大家所理解的要素。这个阶段最主要的特色就是升级为了服务性电商模式，包括商品（服务）、下单、支付等流程，把之前简单的电商模块转移到更加高频和生活化场景中来。由于传统的服务行业一直处在低效且劳动力消化不足的状态，在新模式的推动和资本的催化下，出现了 O2O 的热潮，于是上门送餐、上门生鲜、滴滴出行等各种 O2O 模式开始层出不穷。在这个阶段，由于移动终端、微信支付、数据算法等环节的成熟，加上资本的催化，用户出现了井喷，使用频率和忠诚度开始上升，O2O 开始和用户的日常生活开始融合，成为生活中密不可分的一部分。但是，在这期间，有很多看起来很繁荣的需求，由于资本的大量补贴等，虚假的泡沫掩盖了真实的状况，有很多并不是刚性需求的商业模式开始浮现，如洗车等。

在 2.0 时期的 O2O 模式，以提升线下商家服务能力来做大平台为主要发展趋势，加上团购和地理位置信息服务，已经不局限于交易型的电子商务，而是以服务实现盈利。此外，未来的发展将通过提供智能路由、网络营销、便捷服务、流程改造和绩效管理等管理和信息技术将线下商店打造成社区电子化商店，同时以平台的模式接入更多的线上电商资源。

1.2.3 O2O 模式 3.0 时期

到了 3.0 阶段，O2O 模式开始出现明显的分化。这表现在两个方面：一方面是真正的垂直细分领域的一些公司开始凸现出来，比如专注于快递物流的速递易、专注于高端餐厅排位的美味不用等、专注于白领快速取餐的速位。另一方面是垂直细分领域的平台化模式发展，由原来的细分领域的解决某个痛点的模式开始横向扩张，覆盖到整个行业，比如饿了么从早先的外卖到后来开放的蜂鸟系统，开始正式对接第三方团队和众包物流，以加盟商为主体，以自营配送为模板和运营中心，通过众包合作解决长尾订单的方式运行，配送品类包括生鲜、商超产品，甚至是洗衣等服务，实现平台化的经营。

当手机占据人们大量的碎片时间，移动互联网再次让 O2O 进化，移动终端第三方支付清算成为 O2O 平台生态的底层应用与能力，O2O 模式设计的平台不断拓宽，第三方支付清算平台对于共建生态圈起到至关重要的作用。O2O 3.0 时期的主要标志是支付宝、微信、财付通等切入线下支付，O2O 真正进入了线上线下双重渠道的 3.0 时期。

1.3 B2C、C2C、团购与 O2O 的比较

1.3.1 相同点

（1）均以互联网为平台。

（2）在线支付都是其核心。无论是 B2C、C2C 还是团购或 O2O，均是在消费者能够在线支付后，才形成了完整的商业形态。

（3）需求管理在后台，供应链管理是 O2O 和 B2C 成功的核心。

1.3.2 不同点

（1）O2O 与 B2C、C2C 的区别。B2C、C2C 更侧重购物，即实物商品交易，在线支付，购买的商品会通过物流公司送到用户手中。O2O 更侧重服务性消费，如餐饮、美容、电影、旅游、租车、租房等，虽然也是在线支付，但用户购买线下的商品、服务，再到线下去享受服务。

（2）O2O 和团购的区别。O2O 是网上商城，团购是低折扣的临时性促销。

B2C/C2C、团购与 O2O 的关系可以简单地用图 4－25 来表示。

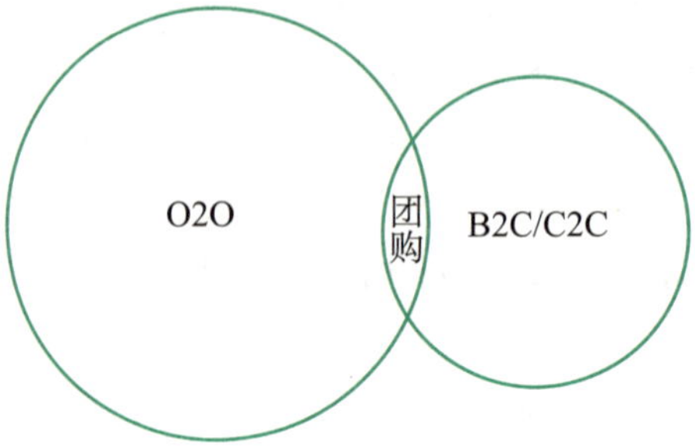

图 4－25 B2C/C2C、团购与 O2O 的关系

2. O2O 平台的运营模式

与传统的消费者在商家直接消费的模式不同，在 O2O 平台商业模式中，整个消费过程由线上和线下两部分构成。O2O 模式要符合三个特征：具备完全打通的线上和线下平台、信息流与资金流通过线上实现、商业流与服务流在线下实现，即线上平台为消费者提供消费指南、优惠信息、便利服务（预订、在线支付、地图等）和分享平台，而线下商户则专注于提供商品或服务。在 O2O 中，常见的有以下四种运营模式。

2.1 先线上后线下模式

先线上后线下模式是指企业先构建一个线上 O2O 平台，以这一平台为入口和依托，将线下商业流导进线上开展营销推广和交易，同时，客户借此又能到线下享有相对的服务项目体验。构建的平台是 O2O 模式运转的基础，应具有强大的资源流转化能力和促使其线上线下互动的能力。在现实中，很多本土生活服务性企业都采用了这种模式。

例如，腾讯官方凭借其累积的资源流集聚和转换工作能力及其经济基础，所搭建出来的 O2O 平台生态体系就是这样的，它以社交平台微信为大入口，后端有腾讯地图、微信支付等做支撑，中间整合本地生活服务，比如餐饮由大众点评进行承接、打车以嘀嘀打车为主、电影票以高朋网为主等，这样就构建起线上线下互动的闭环。

2.2 先线下后线上模式

先线下后线上模式是指企业先搭建起线下平台，以这个平台为依托进行线下营销，让用户享受相应的服务体验，另外将线下商业服务流导进线上平台，在线上开展买卖，从而促进线上线下互动交流并产生闭环控制。在这种 O2O 模式中，企业需自建两个平台，即线下实体平台和线上互联网平台。

在现实中，选用这类 O2O 模式的实体公司占多数，苏宁云商所搭建的 O2O 平台生态体系就是这种模式。苏宁云商提出“电商+店商+零售服务商”运营模式，通过门店端、PC 端、手机端、电视端等将线下体验性和线上便利性多端无缝融合起来，建立起零售企业与消费者、供应商、商户共赢的良性发展模式。

2.3 先线上后线下再线上模式

先线上后线下再线上模式是指先搭建起线上平台开展营销推广，再将线上商业服务流导进线下让客户享有服务项目体验，随后再让客户到线上消费或享受服务。

在现实中，许多团购、B2C 电子商务等公司都选用了这类 O2O 模式，例如京东商城的 O2O 生态链条是：先自建线上京东商城，以其为平台进行营销，线下自营物流系统和与实体店企业合作，让用户享受其线下服务体验，再让用户到线上京东商城进行交易。京东将自身 IT 系统与线下便利店 IT 系统深度对接，与它们分享线上流量，并按地域将精准用户导入它们在京东商城的线上店铺，有效提升其销量。除了线下门店，京东还与 SAP、IBM 等 ERP 软件服务商合作，使零售业 ERP 系统和京东平台无缝对接，让交易、结算、物流和售后客服等环节可视化，并支持其电子会员卡和手机支付功能，实现线上线下会员体系共享。通过京东平台上便利店官网，用户亦可借助 LBS 定位，在其旗下所有门店中找寻最近的店面进行购物，享受便捷的网购生活。

2.4 先线下后线上再线下模式

先线下后线上再线下模式是指先构建起线下平台开展营销推广，再将线下商业服务流导入或借各地的第三方网上平台开展线上买卖，随后再让客户到线下享受消费体验。这类 O2O 模式中，电商企业可结合现有的颇具影响力的多个第三方平台开展引流，如微信、大众点评、逛逛等，进而实现自身的商业目标。用户通过线上 App 和第三方平台找到线下的商户的门店，通过线上支付，再到线下门店享受其服务。在完成了线下线上布局后，就将线上线下融合，打造 O2O 闭环。其做法是，将订单平台、用户体验和供应链进行统一。一般来说，餐馆、美容护肤、游戏娱乐等当地生活类 O2O 公司选用这类模式的占多数。

3. O2O 模式应用实例

3.1 预付费消费平台

首先，机票和部分酒店预订属于预付费消费平台的一部分，不过这类预付费消费其实更多是因为机票、酒店的消费行为习惯所决定的。例如，7 天连锁酒店有 70%的订单都来自官网的在线预订。携程亦是这类平台中的代表，即使并没有预付费，但其通过电话营销中心及积分激励等依然可以对用户的消费行为进行追踪。

其次，以美团网为代表的团购网站无疑是目前最火的预付费消费平台，不过由于团购的代名词可以说就是超低折扣，它通过超低折扣的代价来实现用户预付费，因此对于商家来说，通过团购拉来的新客户大部分留不下来，从而缺乏长期的价值，更多的是临时促销。同样，对用户来说，由于对商家的长期价值不大，导致商家提升团购客户服务质量的积极性很难提高，以至于整体上的用户体验都不是很乐观。因为模式的天然缺陷，也由于国内团购行业的无序发展和竞争，导致了团购网站的数量急剧下降。目前，不少团购网站也在向生活商城等模式转型，但由于超低折扣等因素留下的用户商家忠诚度低等后遗症，团购网站能否转型成功还充满变数。

素养提升小锦囊

“争取一个客户不容易，失去一个客户很简单。”做互联网运营需要具备的最主要思维就是用户思维，即“以用户为中心”，针对用户的各种个性化、细分化需求，提供各种针对性的产品和服务，真正做到“用户至上”。

很多在线预订平台，如一站式票务服务平台格瓦拉生活网（http：//www.gewara.com)、在线订餐平台哗啦啦（http：//www.hualala.com）等，这类平台基本上抛弃了电话营销中心，更多是靠打通线上线下信息化系统自动实现预订、订座及在线支付等功能。但是由于用户对大部分生活服务消费的付费习惯是后付费，这类线上预付费的平台要改变用户的付费习惯，也还有较长一段路要走。

小提示

电子商务网站在实际经营上并非采取单纯的某一种电子商务的交易模式，而是往往采用综合模式，也就是把各种模式结合起来实施，因此会出现 B2B2C、B2C2C 等混合模式。例如，B2B2C 就是 B2B 模式和 B2C 模式的整合，产生这种模式的主要原因是在 B2C 模式中，零售的特点决定商家的配送任务繁重，同时消费者不愿为原本低值的商品支付相对较高的配送费用，为了解决这个问题，在 B2C 模式中引入了 B2B，即把经销商作为销售渠道的下游引入，从而形成了 B2B2C 模式。

例如，一家旅行社的网页向客户提供旅游在线预订业务，同时还可以接受度假村、航空公司、饭店和旅游促销广告，如果可能还可给客户一点折扣或优惠，以招揽更多的生意，携程旅行网即属于此种类型。再如，一家书店不仅可以销售书籍，而且可以举办“读书俱乐部”“在线阅读”等活动，以及销售与读书学习相关的其他商品，还可以接受来自其他行业和其他零售商店的广告。在网上尝试综合的商务模式可能会为企业带来很多额外的收入。

随着电子商务的发展，电子商务模式之间的界限越来越模糊，并且还会出现许多的新模式，这些新模式应该说都是电子商务基本模式的衍生模式。例如，近来有人提出的 P2P 模式，即伙伴对伙伴的关系，实际上就是 B2B 模式的发展。对于要进行电子商务活动的企业，首先要考虑的是哪种电子商务模式更适合于本企业，确定了电子商务的基本模式之后，也不妨考虑采用综合模式。

3.2 组织线下闲置资源

在整合线下闲置资源方面的主要平台有基于闲置房屋出租的游天下（www.youtx.com）等各类短租平台，基于个人出租车服务的易到用车（www.yongche.com），还有基于个人代驾服务的e代驾（www.edaijia.cn）等。

这类服务行业多数是没有线下门店的，这就决定了这些商家或个人对于Online的需求更加强烈，因为这类商家不像餐饮等有门店的商家那样，即使没有任何线上推广，也能有一定的线下自然客流进店消费。这类服务的消费频次基本上不是太高，这样随之会带来平台营销成本较高的问题，不过由于没有线下门店，其利润空间整体上要相对高一些。

扫一扫

深度加油站：电商“O2O”将被“一体化”趋势取代？

在O2O的实际操作中，航空企业做了很好的榜样。截至目前，南方航空、东方航空、国航和春秋航空都已建立了自己的电子商务平台，人们也逐渐开始习惯了在网上订购机票。在未来的发展中，如何有效地整合线上线下资源，加强O2O硬软件资源的建设，创新服务，保证服务质量，是平台在O2O竞争中取得胜利的关键。

素养园地

国务院办公厅关于以新业态新模式引领
新型消费加快发展的意见

国办发〔2020〕32号

各省、自治区、直辖市人民政府，国务院各部委、各直属机构：

近年来，我国以网络购物、移动支付、线上线下融合等新业态新模式为特征的新型消费迅速发展，特别是新冠肺炎疫情发生以来，传统接触式线下消费受到影响，新型消费发挥了重要作用，有效保障了居民日常生活需要，推动了国内消费恢复，促进了经济企稳回升。但也要看到，新型消费领域发展还存在基础设施不足、服务能力偏弱、监管规范滞后等突出短板和问题。在常态化疫情防控条件下，为着力补齐新型消费短板、以新业态新模式为引领加快新型消费发展，经国务院同意，现提出以下意见。

一、总体要求

（一）指导思想

在以习近平同志为核心的党中央坚强领导下，以习近平新时代中国特色社会主义思想为指导，全面贯彻党的十九大和十九届二中、三中、四中全会精神，坚持稳中求进工作总基调，坚持新发展理念，坚持以供给侧结构性改革为主线，坚持以改革开放为动力推动高质量发展，扎实做好“六稳”工作，全面落实“六保”任务，坚定实施扩大内需战略，以新业态新模式为引领，加快推动新型消费扩容提质，坚持问题导向和目标导向，补齐基础设施和服务能力短板，规范创新监管方式，持续激发消费活力，促进线上线下消费深度融合，努力实现新型消费加快发展，推动形成以国内大循环为主体、国内国际双循环相互促进的新发展格局。

（二）基本原则

坚持创新驱动、融合发展。深入实施创新驱动发展战略，推动技术、管理、商业模式等各类创新，加快培育新业态新模式，推动互联网和各类消费业态紧密融合，加快线上线下消费双向深度融合，促进新型消费蓬勃发展。

坚持问题导向、补齐短板。针对新型消费基础设施不足、服务能力偏弱等问题，充分调动中央和地方两个积极性，进一步加大软硬件建设力度，加强新装备新设备生产应用，优化新型消费网络节点布局，加快补齐发展短板。

坚持深化改革、优化环境。以深化“放管服”改革、优化营商环境推动新型消费加快发展，打破制约发展的体制机制障碍，顺应新型消费发展规律创新经济治理模式，系统性优化制度体系和发展环境，最大限度激发市场活力。

坚持市场主导、政府促进。使市场在资源配置中起决定性作用，以市场需求为导向，顺应居民消费升级趋势，培育壮大各类新型消费市场主体，提升新型消费竞争力。更好发挥政府作用，为新型消费发展提供全方位制度和政策支撑。

（三）主要目标

经过3～5年努力，促进新型消费发展的体制机制和政策体系更加完善，通过进一步优化新业态新模式引领新型消费发展的环境、进一步提升新型消费产品的供给质量、进一步增强新型消费对扩内需稳就业的支撑，到2025年，培育形成一批新型消费示范城市和领先企业，实物商品网上零售额占社会消费品零售总额比重显著提高，“互联网＋服务”等消费新业态新模式得到普及并趋于成熟。

二、加力推动线上线下消费有机融合

（四）进一步培育壮大各类消费新业态新模式

建立健全“互联网＋服务”、电子商务公共服务平台，加快社会服务在线对接、线上线下深度融合。有序发展在线教育，推广大规模在线开放课程等网络学习模式，推动各类数字教育资源共建共享。积极发展互联网健康医疗服务，大力推进分时段预约诊疗、互联网诊疗、电子处方流转、药品网络销售等服务。深入发展在线文娱，鼓励传统线下文化娱乐业态线上化，支持互联网企业打造数字精品内容创作和新兴数字资源传播平台。鼓励发展智慧旅游，提升旅游消费智能化、便利化水平。大力发展智能体育，培育在线健身等体育消费新业态。进一步支持依托互联网的外卖配送、网约车、即时递送、住宿共享等新业态发展。加快智慧广电生态体系建设，培育打造5G条件下更高技术格式、更新应用场景、更美视听体验的高新视频新业态，形成多元化的商业模式。创新无接触式消费模式，探索发展智慧超市、智慧商店、智慧餐厅等新零售业态。推广电子合同、电子文件等无纸化在线应用。（国家发展改革委、教育部、工业和信息化部、交通运输部、商务部、文化和旅游部、国家卫生健康委、体育总局、国家邮政局、国家药监局等部门按职责分工负责）

（五）推动线上线下融合消费双向提速

支持互联网平台企业向线下延伸拓展，加快传统线下业态数字化改造和转型升级，发展个性化定制、柔性化生产，推动线上线下消费高效融合、大中小企业协同联动、上下游全链条一体发展。引导实体企业更多开发数字化产品和服务，鼓励实体商业通过直播电子商务、社交营销开启“云逛街”等新模式。加快推广农产品“生鲜电子商务＋冷链宅配”“中央厨房＋食材冷链配送”等服务新模式。组织开展形式多样的网络促销活动，促进品牌消费、品质消费。（国家发展改革委、工业和信息化部、住房城乡建设部、农业农村部、商务部、国家邮政局等部门按职责分工负责）

（六）鼓励企业依托新型消费拓展国际市场

推动电子商务、数字服务等企业“走出去”，加快建设国际寄递物流服务体系，统筹推进国际物流供应链建设，开拓国际市场特别是“一带一路”沿线业务，培育一批具有全球资源配置能力的国际一流平台企业和物流供应链企业。充分依托新型消费带动传统商品市场拓展对外贸易、促进区域产业集聚。持续提高通关便利化水平，优化申报流程。探索新型消费贸易流通项下逐步推广人民币结算。鼓励企业以多种形式实现境外本土化经营，降低物流成本，构建营销渠道。（国家发展改革委、交通运输部、商务部、人民银行、海关总署、税务总局、国家邮政局、国家外汇局等部门按职责分工负责）

三、加快新型消费基础设施和服务保障能力建设（略）

四、优化新型消费发展环境（略）

五、加大新型消费政策支持力度（略）

六、强化组织保障（略）

任务五 移动电子商务与跨境电子商务交易模式

案例导入

小红书的进化与坚守

小红书是我国最近几年新崛起的著名互联网企业之一，截至 2021 年 11 月，小红书月活跃用户已达到 2 亿，位居我国最佳创新公司前三，已经算得上巨大成功的小红书也早已经不是最初的样子，在创建后的 5 年时间里，它不断地向上生长。

小红书 1.0：找到真实的用户痛点

2013 年，小红书创建于上海，第一个产品形态是一份 PDF 文件的《小红书出境购物攻略》，放在小红书网站上供用户下载，不到一个月，就被下载了 50 万次。

但在 2013 年，几乎所有的互联网企业都在加速移动端的布局。小红书的决策层迅速做出调整，带领团队在苹果手机应用商店上线了主打海外购物 UGC 分享的“小红书”App。在这里，用户开始分享和交流其用真金白银“砸”出来的境外购物心得，包括每种商品的详细信息。

小红书 2.0：“社区＋电商”双轮驱动

抓住当时的跨境电商政策机遇，小红书开始在 App 内提供跨境电商服务，电商团队通过分析社区前端“有多少人发布，有多少人评论，有多少人点赞”的结构化数据进行精准选品，完成用户从发现商品到购买商品的体验闭环。庞大规模的优质流量以及商品的正品保障，让小红书通过“社区＋电商”模式，找到了商业化变现的通路。

同时，这一阶段的小红书商城引进第三方商家和国内品牌，并逐渐提升其比例，实现了自营与平台相结合的电商模式。这样既增加了商品种类，也降低了自营囤货的库存风险，实现从跨境电商到综合电商平台的转变。

小红书 3.0：坚守与再进化

随着电商业务的成功，越来越多的人称呼小红书为社区电商。在社区电商的商业逻辑中，社区只是手段，而电商是最终目的，衡量其业绩的核心指标是电商行业常用的商品交易规模（GMV）。很多行业专家建议，小红书应该加强电商属性，努力做大交易规模。

但这是否是小红书合适的战略定位呢？

小红书的决策层认为，小红书其实是一座城市，城市是由“城”和“市”组成，“城”是人民生活居住的场所，而“市”只是交易场所，没有“城”就没有市，“市”的存在是建立在“城”的基础上的。对于小红书来说，因为包括知名人士、普通上班族与年轻大学生在内的 2 亿用户喜欢在这里分享生活，记录美好，了解世界，才形成了小红书社区这座“城”，有了小红书社区这座 2 亿人居住的“城”，才有了电商这个“市”。如果居民弃“城”而去，“市”也将不复存在。

虽然电商是小红书目前最重要的商业化变现方式，但小红书这个真实、多元、美好的 UGC 社区才是最大的优势壁垒，也是小红书得以生存的根基。而商城只是小红书之城的一个组成部分，如果脱离社区单独存在，其与天猫、京东等电商巨头相比并没有任何优势，很难独立生存。

资料来源：砺石商业评论．小红书的进化与坚守［EB/OL］.（2019－02－25）［2023－01－29］. https：//baijiahao. baidu. com/s? id＝1626409267131981078&wfr＝spider&for＝pc，有删改．

问题与思考：

1. 小红书从诞生至今经历过哪些变化？
2. 移动互联网的发展给企业带来了哪些机会和挑战？

学习任务单

学习情境	小米和同学打算一起到货源工厂考察，他们通过微信 App 和工厂负责人取得联系，获取了工厂位置信息，通过百度地图 App 查询了到工厂的路线，在 12306 铁路订票 App 上购买了火车票，在火车快到站的时候使用曹操出行 App 预约了网约车，火车到站就有曹操专车接他们到工厂。在工厂考察时，工厂负责人告诉小米和同学，现在工厂的产品不仅在国内销售，还通过跨境电商平台卖到了国外。小米想：现在移动电商和跨境电商的发展给商家带来了更多的机会，我们如何才能抓住这样的机会呢？
环境需求	1. 互联网接入。 2. 计算机（每人 1 台）；智能手机（每人 1 部）。 3. 学习任务考核单（也可在教学资源包中下载电子版）。

任务描述	任务 1：通过网络搜索了解什么是移动电子商务。 任务 2：使用手机或移动终端下载并访问以下 App：淘宝、百度、微信、腾讯视频、学习通、美团、抖音、支付宝，分析这些 App 的类型和功能。 任务 3：阅读资源包提供的《2021—2022 年中国跨境出口电商行业及独立站模式发展现状及趋势研究报告》和《2020 年度中国跨境电商市场数据报告》，分析我国跨境电商的发展背景及未来发展趋势。 任务 4：学生访问以下网站并回答问题： （1）阿里巴巴国际站（https：//www. alibaba. com） （2）敦煌网（https：//www. dhgate. com） （3）苏宁国际（https：//g. suning. com） （4）速卖通（https：//www. aliexpress. com） （5）京东国际（https：//www. jd. hk） （6）环球资源（https：//www. globalsources. com） （7）购物趣（https：//www. wish. com） （8）虾皮跨境电商（https：//shopee. com. my） 问题：以上网站的共同点是什么？哪些属于跨境出口平台？哪些属于跨境进口平台？ 以上任务建议 2～3 学时完成。
素养提升	网络谣言时有出现，不仅冲破道德底线，更是践踏法律红线。同学们通过学习素养园地的内容，在使用网络时，要提高对网络信息的鉴别能力，捍卫网络秩序，不信谣、不传谣。
任务间歇	播放励志 MV（教学资源包提供）。
讨论	1. 移动电子商务主要涉及哪些技术？ 2. 选择一个跨境电商平台，说说平台商家的入驻条件。
小调查	1. 你使用手机发布过短视频吗？ □有 □没有 2. 你最喜欢手机里面的哪个应用？ 3. 你使用过跨境电商平台购物吗？ □有 □没有
任务拓展	移动电子商务的发展给我们的生活带来了哪些变化？跨境电商的发展给我们的生活带来了什么变化？

学习任务考核单

姓名： 学号：

序号	任务	分值	总结与归纳	成绩
1	移动电子商务的概念	20 分		
2	移动应用的主要类型和功能	30 分		
3	跨境电商的发展现状及发展趋势	20 分		
4	跨境电商的主要进出口平台	30 分		
合 计				

* 请学生填写完学习任务考核单后上交。

知识探究

1. 移动电子商务

所谓移动电子商务，是指利用手机、PDA 及掌上电脑等无线终端进行的电子商务。它将互联网、移动通信技术、短距离通信技术及其他技术完美地结合，使人们可以在任何时间、任何地点进行各种商贸活动，实现了随时随地地进行线上线下购物与交易、在线电子支付以及各种交易活动、商务活动、金融活动和相关的综合服务活动等。

1.1 移动电子商务与传统电子商务的区别

移动电子商务是移动信息服务和电子商务融合的产物，与传统电子商务相比，移动电子商务具有以下独有的优势：

（1）随时随地。与传统电子商务相比，移动电子商务的最大特点是随时随地和个性化。

（2）用户规模大。我国移动网民总体规模已经超过 10 亿，而从消费用户群体来看，移动用户中基本包含了消费能力强的中高端用户，而传统的上网用户中以缺乏支付能力的人群为主。

（3）易于推广使用。移动通信所具有的灵活、便捷的特点，决定了移动电子商务更适合大众化的个人消费领域，比如移动支付、移动购物、日常缴费、移动社交等。

（4）较好的身份认证基础。对于传统电子商务而言，用户的消费信誉是最大的问题，而移动电子商务使用的手机号码具有唯一性。

（5）开放性、包容性。因为移动电子商务主要以无线化方式接入，任何人都更容易进入网络世界，从而使网络范围延伸更广阔、更开放；同时，网络虚拟功能更带有现实性，因而更具有包容性。

当然，由于基于固定网的电子商务与移动电子商务特征不同，移动电子商务不可能完全替代传统电子商务，两者是相互补充、相辅相成的。移动通信所具有的灵活、便捷的特点，决定了移动电子商务应当定位于大众化的个人消费领域，应当提供大众化的商务应用。

1.2 移动电子商务的主要应用

1.2.1 移动社交电商

移动社交电商的本质是一种基于社会化移动社交而迅速发展的电子商务模式，具体来说就是通过社交媒体的形式来获取用户并且互动，对产品进行展示和分享等，从而引导用户完成电商购买的一种模式。移动社交电商模式也很多，可以分为六大类，如表 4－2 所示。

表 4-2 移动社交电商模式

移动社交电商模式		特征	代表
拼团模式		以低价等方面的诱惑，通过社交平台来进行裂变传播，在地下市场和下沉市场占据了一席之地	拼多多、苏宁拼购、京东拼购、淘宝特价版等
服务商模式		为商家服务，提供微商城、新零售、行业 O2O、微信营销、公众号开发、小程序开发等一体化解决方案等	微盟、有赞、点点客、无敌掌柜等
直播模式	电商平台镶嵌直播功能	主播将有相同爱好的观众聚集在直播间中，观众在电商直播平台上观看主播播出的内容时，就可以通过点击直播间上显示的链接直接购买产品	淘宝直播、京东直播、拼多多直播等
	短视频＋直播		抖音、快手、花椒直播等
内容导购模式		通过内容和商品消费，让兴趣相同的消费者聚在一起，获得生活方式的认同感，这些平台里活跃着很多专业买手，会对商品进行精选，为消费者节省时间，降低选择成本。一个有好内容的优质商品会更容易让消费者接受，甚至会成为爆款	小红书、宝宝树、小红唇、考拉精选、有好东西等
社区模式		依托真实社区的一种区域化、小众化、本地化、网络化的团购形式。简而言之，它是依托社区和团长社交关系实现生鲜商品流通的新零售模式	美团优选、叮咚买菜、京东到家、每日优鲜、盒马等
货源分销模式		以会员体系连接用户，依托社交关系进行裂变分销	云集、贝店、花生日记、达人店、达令家等

作为当下最热的创业风口，社交电商依靠用户人际关系及熟人网络实现裂变式增长，能有效实现传播，降低平台获客成本。

1.2.2 移动金融

移动金融使用户能随时随地在网上安全地进行个人理财，也可以使用其移动终端核查账户、支付账单、进行转账及接收付款通知等。常见的移动金融 App 有中国建设银行、招商银行、支付宝、云闪付、京东金融、东方财富、中国人保等。图 4-26 为支付宝 App 首页，图 4-27 为东方财富 App 首页。

扫一扫

视界瞭望台：潮流门店成直播基地，逛播或成新职业

1.2.3 O2O 移动电子商务

O2O 即 Online to Offline，将线下商务的机会与互联网结合在了一起，让互联网成为线下交易的前台。O2O 移动电子商务是基于移动端开展的线上线下交易活动。如美团、饿了么、淘票票、猫眼、携程旅行、飞猪旅行等。

1.2.4 移动医疗

这一行业十分适合移动电子商务的开展。在紧急情况下，救护车可以作为治疗的场所，而借助无线技术，救护车可以在移动的情况下同医疗中心和病人家属建立快速、动

图 4-26　支付宝 App 首页

图 4-27　东方财富 App 首页

态、实时的数据交换，这在每一秒钟都很宝贵的紧急情况下至关重要。在无线医疗的商业模式中，病人、医生、保险公司都可以获益，也愿意为这项服务付费。由于医疗市场的空间非常巨大，并且提供这种服务的公司为社会创造了价值，同时，这项服务又非常容易扩展到全国乃至全世界，因此在整个流程中存在着巨大的商机。

1.2.5　移动娱乐

移动电子商务将带来一系列娱乐服务。用户可以在移动设备上安装应用软件，进行观看视频、听音乐、玩游戏、交友等娱乐活动。如抖音、爱奇艺、全民 K 歌等。

1.2.6　移动教育

移动教育是指在移动的学习场所或利用移动的学习工具所实施的教育，是依托比较成熟的无线移动网络、国际互联网以及多媒体技术，学生和教师使用移动设备（如手机等），通过移动教学服务器实现交互式教学活动。

1.2.7　移动出行

移动出行是指基于出行场景的互联网服务。根据运营模式的不同，互联网出行包含网约车、共享单车和共享汽车、地图导航、代驾、在线旅游等。移动出行作为平台经济和数字交通的典型代表，在构建高效、可靠、便捷、普惠的城市出行系统中发挥了重要的作用。代表品牌包括滴滴出行、花小猪打车、神州租车、哈罗出行、百度地图去哪儿旅行、马蜂窝、途牛旅游等。

素养园地

IP属地功能上线

2022年4月，微博上线IP属地功能，即国内显示到省份/地区，国外显示到国家，用户无法关闭该功能。除了新浪微博，据不完全统计，在2022年4月，今日头条、抖音、小红书、快手、知乎等平台均已发布公告称，逐步开放“个人主页展示账号IP属地”功能。有些平台还会在部分评论或回答中显示用户IP属地小尾巴，用户自己无法主动开启或关闭该功能。微信公众平台也显示用户发布内容时的IP属地，用户暂时无法主动开启或关闭相关展示。

在很多热点事件中，都出现了造谣博取关注、传播虚假信息的行为，平台公开IP属地的举措，有利于防止在国内外热点事件中，个别用户存在的冒充当事人恶意造谣、蹭流量等不良行为。

IP的假面后面永远是真实的本我。上线IP属地功能后，人民群众对于网络信息的鉴别能力会有所提高或警觉，降低受骗率，减少谣言和不实信息的生存空间，大大净化了网络环境。以合适的方式强化虚拟空间与真实世界的联系，这对于强化他律与自律，对于净化网络生态、捍卫网络秩序，都是有积极意义的。

2. 跨境电子商务

2.1 跨境电商概述

2.1.1 跨境电商的含义

跨境电商（Cross-border E-commerce）脱胎于一种被称为“小额外贸”的外贸形式，这种形式在国内最早开始于2005年，最初是买家互联网平台从境外购买产品，通过贝宝（PayPal）等第三方支付方式付款，卖家通过敦豪（DHL）、联邦快递等方式完成货品的运送。

跨境电商有广义与狭义两种说法。

（1）狭义的跨境电商专指通过电子商务平台（含自建）进行商品展示与推广、交易磋商、订单达成、支付与结算、物流追踪、售后服务与纠纷处置，实现分属于不同关境的交易主体完成交易的一种国际商业活动，是一种特殊的国际贸易或外贸零售业务。与传统外贸活动相比，跨境电商呈现小批量、多批次、物流时间短、物流成本高、价差大等特征。

扫一扫

视界瞭望台：一带一路 共筑未来

（2）广义的跨境电商是指除狭义概念外，还包括“互联网+传统外贸”的形式，即依托电子商务平台寻找到目标客户，并依赖传统手段完成国际贸易的活动。

通俗地说，狭义的跨境电商专指依托网络平台开展的外贸零售活动；广义的跨境电商则包含“零售”与“批发”两种形式。

2.1.2 跨境电商的特点

跨境电商是一种基于互联网而发生的商业活动，与传统跨境贸易相比，它有以下特点：

（1）全球性。

电子商务摆脱了传统贸易的地域限制，是一种无边界交易，客户不需要出境即可通过电商平台采购外国商品或服务。

（2）无形性。

跨境电商的业务发生在互联网上，没有固定场所，通过数据、声音、图像、文字等方式进行信息传递。

（3）匿名性。

跨境电商的全球性和无形性决定了其匿名性，消费者和供应商都很难识别对方身份、地理位置等。

（4）即时性。

跨境电商通过互联网使信息的传输速度与空间距离无关，使其信息传递具有及时性，电子类信息产品可以实现即时结算交付。

2.2 跨境电商产业链

跨境电商行业产业链较长，以跨境电商（含平台、商户）为核心，上下游企业参与者众多，上游供应商、下游消费者以及众多服务商（包括物流、仓储公司、第三方支付平台、跨境电商综合服务商、银行等），分别参与货物流、资金流、信息流、商流多个环节。

2.2.1 跨境电商

按照进出口方向划分，跨境电商主要分为出口跨境电商和进口跨境电商。

（1）出口跨境电商。

1）B2B类：阿里巴巴国际站、环球资源、中国制造网、敦煌网、大龙网、拓拉思、领工云商、大健云仓、宝信环球、全球贸易通等。

2）B2C类：亚马逊全球开店、易贝（eBay）、全球速卖通、购物趣（Wish）、虾皮（Shopee）、SHEIN、安克创新、棒谷科技、有棵树、通拓科技、兰亭集势、傲基、蓝思网络、万拓科创、斯达领科、致欧科技、来赞达（Lazada）等。

（2）进口跨境电商。

1）B2B类：行云集团、海带网、笨土豆、跨境翼等。

2）B2C类：天猫国际、京东国际、淘宝全球购、考拉海购、洋码头、苏宁国际、洋葱集团、蜜芽、宝贝格子、55海淘、别样海外购、亚马逊海外购、五洲会、海拍客、豌豆公主、寺库、达令家、万里目等。

素养提升小锦囊

从事跨境电商活动，从业人员应遵守相关的法律、法规、制度规则，做到守法经营，同时还要了解相应国家的风俗习惯、禁忌等，尊重地区宗教、文化差异，减少跨文化所带来的冲突。

2.2.2 物流企业

物流企业为跨境电商买方和卖方提供物流仓储服务。跨境物流是跨境电商的重要组成部分，是跨境电商运营的关键。跨境电商物流运输方式一般包括物流、国际快递和传统物流。全球知名快递企业中，国内有顺丰和“四通一达”等，国外有敦豪航空货运公司（DHL）、EMS、美国联邦快递（FedEx）、联合包裹速递服务公司（UPS）等。

2.2.3 第三方支付平台

所谓第三方支付，就是一些和产品所在国家以及国内外各大银行签约、并具备一定实力和信誉保障的第三方独立机构提供的交易支持平台，再通过第三方再将款项转至卖家账户。第三方支付为跨境电商参与者提供跨境支付服务，与银行汇款、银行卡支付等形成相互补充。第三方支付平台可以自身名义集中收付款、结售汇，通过与银行合作解决跨境支付难题。全球知名跨境第三方支付平台包括 Paypal、支付宝、易宝支付、首信易支付、Worldpay 等。

2.2.4 跨境电商综合服务商

跨境电商综合服务商是指以整合各类环节服务为基础，然后统一投放给中小外贸企业，主要的服务包括融资、通关、退税以及物流、保险等外贸必须环节，赢利也来自服务的批发和零售。综合类跨境电商服务商如一达通、卓志、嘉云数据、世贸通、SHOPLINE、泛鼎国际、小笨鸟、启橙电商等，专门负责代理中小企业出口，由专业化团队提供相应的集中制单、清关、退税等服务。

此外，还有技术类服务商，如领星、店匠、易仓科技、小满科技、店小秘等；营销类服务商如浩方集团、飞书互动、思亿欧、星商、外贸牛等；物流类服务商，如纵腾集团、运去哪、递四方、斑马物联网、出口易、飞盒跨境、至美通、拓扑丝路等。

扫一扫

深度加油站：
跨境电商

项目小结

电子商务的参与者很多，有顾客、企业、政府、网络服务的提供者（ISP）、在线服务的提供者、配送和支付服务的提供者、认证中心等。根据参与者性质和交易对象的不同，电子商务形成了 B2C、B2B、C2C 等不同的电子商务模式。本项目应重点掌握如下内容：C2C 电子商务，指的是消费者与消费者之间的电子商务；B2C 电子商务，指的是以互联网为主要手段，由商家或企业通过网站对消费者提供产品或服务的一种商务模式；B2B 电子商务，指的是商家（泛指企业）对商家的电子商务，即企业与企业之间通过互联网进行产品、服务及信息的交换；O2O 是指线上营销和线上购买带动线下营销和线下消费，即将线下商务的机会与互联网结合在一起，让互联网成为线下交易的前台；移动电子商务是利用手机、PDA 及掌上电脑等无线终端进行的电子商务；狭义的跨境电商主要指外贸零售活动；广义的跨境电商则包含零售与批发两种形式。

实训练习

知识微检验：

扫一扫

扫码自测

拓展课下练：

1. 选择一个B2C电子商务零售网站，购买一件自己喜欢的商品，体验从网上查询信息、购物、网上支付、收到所购物品等环节，全面实践B2C交易的全过程。结合实践，谈谈消费者如何避免在网上购物过程中上当受骗。

2. 联系一家企业，帮助该企业在阿里巴巴贸易信息网或慧聪网等B2B电子商务平台上发布采购或供求信息。

3. 联系附近商业街上卖服装或其他商品的商户，帮助其开设淘宝店。

4. 每名学生用手机或移动终端浏览大众点评网、美团网、淘票票、蚂蚁短租、同程旅行等网站或App，并以其中一个为例，完成一笔实际交易，分析上述网站的电子商务模式，并指出此模式与B2C、C2C等模式的主要区别。

5. 3～5名同学为一组，使用手机或相机拍摄一段短视频，上传至抖音、快手等平台，记录视频的浏览量和点赞量。

项目五

电子商务供应链管理

问题引入

小米和同学开的网店有了订单，这让她们很高兴，但当对方询问自己买的东西什么时候能收到时，小米她们一下子犯了难。怎么发货啊？小米她们以前从未接触过物流行业，只是邮寄过包裹。想要做好电子商务，既要有好的货源，又要有快捷的物流配送渠道，这很关键。那么，电子商务物流模式有哪些？小米她们可以选择哪种方式呢？

任务导读

本项目主要包括现代电子商务物流模式和电子商务物流解决方案两个学习任务。通过实例分析、课堂讨论和实践实训等形式，学生可以由浅入深地理解并掌握电子商务物流配送解决方案。

学习目标

通过本项目的学习，学生应该掌握以下知识：供应链、物流的内涵；物流的基本知识；正确选择电子商务物流服务的方法。

任务一 现代电子商务物流模式

案例导入

不一样的物流——京东快递

我国物流业的发展得益于电子商务的繁荣。2018 年，我国的快递年业务量突破 500 亿件，平均每人年收寄包裹近 35 个，每天有超 2 亿人使用快递，是名副其实的快递大国。

与阿里巴巴不同，京东走了不一样的路：在成立近 10 年后，京东于 2007 年开始自建物流基础设施和配送团队，为消费者配送他们在京东商城上购买的商品。

而阿里则逐步搭建起菜鸟这一物流服务平台，只建仓库，不建配送团队，通过股权投资和紧密合作绑定“四通一达”和顺丰这几大物流公司，将订单导流给这些合作方，由合作方配送阿里旗下电商平台淘宝、天猫的商品，京东做垂直一体化的闭环供应链，阿里类似快递中的滴滴出行，做的是快递员和快件的撮合匹配服务。

自建物流的优势明显，完整的物流基础设施保证了京东商城的包裹可隔天送达，速度远快于淘宝、天猫等竞争对手。不少消费者认为，如果京东和天猫上有相同产品，京东吸引他们下单的理由就是具备配送速度优势的物流服务，没有配送物流支持，京东商城就不可能脱颖而出成为中国高品质垂直电商平台，不足以给消费者提供更好体验的配送服务。

但自建物流的劣势也在成本中完全体现：投资大、资产重，京东物流长年亏损，同时也拖累了京东整体的业绩表现，这家公司自 2014 年在纳斯达克上市后年净利润一直为负，自公司成立之初已累计亏损 240 亿元。

京东物流亏损的核心原因是外部业务太少。长期以来，京东物流完全依赖京东商城的业务，订单有限，它亟须提升来自外部的业务量。

京东物流依然处于重投入阶段。2018 年它引入了来自高瓴资本、红杉中国、招商局集团、腾讯、中国人寿等首批投资方的 25 亿美元融资，彼时京东的决策层希望京东物流三年内独立上市，无论是出于资本要求还是业务发展需求，京东都亟须加速提升业务量和市场份额。

打破封闭模式，将物流服务开放给京东商城之外的个人、商家和公司等第三方，不仅仅服务于京东商城，这是京东物流的出路。

2018 年年中，京东的决策层曾对外表示，京东物流超越了单纯的快递公司、仓储公司、快运公司，这些公司只能提供物流服务里的一个类别、一款产品，京东可以全面覆盖大件、中小件、冷藏冷链、短距配送 O2O，以及跨境和快递服务。

问题与思考：

电子商务的物流模式有哪几种？电子商务企业应该如何选择物流模式？

学习任务单

学习情境	小米通过学习知道了物流对于电子商务发展的重要性。那么，什么是物流？它都有哪些类型？对于电子商务而言，目前有哪些物流模式？对此，小米和同学们展开了学习。
环境需求	1. 互联网接入。 2. 计算机（每人 1 台）。 3. 学习任务考核单（也可在教学资源包中下载电子版）。

任务描述	任务 1： 学生上网，访问中国物流与采购联合会网站，查看物流行业新闻和发展动态；访问快递 100 快递和菜鸟网站，了解目前都有哪些快递公司，进入热点公司查看公司介绍；访问京东物流、顺丰速运、德邦快递、锦程物流、中远集团的网站，了解其物流服务项目。 (1) 中国物流与采购联合会（http：//www.chinawuliu.com.cn）。 (2) 快递 100（https：//www.kuaidi100.com/all/）。 (3) 菜鸟（https：//www.cainiao.com）。 (4) 京东物流（https：//www.jdl.cn）。 (5) 顺丰速运（https：//www.sf-express.com）。 (6) 德邦快递（http：//www.deppon.com）。 (7) 锦程物流（http：//www.jctrans.com）。 (8) 中远集团（http：//www.cosco.com/cn）。 任务 2： 学生就以下问题进行讨论： 问题 1：什么是物流？物流有哪些作用？ 问题 2：什么是电子商务物流？如何理解电子商务物流？电子商务物流与传统物流有什么区别？ 问题 3：哪种物流模式最适合网上销售？ 以上任务建议 2 学时完成。
任务间歇	播放励志 MV（教学资源包提供）。
小调查	1. 你用过顺丰快递吗？ □用过 □没有用过 2. 在选择快递公司时，你主要考虑哪些方面的因素？ □速度 □价格 □服务
素养提升	通过学习“素养园地”，树立“以顾客为中心”的服务意识，提升职业素养。
任务拓展	调查你所在城市的物流行业发展情况，了解都有哪些快递公司、并分析其经营状况。

学习任务考核单

姓名： 编号：

序号	任务	分值	总结与归纳	成绩
1	物流的含义、功能	20 分		
2	电子商务物流的含义和特点	20 分		
3	电子商务物流与传统物流的区别	20 分		
4	你认为哪种物流模式最适合网上销售？	20 分		
5	电子商务物流的发展趋势	20 分		
合计				

＊请学生填写完学习任务考核单后上交。

知识探究

电子商务的发展使得传统供应链管理模式受到了很大的冲击，形成了新的、效率更高的供应链管理模式。

供应链是由供应商、制造商、仓库、配送中心和渠道商等构成的物流网络。同一企业可能构成这个网络的不同组成节点，但更多的情况下是由不同的企业构成这个网络中的不同节点。比如，在某个供应链中，同一企业可能既在制造商、仓库节点，又在配送中心节点占有位置。在分工细、专业要求高的供应链中，不同节点基本上由不同的企业组成。在供应链各成员单位间流动的原材料、在制品库存和产成品等，构成了供应链上的产品物流。统计数据表明，企业供应链可以耗费企业高达25%的运营成本。

供应链管理使供应链运作达到最优化，以最少的成本，让供应链从采购开始，到满足最终客户的所有过程，包括工作流、实物流、资金流和信息流等均能高效率地运作，把合适的产品以合理的价格及时准确地送达消费者手上。

相较于传统供应链，电子商务供应链打破了最终用户与制造商之间的“隔阂”，企业与企业之间已经不是单纯的链式结构关系，而是形成了复杂的“供应网络”。电子商务“供应网络”中包括中心制造厂商，以及以它为中枢的产业链上游供应商、产业链下游经销商、物流运输及服务商和往来银行。

对于一个网店来讲，表面上看是B2C模式，其实大多数网店不是自营，而是需要有货源，而进货渠道往往采用B2B模式，最后再将商品配送到消费者手中，整个过程就是一个典型的电子商务供应链，实际运行中物流活动贯穿整个供应链，限于篇幅，本书主要介绍电子商务环境下的物流配送活动。

1. 物流的含义

物流源于美国，早期物流的含义是实物配送（Physical Distribution，PD）。第二次世界大战期间，出于军事方面的需要，美国首先采用了Logistics Management（后勤管理）这一概念，对军火的运输、补给、调配等进行全面管理，对战争的胜利起了保障作用。其中所提出的“后勤”是指战时的物资生产、采购、运输、配给等活动。后来，“后勤”这一概念在商业活动中得到了广泛应用，包含了生产过程和流通过程的物流，形成了范围更广的概念。这里所说的后勤供销服务是一种以“供应链理论”“虚拟工厂理论”等为背景的新型物流服务模式，是供销环节与运输环节有机结合的产物和物流理论的新的升华。现在欧美国家更多地把物流称作Logistics而不是Physical Distribution。20世纪80年代初，我国从日本引入了“物流”概念。

我国国家标准《物流术语》（GB/T 18354—2021）中将现代物流定义为：根据实际需要，将运输、储存、装卸、搬运、包装、流通加工、配送、信息处理等基本功能实施有机结合，使物品从供应地向接收地进行实体流动的过程。

2. 物流的功能

物流的功能是指物流系统所具有的基本能力，将这些基本能力有效结合就能合理地实现物流的总目标。物流的功能是通过信息、运输、仓储等的协调以及材料的搬运、包装、流通加工、配送等活动来实现的。

2.1 传统的物流功能

2.1.1 运输

运输的任务是对物品进行较长距离的空间移动。运输的主要方式有铁路运输、汽车运输、船舶运输、航空运输和管道运输。运输应选择经济、便捷的运输方式和运输路线，以达到安全、迅速、及时和经济的管理要求。

2.1.2 储存

储存功能包括堆存、保管、保养及维护等活动。物流系统需要仓储设备来保证市场分销活动，同时要以始终与最低的总成本相一致的最低限度的存货来实现所期望的顾客服务。

2.1.3 包装

包装是在商品输送和保管过程中，为保证商品的价值和形态而从事的流通活动，包括产品的出厂包装、生产过程中制品和半成品的包装以及在物流过程中换装、分装和再包装等活动。从机能上来看，包装可以分为保持商品的品质而进行的工业包装和为使商品顺利抵达消费者手中、提高商品价值、传递信息等以促进销售为目的进行的商业包装等两类。

2.1.4 装卸

装卸包括对运输、储存、包装、流通加工等物流活动进行衔接的活动，以及在储存等活动中为进行检验、维护和保养所进行的装卸活动。安全、方便的装卸活动可以加快商品在物流过程中的流通速度。

2.1.5 流通加工

流通加工是在物流过程中进行的辅助加工活动。它既存在于社会流通过程中，也存在于企业内部的流通过程中，用来弥补生产过程中加工的不足。如今，流通加工作为提高商品附加价值、促进商品差别化的重要手段，其重要性越来越明显。

2.1.6 配送

配送是物流进入最后阶段，以配货、送货形式最终完成物流的活动。配送是一种短距离、少量的输送，在电子商务物流中的作用非常突出，它已不是简单的送货，而是集经营、服务、库存于一身的重要物流环节。

2.1.7 信息处理

信息包括进行与上述各项活动有关的计划、预测以及对物流动态信息及其有关的费用、生产、市场信息的收集、加工、整理和提炼等活动。不准确的信息会削弱物流工作，信息质量和及时性是物流工作的关键因素。

2.2 增值性的物流服务功能

除了传统的物流功能外，现代物流还具有增值性的服务功能。增值性的物流服务包括以下几种：

（1）增加便利性的服务。

（2）加快响应速度的服务。

（3）降低成本的服务。

（4）延伸服务。

3. 物流的分类

3.1 按照物流的作用分类

3.1.1 供应物流

供应物流为生产企业提供原材料、零部件或其他物料时所发生的物流活动，包括原材料等一切生产资料的采购、进货、运输、仓储、库存管理和用料管理。

3.1.2 生产物流

生产物流是指生产企业内部进行的涉及原材料、在制品、半成品、产成品等的物流活动，包括生产计划与控制、厂内运输（搬运）、在制品仓储与管理等活动。

3.1.3 销售物流

销售物流是指企业在销售商品过程中所发生的物流活动，包括产成品的库存管理、仓储发货运输、订货处理与顾客服务等活动。

3.1.4 逆向物流（反向物流）

逆向物流是指为恢复物品价值、循环利用或合理处置，对原材料、零部件、在制品及产成品从供应链下游节点向上游节点反向流动，或按特定的渠道或方式归集到指定地点所进行的物流活动。

3.1.5 废弃物物流

废弃物物流是指将经济活动中失去原有使用价值的物品，根据实际需要进行收集、分类、包装、搬运、储存，并分送到专门处理场所的物流活动。

3.2 按照物流活动的空间分类

3.2.1 地区物流

地区物流是指在某一区域内发生的物流活动，物流活动的空间范围局限在一定地区内。对地区的划分，可以按不同的目的进行，如按涉及行政区域划分、按一定的经济圈划分等。对地区物流的研究应根据所在地区的特点，从所在地区的利益出发组织好相应的物流活动，并充分考虑到利弊两方面的问题，要与地区和城市的建设规划相统一并妥善安排。

3.2.2 国内物流

国内物流是指在一个国家内发生的物流活动，物流活动的空间范围局限在一个国家内。

3.2.3 国际物流

国际物流是指不同国家（地区）之间的物流，是随着世界各国（地区）之间进行国际贸易而发生的商品实体从一个国家（地区）流转到另一个国家（地区）的物流活动。

4. 电子商务物流

目前国际上对电子商务物流并没有明确的定义，我们在此阐述的电子商务物流指的是服务于电子商务活动的物流。在本质上，它从属于现代物流，是现代物流的重要组成部分。但与其他物流不同的是，它更强调物流的电子化、第三方物流、供应链及物流配送。

4.1 自营物流

企业自己本身经营物流，称为自营物流。自营物流是在电子商务发展初期，那时的电子商务企业规模不大，从事电子商务的企业多选用自营物流的方式。企业自营物流模式意味着电子商务企业自行组建物流配送系统，经营管理企业的整个物流运作过程。

目前，电子商务企业自建物流系统主要有两种情况：一是传统大型制造企业或批发企业经营 B2B 电子商务网站，由于它自身在长期传统商务中已经建立起了初具规模的营销网络和物流配送体系，在开展电子商务时只要加以改进和完善，就可满足电子商务条件下对物流配送的要求；二是拥有雄厚资金实力和较大业务规模的电子商务公司，自行建立适应业务需要的畅通、高效的物流系统，并可向其他物流服务需求方提供第三方综合物流服务，以充分利用其物流资源，实现规模经济效益。

4.2 物流联盟

所谓的物流联盟，就是两个或两个以上的经济组织为实现特定的物流目标而形成的长期联合与合作的组织形式，是制造业、销售企业、物流企业基于正式的相互协议而建立的一种物流合作关系，参加联盟的企业汇集、交换或统一物流资源以谋取共同利益；与此同时，合作企业仍保持各自的独立性。物流联盟为了达到比单独从事物流活动取得更好的效果，在企业间形成了相互信任、共担风险、共享收益的物流伙伴关系。

物流联盟可以实现众多企业集约化运作，从而可以降低物流成本，实现高效运作。综合化物流服务、一体化物流运作、效率及价格优势、个性化需求满足和对市场快速反应，都使物流联盟备受顾客青睐，因而其一旦形成，就会在市场上占据较强竞争优势。一般而言，这种模式往往适合那些规模和实力相对均衡、业务互补性强、共同利益较多的企业。

4.3 第三方物流

第三方物流（Third Party Logistics，TPL/3PL）是指由独立于物流服务供需双方之外且以物流服务为主营业务的组织提供物流服务的模式。第一方物流是指销售方的物流；第二方物流是指采购方的物流；第三方物流是针对第一方物流和第二方物流而言的，是指物流交易双方的部分或全部物流功能的外部服务提供者。它本身不拥有商品，而是通过签订合作协定或结成合作联盟，在特定的时间段内按照特定的价格向客户提供个性化的物流代理服务，具体内容包括商品运输、储存、配送以及附加的增值服务等。

小资料

我国第三方物流企业的基本形式

（1）传统运输与仓储企业转型的物流企业，如中远物流、中铁物流等。

（2）中外合资与外商独资物流企业，如联邦快递、DHL 等。

（3）民营物流企业，如宅急送、顺丰物流、申通物流等。

（4）制造企业建立的物流公司，如海尔物流、安得物流等。

4.4 供应链服务

所谓供应链，是指生产及流通过程中，围绕核心企业的核心产品或服务、由所涉及的原材料供应商、制造商、分销商、零售商直到最终用户等形成的网链结构。

随着电子商务的模式创新和快速发展，物流成为其发展的主要瓶颈。电子商务功能日益完善和成熟的平台前端迫切需要一个强大的、专业的供应链作为必要支撑，提供专业的供应链服务。

知识充电站

2021 年全国物流运行情况

2021 年，我国物流运行稳中有进，社会物流总额保持良好增势，社会物流总费用与 GDP 的比率稳中有降，“十四五”实现良好开局。

一、社会物流总额保持良好增势

2021 年全国社会物流总额 335.2 万亿元，按可比价格计算，同比增长 9.2%，增速恢复至正常年份平均水平。

从构成看，工业品物流总额 299.6 万亿元，按可比价格计算，同比增长 9.6%；农产品物流总额 5.0 万亿元，增长 7.1%；再生资源物流总额 2.5 万亿元，增长 40.2%；单位与居民物品物流总额 10.8 万亿元，增长 10.2%；进口货物物流总额 17.4 万亿元，下降 1.0%。

二、社会物流总费用与 GDP 的比率小幅回落

2021 年社会物流总费用 16.7 万亿元，同比增长 12.5%。社会物流总费用与 GDP 的比率为 14.6%，比上年下降 0.1 个百分点。

从结构看，运输费用 9.0 万亿元，增长 15.8%；保管费用 5.6 万亿元，增长 8.8%；管理费用 2.2 万亿元，增长 9.2%。

三、物流业总收入实现较快增长

2021 年物流业总收入 11.9 万亿元，同比增长 15.1%。

4.5 配送

4.5.1 配送的含义

配送是指根据客户要求，对物品进行分类、拣选、集货、包装、组配等作业，并按时送达指定地点的物流活动。

配送是物流中一种特殊的、综合的活动形式，是商流与物流的紧密结合，既包含了商流活动和物流活动，也包含了物流中若干功能要素的一种形式。

4.5.2 配送的要素

（1）集货。即将分散的或小批量的物品集中起来，以便进行运输、配送的作业。集货是配送的重要环节，为了满足特定客户的配送要求，有时需要把从几家甚至数十家供应商处预订的物品集中起来，并按要求将物品分配到指定容器或场所。

（2）分拣。即将物品按品种、出入库先后顺序进行分门别类堆放的作业。分拣是配送不同于其他物流形式的功能要素，也是配送成败的一项重要支持性工作。它是完善送货、支持送货准备性工作，以及不同配送企业在送货时进行竞争和提高自身经济效益的必然延伸。可以说，分拣是送货向高级形式发展的必然要求。有了分拣，就会大大提高送货服务水平。

（3）配货。即使用各种拣选设备和传输装置，将存放的物品按客户要求分拣出来，配备齐全，送入指定发货地点。

（4）配装。在单个客户配送数量不能达到车辆的有效运载负荷时，就存在如何集中不同客户的配送货物，进行搭配装载以充分利用运能、运力的问题，这就需要配装。配装与一般送货的不同之处在于，通过配装送货可以大大提高送货水平及降低送货成本，所以配装是配送系统中有现代特点的功能要素，也是现代配送与以往送货的重要区别之一。

（5）配送运输。将装配好的货物利用运输工具进行运输，实现物品的空间转移。

（6）送达服务。将配好的货物运输到客户处，还不算配送工作的结束，这是因为货物送达和客户接货往往还会出现不协调的情况，使配送前功尽弃。因此，要圆满地实现运输货物的移交，有效、方便地处理相关手续并完成结算，还应讲究卸货地点、卸货方式等。送达服务也是配送独有的特点。

（7）配送加工。即按照配送客户的要求所进行的流通加工。在配送中，配送加工这一功能要素不具有普遍性，但往往是有重要作用的功能要素。这是因为通过配送加工，可以大大提高客户的满意程度。配送加工是流通加工的一种，但配送加工有它不同于流通加工的特点，即配送加工一般只取决于客户要求，其加工的目的较为单一。

5. 电子商务物流的特点

5.1 信息化

物流信息化是电子商务的必然要求。信息化是一切的基础，没有物流的信息化，任何先进的技术设备都无法在物流领域得以应用。物流信息化表现为物流信息的商品化、物流信息传递的标准化和实时化、物流信息存储的数字化等。条码（Bar Code）技术、数据库（Database）技术等信息技术在物流中的普遍应用，彻底改变了物流管理的面貌。

5.2 自动化

自动化的基础是信息化，自动化的核心是机电一体化，自动化的外在表现是无人化，自动化的效果是省力化，另外还可以扩大物流作业能力、提高劳动生产率、减少物流作业的差错等。物流自动化的设施非常多，如自动分拣系统、自动存取系统等。这些设施已普遍用于物流作业流程中。

5.3 智能化

电子商务物流的实物位移自动化、半自动化程度高，物流供应链过程处于实时监控之中，而物流系统中的传统管理内容，如人事、财务、计划和物流控制等全部智能化，故电子商务物流的重点是这些自动化、智能化的设计创造过程。一个智能化的电子商务物流系统可以模拟现实，可以发出指令、实施决策，根据物流过程的特点采用对应管理手段，真正实现电子商务物流管理柔性化和智能化。

5.4 网络化

网络化的基础也是信息化。网络化有两方面的含义：一是物流配送系统的计算机通信网络，包括物流配送中心与供应商、配送中心与顾客联系的计算机网络；二是企业内部网。物流的网络化是物流信息化的必然，是电子商务时代物流活动的主要特征之一。信息技术和通信技术的发展为物流网络化提供了良好的外部环境。

5.5 柔性化

物流的柔性化是为了实现“以顾客为中心”理念而在生产领域提出的。柔性化的物流是适应生产、流通与消费的需求而发展起来的一种新型物流模型，其实质是将生产、流通进行集成，根据需求端的需求组织生产、安排物流活动。这就要求物流配送中心要根据消费需求“多品种、小批量、多批次、短周期”的特点，灵活组织和实施物流作业。另外，物流设施、商品包装的标准化，物流的社会化、共同化也都是电子商务下物流模式的新特点。

6. 电子商务物流和传统物流的区别

6.1 商品物流和承运的类型不同

相较于传统物流，在电子商务物流模式下，基于信息技术和网络，物流运作的对象不再是大件商品，而是详尽到每个客户的每项要求，并且客户能在任意时间段内追踪商品物流。

6.2 客户类型不同

在传统物流模式下，物流服务的对象大体是固定不变的，由此物流运营商基本都能对其产品服务需求和客户类型有准确把握。在电子商务物流模式下，物流运营商面临的特定客户目标群是一个未知概念，而其服务方式等也远超传统物流。

6.3 物流运作模式不同

传统物流是一种典型性的“推式运营”，商品一经销售出去，就需要凭借物流来实现货物配送，在这一过程中，物流和商流都仅仅是“推式”，物流在整个过程中仅仅起到了支持作用。电子商务物流则完全不一样，其资金流、物流、商流都是围绕市场来运作，其产品生产、销售及货物配运等所有环节都是根据客户订单运转的，在此过程中，物流发挥了绝对主力作用。

6.4 库存、订单流向不同

在传统物流格局下，库存与订单都是单向的，买方与卖方没有任何交流。在B2C电子商务物流下，库存与订单是双向互动的，并且客户还能实时监控，甚至修改库存与订单，生产商和零售商也能随时依据客户的不同要求调整库存与订单，达到物流绩效最优化。

6.5 物流的目的地不同

在传统物流模式下，物流运营商常常无法在第一时间匹配货物位移信息，尤其是零散客户的信息，加上差异化、个性化服务功能缺失，加之个性化服务功能匹配不足，因此只能提供集中批量化配送和无差异性服务。电子商务物流完全是根据客户的个性化需求来开展商品流动的，物流运营商不仅要通过集运来实现最低运输成本，还依托差异化配送来提升物流服务质量。正由于以上几点，因此物流运营商配送的目的地也是分散化、零散化的。

素养提升小锦囊

“人人是创造之人，天天是创造之时”，电子商务物流从业人员要立足物流行业发展情况，与时俱进、敢为人先、心怀责任、勇于担当，勇做新时代科技创新排头兵，发扬敬业、精益、专注、创新的精神。

7. 我国电子商务物流发展趋势

物流业在国民经济中的地位稳步提升，行业集约化水平不断提高，行业并购加速，互联网、物联网、人工智能、大数据应用等技术手段逐渐普及，电子商务物流发展前景广阔。

7.1 物流业发展多功能化

7.1.1 行业实现全方位发展

现代物流业开始向高质量方向发展。由于我国快递、城市配送、冷链配送等生活物流的快速发展，越来越多的消费者能够足不出户完成商品的选购并享受优质产品服务，这充分体现了物流业的发展在提升人们生活环境质量方面的重要性。高质量发展是物流企业实现长远目标的重要保证，商品出库后，消费者关注的是物流信息，安全、准确、快捷地把商品送达目标客户，及时发布物流信息，保持与客户的信息联通，给客户良好的物流服务体验，是促进商品流通，推动商品经济发展的重要方面。

7.1.2 信息技术引领产业升级

现代物流业与超智能/自动化货架、智能/自动化分拣、人工智能、区块链、地理位置以及服务等现代企业信息网络技术发展不断融合，提升了物流公司配送工作效率，提高了安全风险管理水平。在无人仓，商品入库、存储、包装、分拣等环节的人工作业被智能机器人所取代。例如，在菜鸟物流网络公司，其旗下超级智能机器人能够在旗舰仓单日发货量超过百万件。同时，基于人工智能的安全技术，管理机器人开始应用于车队的管理方面。物流和运输车辆的事故发生率也大大降低。

7.2 诚信服务是物流企业的生命线

客户满意就是企业最大的成功。客户会选择服务一流的产品进行二次甚至多次购买，成为企业产品的回头客甚至是忠实客户。在未来的发展中，由于市场需求迅速增加，服务人群扩大，人们的需求也将有更多的差异性和独特性，物流企业又与电商服务息息相关，因此，物流企业将更多偏向私人定制化、精确化、高效且一流的服务。

素养园地

向暴力物流说“不”

随着电子商务的不断发展，各大消费人群的网购数量急速上升，从而带动了物流行业的迅猛发展，快递数量不断上升，但快递吞吐处理能力以及相关的服务水平并没有得到相应提高，装卸搬运环节一直存在着“暴力物流”等严重问题。

1. 什么是暴力物流

暴力物流是指物流工作人员在进行包装分拣、装卸车时，对包裹野蛮操作的行为，导致物品受损、包装破碎等情况。

2. 暴力物流的危害

（1）对消费者的危害。

消费者是暴力物流直接的受害者，他们的物品成了暴力物流的牺牲品，这对消费者产生的不只是金钱上的损失，还有精神上的伤害。特别是像手机等物品，如果在物流过程中遭受到“暴力”，不仅会让消费者丢失大量信息，甚至可能危害到消费者的生命，后果十分严重。

（2）对物流公司的危害。

物流公司普遍重视公司形象，暴力物流现象影响物流公司的形象，甚至使消费者对快递公司的信誉产生了怀疑，不利于公司的长久发展，并且容易和消费者发生纠纷，损害公司的利益。恶劣的暴力物流事件会严重影响公司品牌，甚至造成公司破产。

（3）对整个行业的危害。

假如一家物流公司发生暴力物流现象，会让消费者对于别的物流公司产生警惕，严重影响整个物流行业，造成消费者对于物流行业的不信任，增加各个物流公司的经营压力，造成大量人才缺失、物流快递量减少。

（4）暴力物流产生的主要原因

一方面，快递人员素质低。因为分拣快递并不是什么非常专业的技术工作，对于快递人员的受教育程度要求并不高，物流公司一味地追求分拣效率，而忽视了对产品本身的保护，胡乱地对产品进行暴力分拣、装卸、搬运。另外，快递人员想要获得较高薪酬，就必须多派件，这就要求快递员的操作速度必须快。

另一方面，物流公司监管不善。暴力分拣快递行为不排除快递相关物流站点管理不善，如果物流公司能够在相关快递站点安装无死角全程监控，可以大大减少暴力分拣行为的发生。

同学们，想一想，如果你是快递员，你支持暴力物流吗？如果你是快递站点负责人，你会怎样杜绝此现象？

7.3 智慧化是现代物流业的发展方向

对于电商物流而言，云计算、人工智能、大数据应用将使电商企业与物流企业之间形成联动机制，互联网使物流更“聪明”，大幅提高物流效率，降低物流成本。物流智慧化趋势在电商领域将越来越明显。

7.4 国际化是物流企业竞争的趋势

在20世纪90年代初，电子商务出现，加速了全球经济的一体化进程，带动物流企业向多国化发展。随着我国“一带一路”倡议为众多国积极响应和全球一体化进程的发展，我国电商企业不仅立足国内，也涉足国际市场，跨境电商正在成为蓝海，由于涉及汇率、业务对接等问题，更需要完善跨境电商物流体系，相关物流从业人员也需要熟知国际业务及法律规范，遵守职业道德，从而实现国内外物流企业共赢。

扫一扫

视界瞭望台：借力电子商务升级现代物流产业

7.5 国内电商物流市场进一步下沉

随着农村电子商务的发展，“下乡”成为电商物流未来重要的发展趋势。目前各电商巨头纷纷“跑马圈地”农村市场，电商物流的触角逐渐向三、四级市场和农村延伸。

任务二 电子商务物流解决方案

案例导入

电商行业“物流大战”的气氛进一步加剧

1. 阿里巴巴：不做快递公司，做快递平台

阿里巴巴与银泰、复星、富春、顺丰、“三通一达”（申通、圆通、中通、韵达）等启动的“中国智能骨干网”项目引起了行业的讨论。讨论的背景是在京东等B2C大力自建物流的情况下，依靠社会化物流企业做平台的“大淘宝”面临越来越明显的物流短板，而阿里巴巴过去也曾多次试水物流领域，包括建立卖家公用的仓库，甚至直接投资快递企业。菜鸟网络的出现让大家再一次关注“大淘宝”在物流领域的布局。

不过，阿里巴巴决策层的表态也很清晰：阿里巴巴不会自己做快递，但会围绕快递行业建立有利于电商生态的平台。菜鸟网络的官方口径是：利用先进的互联网技术，建立开放、透明、共享的数据应用平台，为电子商务企业、物流公司、仓储企业、第三方物流服务商、供应链服务商等各类企业提供优质服务，支持物流行业向高附加值领域发展和升级，最终促使建立社会化资源高效协同机制，提升我国社会化物流服务品质，打造我国未来商业基础设施。

事实上，“双十一”期间，阿里巴巴在物流平台上的布局已经初露端倪。为了能够在信息流上更好地配合，天猫的物流预警雷达系统开始对参加促销的商家开放，系统可即时展现商家的整体订单发货数据与各大快递企业配送线路的关键信息，对活动期间商家的发货情况和快递企业的运力情况进行预测和预警；系统中所有数据都来自快递企业的即时推送，并配有专业数据团队解析，以便商家及时调整发货时间，定制准确线路。显然，在数据分析与处理能力上，“大淘宝”对物流行业有着深远的影响力。

2. 京东：以物流做“护城河”

京东在物流方面抛出了“护城河”理论：京东表面上和竞争对手进行价格战，暗地里却加紧自建物流的步伐，既为自身挖了一条难以逾越的“护城河”，同时也对竞争对手构建了一个难以突破的竞争壁垒。截至目前，京东在物流逐步推出一系列“大动作”，继之前的限时达、次日达、隔日达、夜间配送等优质物流配送服务的基础上，又推出了“极速达”业务，把货物的配送时间压缩在了3小时之内，从而“把物流优势提升到了竞争对手无法企及的高度”。

问题与思考：

1. 案例中提到了哪些物流模式？
2. 你认为电商企业在选择物流模式时需要考虑哪些因素？

学习任务单

学习情境	小米已经学习了电子商务物流模式，可是小米想，不同的企业选择的物流模式不一样，那么怎样才能选择适合自己的物流配送呢？小米的网店正面临这一问题。为此，小米和同学一起进行调研，通过学习其他做得比较好的网店物流解决方案，小米和同学设计出了自己网店的物流配送方案。
环境需求	1. 互联网接入。 2. 计算机（每人 1 台）。 3. 学习任务考核单（可在教学资源包中下载电子版）。
任务描述	任务 1： 每名学生上网访问如下快递公司官网，了解主流快递公司的特点和服务，之后访问几大电商平台网站或手机 App，进入店铺查看其物流配送方式和快递渠道（有的需要下订单才能看到，可以在选择物流配送后取消订单）。归纳网上销售一般都采用了哪些物流配送方式，电子商务企业如何选择物流方案。 1. 主流快递公司官网 （1）京东物流——https：//www. jdl. cn。 （2）顺丰速运——https：//www. sf-express. com。 （3）圆通速递——http：//www. yto. net. cn。 （4）中通快递——http：//www. zto. com。 （5）申通快递——https：//www. sto. cn。 （6）韵达速递——http：//www. yundaex. com。 （7）极兔速递——http：//www. jtexpress. com。 （8）百世快运——http：//800best. com。 （9）宅急送——http：//www. zjs. com. cn。 （10）中国邮政——http：//www. ems. com. cn。 （11）德邦快递——http：//www. deppon. com。 2. 头部电商平台 （1）天猫——http：//www. tmall. com。 （2）京东——http：//www. jd. com。 （3）苏宁——http：//www. suning. com。 （4）淘宝——http：//www. taobao. com。 （5）唯品会——http：//www. vip. com。 （6）考拉——http：//www. kaola. com。 （7）拼多多（只能通过手机 App 访问）。 任务 2： 访问爱快递—快递运费模块（https：//www. aikuaidi. cn/tools/），以同一快递地址查询运费价格进行横向比较；打印并练习填写教学资源包中的快递单据。 以上任务建议 2 学时完成。
素养提升	诚信快递，你我同行！通过学习“素养园地”的相关内容，引导学生做坚守岗位、逆势而行、敢挑重担、赶上头阵、敢打硬仗的先锋物流人。以物流基层服务人员工作不惧风险、服务人民、保障社会正常运转的事迹，引导学生建立健康、积极、正确的学习工作态度，培养学生不畏艰险、兢兢业业、一丝不苟的敬业精神。
讨论	在网上购物选择什么样的物流模式最理想？
任务拓展	利用课余时间，以小组为单位和当地快递公司协商配送合作事宜。

学习任务考核单

姓名：　　　　　　　　　　　　　　　　　　　学号：

序号	任务	分值	总结与归纳	成绩
1	电子商务企业有哪些物流模式？	30分		
2	电子商务企业如何选择物流模式？	30分		
3	制订本小组网店物流方案	40分		
合　　计				

*请学生填写完学习任务考核单后上交。

知识探究

1. 电子商务企业物流模式选择

国内外一些企业组建电子商务公司时解决物流和配送系统问题的办法主要有以下三种。

1.1 借助传统流通渠道

对于已经开展传统商务的企业，可以建立基于网络的电子商务销售系统，同时也可以利用原有的物流渠道承担电子商务的物流业务。

传统流通渠道在电子商务环境下依然有其不可替代的优势：首先，传统商业历史悠久，有良好的顾客基础，已经形成的品牌效应在很大程度上是配送信用的保证。其次，那些具有一定规模的连锁店、加盟经营店使得准确及时的物流在全国范围内成为可能。最后，由于传统流通渠道本身也存在商品配送的任务，如果网站把商品配送任务交给传统流通渠道解决，就可以充分利用一些闲置的仓储、运输资源，相对于使用全新的系统而言，降低了成本。

目前从事传统销售业务的企业主要包括制造商、批发商、零售商等。制造商进行销售的倾向在20世纪90年代表现得比较明显，从专业分工的角度看，制造商的核心业务是商品开发、设计和制造，但越来越多的制造商不仅有庞大的销售网络，而且还有覆盖整个销售区域的物流、配送网，国内大型制造商的生产人员可能只有3 000～4 000人，但营销人员却有1万多人，制造企业的物流设施普遍要比专业流通企业的物流设施先进，这些制造企业完全可以利用原有的物流网络和设施支持电子商务业务，开展电子商务不需新增物流、配送投资，对这些企业来讲，比投资更为重要的是物流系统的设计、物流资源的合理规划。和制造商相比，批发商和零售商具有组织物流的优势，因为它们的主业就是流通。目前苏宁、国美等企业都开展了电子商务业务，其物流业务都与其一般销售的物流业务一起安排。

1.2 企业自营物流

电子商务企业物流配送的各个环节由企业自己筹建并组织管理，实现对企业内部及外部货物配送的模式称为自营物流。电子商务企业自身组织商品配送，可以说是自己掌握了交易的最后环节，有利于控制交易时间。特别是在本城市内的配送上，网站组织自己的配送队伍可以减少向其他配送公司下达配送要求的手续，在网上接受订购之后，可以立即进行简单的分区处理，然后立即配送，这样往往使得当日配送、限时送达成为可能。有些网站提出的本城区 1 小时内送达也是建立在自身有一支随时出动的配送队伍的基础上的。2009 年 3 月，国内知名的电子商务企业——京东商城成立了自有快递公司，在华北、华东、华南、西南建立了四大物流中心，又陆续在天津、苏州、杭州、南京、深圳、宁波、无锡、济南等 23 个重点城市建立了城市配送站，均由自建快递公司提供物流配送、货到付款、移动 POS 刷卡、上门取件等服务。物流配送速度、服务质量得以全面提升。

对于企业来说，如果采取这种方式投资应十分慎重，因为电子商务的业务与物流业务是截然不同的两种业务，企业必须对跨行业经营产生的风险进行严格的评估，其中成本控制和程序管理是最大的麻烦。任何一家公司，拥有一支自己的配送队伍都将会是一笔庞大的开支。出于对成本的考虑，配送队伍的规模必须与公司的业务量相适应。另外，如何保持适当的库存规模、如何制定恰当的配送路线、如何选择合适的物流工具、如何确定合理的送达时间都是需要严格的管理。不是所有的电子商务公司都有必要、有能力自己组织商品配送。

1.3 外包给专业物流公司

将物流外包给第三方物流公司是跨国公司管理物流的通行做法。按照供应链的相关理论，将不是自己核心业务的业务外包给从事该业务的专业公司去做，这样从原材料供应到生产，再到产品的销售等各个环节的各种职能，都是由在某一领域具有专长或核心竞争力的专业公司互相协调和配合来完成的，这样所形成的供应链具有最大的竞争力。我国境内的跨国公司在从事电子商务业务时，物流业务一般都外包给当地的第三方物流服务商。可以认为，将物流、配送业务外包给第三方物流服务商是电子商务经营者组织物流的可行方案。我国加入 WTO 后，发达国家的物流公司很快就进入我国，为电子商务企业提供物流服务，这一方面加剧了国内物流行业的竞争，另一方面对促进国内物流行业和电子商务的发展也大有好处。

小资料

国际及国内第三方物流公司比较

联邦快递	主要业务包括速递业务、包装与地面送货服务、高速运输投递服务、综合性的物流、技术和运输服务	一家环球运输、物流、电子商务和供应链管理服务供应商。该公司通过各子公司的独立网络，向客户提供一体化的业务解决方案。在 21 千克以上的大货物流方面，联邦快递的价格约为敦豪（DHL）、美国联合包裹运送（UPS）价格的一半，运输速度却是一样的

续表

日通	主要业务是汽车运输、空运、仓库等	日通是日本最大的代理，与日本大企业有广泛紧密的业务联系，作为日通在中国的业务延伸，日本航空公司和全日空航空公司是日通主要合作的航空公司
马士基	出口物流、仓储、分拨、空运、海运代理、报关代理和拖车服务	服务网络将继续扩展到我国的沿海、内陆各个地区，有强大的集团资产支持
中外运	综合物流板块业务包括海、陆、空货运代理、船务代理、供应链物流、快递、仓码、零担运输等。航运板块业务包括：船舶管理、海运干散货运输、国际及国内集装箱班轮运输、国际原油运输、国际及沿海汽车船运输等	中外运集团在物流网络上有较大的优势，在干散货方面的优势比较明显
宝供	业务范围包括物流咨询规划、物流运作管理以及有关物流运作信息的处理分析等一系列专业物流服务	具有经营优势、专业化优势、知识人才优势和个性化服务优势，有效地为客户节省投资和费用，减少库存，降低风险，提供增值服务
宅急送	主要经营范围为国内快递业务，负责各种包裹的寄递、门到门的零散家政服务	收件、派件快捷迅速；快件实时跟踪；充分的快件安全保证；免费包装；学生、教师、现役军人搬家、行李托运实行九折优惠
顺丰	主要经营国际、国内快递业务及报关、报检等业务	服务网络涵盖范围广，对货物从下单到派送全程监控、跟踪及查询，并采用机械化操作，优化货物的流程管理
申通	主要承接非信函、样品、大小物件的速递业务	价格策略比较灵活，资费也比较低廉。国内业务的优势区域主要集中在上海、江苏、浙江部分地区、安徽部分地区、广州、深圳、北京、天津、沧州、大连、西安。国际业务的优势区域主要集中在日本东京等地

2. 电子商务企业选择物流模式应考虑的主要因素

电子商务企业在进行物流决策时，应根据自己的需要和资源条件，综合考虑以下主要因素，慎重选择物流模式，以提高企业的市场竞争力。

2.1 物流对企业成功的重要度和企业处理物流的能力

物流对企业成功的重要度高，企业处理物流的能力相对较低，宜采用第三方物流；物流对企业成功的重要度较低，同时企业处理物流的能力也低，宜采用外购物流服务；物流对企业成功重要度很高，且企业处理物流的能力也高，宜采用自营物流。

2.2 企业对物流控制力的要求

越是竞争激烈的产业，企业越是要强化对供应和分销渠道的控制，此时企业应该自营物流。一般来说，主机厂或最终产品制造商对渠道或供应链过程的控制力比较强，往往选择自营物流，即作为龙头企业来组织全过程的物流活动和制定物流服务标准。

2.3 企业产品自身的物流特点

对于大宗工业品原料的回运或鲜活产品的分销，宜利用相对固定的专业物流服务供应商和短渠道物流；对全球市场的分销，宜采用地区性的专业物流公司提供支援；对产品线单一的或为主机厂做配套产品生产的企业，宜在“龙头”企业统一下自营物流；对于技术性较强的物流服务如口岸物流服务，企业宜采用委托代理的方式；对非标准设备的制造商来说，企业自营物流虽有利可图，但还是应该交给专业的物流服务公司去做。

2.4 企业规模和实力

一般来说，大中型企业实力较雄厚，有能力建立自己的物流系统，制订合适的物流需求计划，从而保证物流服务的质量。另外，大中型企业还可以利用过剩的物流网络资源拓展外部业务（为别的企业提供物流服务）。小企业受人员、资金和资源的限制，物流管理效率难以提高。此时，企业要把资源用于主要的核心业务上，物流管理宜交给第三方专业物流代理公司。

2.5 物流系统总成本

在选择物流模式时，必须弄清不同模式下的物流系统总成本的情况。物流系统总成本的计算公式为：

物流系统总成本＝总运输成本＋库存维持费用＋批量成本＋总固定仓储费用＋总变动仓储费用＋订单处理和信息费用＋客户服务费用

这些成本之间存在着二律背反现象：减少仓库数量时，可降低仓储费用，但会带来运输距离和次数的增加，进而导致运输费用增加。如果运输费用的增加部分超过了仓储费用的减少部分，总的物流成本反而会增大。所以，在选择和设计物流系统时，要对物流系统的总成本加以论证，最后选择成本最小的物流系统。

2.6 第三方物流的客户服务能力

在选择物流模式时，考虑成本固然很重要，但第三方物流的客户服务更至关重要。也就是说，第三方物流在满足了企业对原材料的需求及其可靠性后，企业考虑的首要因素应是第三方物流对自己的零售商和最终客户不断变化的需求的反应能力。

3. 网店交易物流配送的选择

近年来，网上购物迅速发展，越来越多的消费者选择上网购物，越来越多的商家看好这个商机，也选择在网上开店。对于商家来说，物流是网上开店的一个重要环节，是卖家与买家之间物品流通的渠道，如果不重视物流问题，往往会出现各种各样的物流纠纷：收件发件延时、包裹被调包、邮件寄丢、邮寄过程导致商品破损、快递公司拒绝赔偿等，商家为此要付出很大的代价。因此，物流服务的选择无疑是网商的一门必修课。

网店交易可以把物流分为邮局平邮、快递和货运三种方式。

3.1 邮局平邮

邮局平邮的特点是价格便宜，经济实惠，但是邮寄的时间较长，一般适用于非紧急邮件。

邮局平邮实行分区计费方式，费用按照寄递里程分区核定，具体标准可到当地邮局咨询，其具体计算公式为：

每件包裹资费＝包裹每千克资费×包裹重量＋挂号费＋包装费＋保价费

说明：

（1）挂号费为 3.00 元。

（2）包装费按实际收取。

（3）保价费由客户自愿选择，保价费为订单产品价值的 1%。客户选择不保价，则保价费为 0 元。

（4）包裹重量不满 500 克的，按 500 克计费。包裹按毛重重量计费，不以净重重量计费。

邮局平邮的基本程序是：卖家到附近邮局办理邮寄事宜。普通包裹用的是绿色邮单，寄达时间为 7～15 天（邮寄所需时间视两地距离而定），货到买家所在地的邮政网点后，邮局工作人员通知买家携带身份证到邮局办理提货事宜。

3.2 快递

3.2.1 快递的特点

方便、快捷、邮寄时间短，但价格比较高，一般适用于紧急邮件。

3.2.2 快递的基本程序

卖家可以电话通知快递公司收件员上门收件，也可以在网上下单，快递公司自行安排工作人员上门收件。以国内快递为例，一般只需要三天左右（但因快递公司不同，两地距离的远近不同，时间也会有所变化），货到买家所在地的快递公司网点之后，快递公司安排工作人员送件上门。

3.2.3 快递的类型

（1）邮局快递。

邮局快递包裹与特快专递（EMS）不同，与普通包裹大致相同。首重 1 000 克，1 000克以上每 500 克为一个计费单位，一般以 500 克起的最低价在 7 元左右。邮局快递的费用一般是邮局平邮的 2～2.5 倍，邮局快递不上门取货，客户拿着需要邮寄的物品到邮局填写包裹单，进行邮寄。在许多地区，邮局快递能够做到送货上门，送货时间一般是 5～7 天。邮局快递包裹单为黄色。

小资料

邮局快递资费表

	运距	首重1 000克资费（元）	5 000克以内续重每500克资费（元）	5 000克以上续重每500克资费（元）
快递包裹（仅供参考）	500千米及500千米以内	5	2	1
	500千米以上至1 000千米	6	2.5	1.3
	1 000千米以上至1 500千米	7	3	1.6
	1 500千米以上至2 000千米	8	3.5	1.9
	2 000千米以上至2 500千米	9	4	2.2
	2 500千米以上至3 000千米	10	4.5	2.5
	3 000千米以上至4 000千米	12	5.5	3.1
	4 000千米以上至5 000千米	14	6.5	3.7
	5 000千米以上至6 000千米	16	7.5	4.3
	6 000千米以上	20	9	6
	每件挂号费（元）	3		
保价费	每保一元（不足一元按一元计算）	0.01		
	每件最低保价费（元）	1		
存局候领手续费	函件每件（元）	1		
	包裹每件（元）	3		
撤回邮件或更改收件人名址手续费	每件（元）	3		
使用电报（传真）办理查询、撤回、更改收件人名址电报费	每件加收（元）	2		

（2）EMS。

EMS到达时间为3天左右，到货方式为送货上门。

EMS国内资费标准如表5-1所示。

表 5-1　EMS 国内资费标准

起重资费	续重资费		
	续重每 500 克或其零数		
起重 500 克及以内 20 元	一区	二区	三区
	6 元	9 元	15 元
备注：具体分区方式，寄件人可拨打电话或到当地邮局营业窗口咨询			

注：国外资费标准和注意事项请登录中国邮政网查询。

(3) 快递公司。

近年来，我国涌现了一大批快递公司，国外一些知名的快递公司也纷纷进入我国市场。这些快递公司送货速度比较快，价位不等，要了解具体情况，最好登录其官方网站进行查询。

小提示

选择快递公司的十大要点

(1) 尽量选择通过总公司开设分公司的方式来拓展网络的快递公司。

(2) 尽量选择本地经过正规注册的规模较大的快递公司。

(3) 尽量选择业内口碑比较好的快递公司。

(4) 尽量选择网点比较多的快递公司。

(5) 尽量根据不同的情况选择不同的快递公司（要考虑地点、费用、时间、物品性质等）。

(6) 尽量选择有胶袋包着快递单或快递单最后一联是不干胶的快递公司。

(7) 尽量选择快递单用纸质量比较好的快递公司。

(8) 尽量选择赔偿金额或倍数高而且保价率低的快递公司。

(9) 尽量选择开着货车去客户那里取件的快递公司。

(10) 尽量选择快递单上条形码印刷质量比较好的快递公司。

3.3 货运

3.3.1 货运物流的特点

价格便宜，经济实惠，但邮寄时间比较长，且不能送货上门，与邮局平邮类似，但是价格比邮局便宜一些，一般要邮寄物品体积比较大，或者物品比较重，又或者邮寄物品数量比较多时，可以选择货运物流，总之，货运物流适合邮寄不是很紧急的大宗物品。

3.3.2 货运的基本程序

货运物流可以由货运公司上门收货，也可以由寄件人将货送到货运公司，当然价钱不同。货运所需时间大约为一个星期（视两地距离和交通状况而定）。货运物流一般不会送货上门，需要收件人自行到本地货运公司网点去提取。

知识充电站

电商企业选择物流服务商通常有10项标准，具体包括：（1）价格；（2）交货期；（3）出货和递送段准时性；（4）差错率；（5）财务稳定性；（6）管理水平；（7）满足或超越其承诺的能力；（8）必要情况下高层管理的有效性；（9）对未遇见问题和突发事件的反应能力；（10）满足绩效和质量要求的能力。

除了价格之外，电商企业非常看重物流服务商提供满足绩效和质量要求的物流服务所需的资源和能力以及财务稳定性。

某电商企业选择运输型物流企业的评估指标如表5－2所示。

表5－2 运输型物流企业的评估指标

评估指标		级别				
		AAAAA级	AAAA级	AAA级	AA级	A级
经营状况	年货运总营业收入/元*	15亿以上	3亿以上	6 000万以上	1 000万以上	300万以上
	营业时间*	3年以上	2年以上		1年以上	
资产	资产总额/元*	10亿以上	2亿以上	4 000万以上	800万以上	300万以上
	资产负债率*	不高于70%				
设备设施	自有运输车辆（辆）* （或总载重量/t）*	1 500以上 （7 500以上）	400以上 （2 000以上）	150以上 （750以上）	80以上 （400以上）	30以上 （250以上）
	运营网点（个）	50以上	30以上	15以上	10以上	5以上
管理及服务	管理制度	有健全的经营、财务、统计、安全、技术等机构和相应的管理制度				
	质量管理*	通过ISO 9001—2000质量管理体系认证				
	业务辐射面*	国际范围	全国范围	跨省区	省内范围	
	顾客投诉率 （或顾客满意度）	≤0.05% （≥98%）	≤0.1% （≥95%）		≤0.5% （≥90%）	
人员素质	中高层管理人员*	80%以上具有大专以上学历或行业组织物流师认证	60%以上具有大专以上学历或行业组织物流师认证		30%以上具有大专以上学历或行业组织物流师认证	
	业务人员	60%以上具有中等以上学历或专业资格	50%以上具有中等以上学历或专业资格		30%以上具有中等以上学历或专业资格	

续表

评估指标		级别				
		AAAAA 级	AAAA 级	AAA 级	AA 级	A 级
人员素质	网络系统*	货运经营业务信息全部网络化管理			物流经营业务信息部分网络化管理	
	电子单证管理	90%以上	70%以上		50%以上	
	货物跟踪*	90%以上	70%以上		50%以上	
	客户查询*	建立自动查询和人工查询系统			建立人工查询系统	

注：1. 标注 * 的指标为企业达到评估等级的必备指标项目，其他为参考指标项目。
2. 货运营业收入包括货物运输收入、运输代理收入、货物快递收入。
3. 运营网点是指在经营覆盖范围内，由本企业自行设立、可以承接并完成企业基本业务的分支机构。
4. 客户投诉率是指在年度周期内客户对不满意业务的投诉总量与企业业务总量的比率。
5. 客户满意度是指在年度周期内企业对客户满意情况的调查统计。

4. 快递单据的填写

4.1 寄件人

（1）寄件人姓名、电话：详细填写寄件人姓名、有效的联系电话。

（2）寄件人单位名称：详细填写寄件人的单位名称，如果是个人地址，则无须填写。

（3）寄件人地址：详细填写寄件人单位或个人地址、邮政编码，如有用户代码，也需要填写。为邮件安全及迅速传递，应详细、准确地填写寄件人地址。

4.2 内装何物及数量

（1）内件分类：注明邮件的内件性质。

（2）内件品名：注明内装物品的具体名称。

（3）数量：注明内装物品的具体数量。

4.3 保价栏

如需保价，选择此项并注明需保价的金额，最高不应超过 10 万元。

4.4 交寄人签名

交寄人确认所填写内容，认可详情单背面使用须知后签名。

4.5 收件人

（1）收件人姓名、电话：详细填写收件人姓名、有效的联系电话。

（2）收件人单位名称：详细填写收件人的单位名称，如果收件人为个人，则无须填写。

（3）收件人地址：详细填写收件人的单位或个人地址、邮政编码及相应的城市名。

为邮件安全及迅速传递，应详细、准确地填写收件人地址。

（4）收件人签名：收到邮件时请签名（章）确认，并填写具体收到邮件的日期、时间。若是他人代签收，签名（章）后，还需要注明有效证件名称、号码和代收关系。

4.6 如需说明情况，应在详情栏填写

详情单上其他项目由快递工作人员填写，如与实际情况不符，应当即指出。

素养提升小锦囊

“欲正其心者，先诚其意。”“诚信”是我们生活中的立身之本，是我们做人的最基本原则，是每个人必须拥有的珍贵品格。

素养园地

诚信快递，你我同行

人无信不可，民无信不立，国无信不威。诚实守信是中华民族的传统美德。为维护邮政快递企业用户和从业人员合法权益，营造诚实守信、放心消费的快递市场环境，展现行业良好精神风貌，快递企业应做到以下几点：

（1）依法依规经营。各快递企业要加强对《中华人民共和国邮政法》《快递暂行条例》《邮政业寄递安全监督管理办法》等法律法规的学习，严格落实快递安全检查“三项制度”、用户个人信息保护、禁止快递或者限制快递物品规定等法规要求，坚持文明作业、规范操作，促进快递行业诚信、有序发展。

（2）践行绿色理念。推行绿色快递服务，加快推进快递包装绿色转型，推进节能减排；实施快递包装规范操作，减少胶带使用量，推广快递包装回收和可循环包装的应用。

（3）诚信快递建设。践行诚信经营，认真履行工作职责，做到勤奋、踏实、爱岗敬业。服务客户，以品质扩展业务，不唯利是图，不弄虚作假，不贪图小利，倡导诚信经营，做诚信模范，树立良好行业新风尚。

（4）维护客户利益。倡导客户利益至上，保护消费者信息安全，维护消费者合法权益，杜绝虚假宣传等侵害消费者合法权益的行为；严格按址投递，坚决杜绝末端服务违规收费行为，切实保护消费者合法权益，共建良好的快递市场环境。

扫一扫

视界瞭望台：电子商务促进企业供应链优化进程

项目小结

本项目主要让同学们通过学习了解物流对电子商务的作用和意义，理解电子商务物流解决方案，重点理解以下内容：电子商务与物流的关系；电子商务对物流的要求；选择物流解决方案的方法。

实训练习

知识微检验：

扫一扫

扫码自测

拓展课下练：

1. 案例分析：作为传统的专业物流企业，中国邮政积极发展现代物流服务，目前中国邮政已经拥有一个覆盖全国、较为完善的物流配送网络，全国各地都普遍开展了邮政物流配送业务。为了适应电子商务的发展，中华人民共和国邮政集团公司又开通了中国邮政电子商务网（http：//www.183.com.cn/）。

请据此分析：（1）中国邮政物流属于哪种物流模式？（2）中国邮政发展电子商务物流有哪些优势？（3）中国邮政发展电子商务物流存在哪些不足？

2. 假如你的淘宝店在经营过程中因为物流问题遭到客户投诉，你应该如何解决？如何避免此类问题再次发生？

项目六

网络营销运营与规划

问题引入

小米和同学一起开淘宝店，可是订单不是很多。小米认为自己的产品不错，可是为什么订单少呢？是不是自己的经营有问题？小米通过学习才知道，要做好网上销售，光有店铺不行，必须还要做网络营销。只有通过网络营销推销自己的产品和店铺，才会有客户来浏览访问，有流量才会有订单。那么，什么是网络营销呢？

任务导读

本项目主要包括网络营销初识、网络营销策略规划、网络营销实操三个学习任务。学生可借助互联网资源和教学资源包提供的资料，通过自学、模拟、实操、讨论等学习形式，充分认识网络营销在电子商务应用中的重要作用，学会各种网络营销方法和手段。

学习目标

通过本项目的学习，学生应该：了解网络营销的含义、特点，网络营销的产生和发展历程；掌握网络营销的各种策略和形式；学会各种网络营销手段和工具的使用与操作，真正具备网络营销实践能力。

任务一 网络营销初识

案例导入

跨界营销新玩法：京东手机与 7FRESH 生鲜超市的首次联合

跨界营销早已经不稀奇了，但是手机跨界生鲜超市，这种玩法还不常见。我们都知道，跨界的精妙之处在于两种跨品类产品之间巧妙的结合点，会给人意料之外又情理之中的新奇感。

此次京东手机新品季主打“新”，而 7FRESH（京东集团线上线下一体化的生鲜食品超市）主打“鲜”，二者共同着力于“新鲜”。京东手机新品季的新鲜与 7FRESH 食材的新鲜不谋而合，相互借力，向消费者精妙地传递“新鲜的手机就在京东手机新品季，新鲜的食材就在 7FRESH”。

京东手机联手 7FRESH 在其店内打造“寻找新鲜的朋友”活动，将京东手机新品季的新机与 7FRESH 商品有机结合，将 7 张 7 款手机与 7 大场景巧妙融合的创意活动预热海报利用微博平台依次上线传播，引发用户对藏身于 7FRESH 店内的 7 款新机的好奇，从而进店参加线下活动。

（1）微博打造＃寻找新鲜的朋友＃话题事件。

“京东手机”联动各大手机品牌官微，以及今日头条、AGM 户外手机、吃喝玩乐在北京等大号持续传播扩散，引爆话题。

（2）微信平台持续预热。

京东手机联合 7FRESH 以及本地知名自媒体大号“乐活北京”进行联动传播，曝光量达 5w＋，网友微信朋友圈自发传播。

（3）后续宣传：微博、抖音多平台整合加持。

活动进行时即通过京东手机抖音平台等多方联动扩大用户关注。活动落地后，京东手机联合各大手机品牌官微，以及今日头条、AGM 户外手机等发布、转发现场活动图，让事件持续发酵，为京东手机抢购日的高潮再一步预热。

（4）营销效果与市场反馈。

7 张活动预热海报 Social 媒体曝光量 1 000 万＋，互动量 50 万＋。微信第三方原创内容阅读量 12.5 万＋。

“寻找新鲜的朋友”创意趣味活动到店参与人数 5 000＋，同期店内人流量同比增长 6 倍，辐射范围达 10 万＋人次。

整个营销活动用户反响强烈，主动通过微博进行传播，同时带动北京本地自媒体号自发传播，持续为京东手机新品季吸引流量，引发长尾效应，将活动效果推向极致。

资料来源：蓝色光标数字营销机构．“寻找新鲜的朋友”京东手机跨界 7FRESH 线下活动事件[EB/OL].（2019－02－16）[2023－01－18]. https：//creative. adquan. com/show/49345.

思考：

在这次跨界营销活动中，京东使用了哪些网络营销方法？如何看待京东的这次跨界营销活动？

学习任务单

学习情境	小米和同学一起开淘宝店，可是订单不是很多，小米认为自己的产品也不错，可是为什么订单少呢？是不是自己的经营有问题？小米通过学习才知道，要做好网上销售，光有店铺不行，必须还要做网络营销。只有通过网络营销推销自己的产品和店铺，才会有客户来浏览访问，有流量才会有订单。那么，什么是网络营销呢？怎样才能做好网络营销？小米对此和同学们展开了学习。

续表

环境需求	1. 互联网接入。 2. 计算机（每人 1 台）。 3. 学习任务考核单（可到教学资源包下载电子版）。
任务描述	任务： 学生访问如下网站，并就相关问题进行讨论： （1）http：//www. tinlu. com。 （2）http：//www. vecn. com。 （3）http：//www. qncye. com/yingxiao/。 （4）http：//www. marketingman. net。 （5）http：//www. mywlyx. cn。 （6）http：//www. wm23. com。 （7）http：//www. webningbo. com/wlyx。 （8）https：//www. globrand. com/newmkt/netmkt/。 （9）http：//www. 80sell. com。 问题 1：什么是网络营销？网络营销对电子商务的发展起了什么作用？ 问题 2：网络营销有什么特征？如何评价网络营销的效果？ 以上任务建议 2 学时完成。
素养提升	认识传销，识别传销骗术！提升自身防范意识。
小调查	1. 你有自己的博客吗？ □没有 □有，博客地址是：________________。 2. 你开通微博了吗？ □没有 □有，微博地址是：________________。 3. 你开通微信了吗？ □没有 □有，微信号码是：________________。 4. 在网上你主要使用哪些工具交友？ □QQ □微信 □其他
任务拓展	统计自己淘宝店的访问量。

学习任务考核单

姓名：　　　　　　　　　　　　　　　学号：

序号	任务	分值	总结与归纳	成绩
1	网络营销的内涵	20 分		
2	网络营销的特点	20 分		
3	网络营销的功能	20 分		
4	网络营销的优势	20 分		
5	网络营销的效果评价	20 分		
合　计				

* 请学生填写完学习任务考核单后上交。

知识探究

1. 网络营销概述

1.1 网络营销的概念

网络营销是借助互联网、计算机通信和数字交互式媒体，运用新的营销理念、新的营销模式、新的营销渠道和新的营销策略，为达到一定的营销目标所进行的经营活动。从营销的角度出发，网络营销可以定义为：网络营销是企业整体营销战略的一个组成部分，是建立在互联网基础上，借助于互联网特性来实现一定营销目标的一种营销手段。

与传统营销相比，网络营销有如下不同：

（1）以互联网技术为依托，采用许多传统营销方式中所没有的技术手段，比如电子邮件营销等。由于技术手段和营销方式的不同，网络营销具有广域性、实时性、交互性、低成本等特点。

（2）网络营销要求企业经营方式发生转变。企业要开展网络营销，就要求企业的组织机构设置、人员配备、职能分布、业务流程及经营机制不同于传统的经营方式。企业必须围绕着信息流、资金流和物流，采用现代化管理方式，进行业务的重组及组织机构与人员的调整。

（3）网络营销与传统营销理论密切相关，是传统营销理论在网络经济中的应用和发展。

（4）网络营销不是网上销售，网络营销并不是到网上去卖东西，而是将传统的营销手段应用到网络中去，减少营销成本，开拓新的市场。网络营销贯穿于企业经营的整个过程，包括市场调查、客户分析、产品开发、生产流程、销售策略、售后服务、反馈改进等环节。网络营销功能的实现可由浅入深，由简到繁。例如，从做一个主页到经营网站，从做广告到建立客户关系管理系统，从发电子邮件到建立供应链关系系统等。

1.2 网络营销的特点

网络营销是在传统营销方式的基础上发展起来的新型营销方式，当它与高科技的网络相结合以后，又产生了一些新的特点。

1.2.1 网络营销面对的网络市场是一个虚拟的全球性市场

计算机网络构建了一个虚拟空间，通过计算机系统可以生成各种虚拟环境，作用于人的视觉、听觉，甚至嗅觉，人们可以在虚拟空间中方便地建立网站，组建虚拟公司、虚拟商场，用逼真的图像、声音、文字及链接展示商品及服务信息，通过网络进行商务谈判、签订电子合同、实施电子支付，其经营规模不受限制，因而网络营销突破了传统营销中的范围及所受的消费者群体、地理位置半径的限制，打破了地区封锁。企业进入互联网就等于进入了全球性的虚拟市场，它可以通过网络搜集情报信息，可以以客户身份在全球范围内采购原料以及商品，也可以以经销商身份向全世界范围的企业与个人销售产品及服务。

1.2.2 网络营销是全天候的在线营销，让消费者感到操作方便，节省时间

在现代社会中，人们不再是日出而作、日落而息，不同类型的人群，其生活规律是不一样的，所以在任何时候都可能产生购买的需求。在跨国营销中，不同国度的时差不同，给企业营销活动带来了不少麻烦，网络营销彻底地解决了这个问题。网站的服务器是 24 小时不停机的，只要找到一台联网计算机，消费者就可以在任何时间、任何地点进行网上购物。消费者不需要出门，不需要乘车赶往商场，只要通过计算机登录网站，就进入了虚拟空间。在虚拟空间，网站与消费者的距离为零，网站的地址就是一个域名（或 IP 地址）。消费者只要在浏览器上键入网站的域名就登录了网站，可以随时通过网络搜集商品信息，发送订货单，实行电子支付。据中国互联网络信息中心所做的调查，消费者进行网络购物的主要原因是“节省时间”和“操作方便”。

1.2.3 网络营销可以提供大量信息，其信息更新速度快

信息不对称、消费者不能获得足够的商品价格信息曾是厂商获利的一个秘诀，然而在现代信息社会，消费者希望多获得信息，进行充分的质量、性能、功能、价格的比较。由于商品的科技含量越来越高，消费者需要的信息咨询与售后技术指导也越来越多。网站可以为消费者提供海量信息，从而满足消费者的信息需求。此外，商品信息、价格信息经常会变化，需要及时更新，无论是厂商印制宣传册，还是制作发布广告，其速度都比不上网页的制作发布速度，所以消费者在网站上总能搜集到最新的信息。

1.2.4 网络营销将许多售前、售中、售后服务项目整合在了一起

营销活动往往要经历多个环节，如信息搜集、价格比较、技术咨询、签订合同、发送订单、货款支付、商品配送、企业的原料采购、制订生产计划、库存管理、售后服务等，其中不少环节都可以在网上进行一体化运作。消费者可以在网上搜集商品价格信息、进行技术咨询、发送订单、实行电子支付，如果消费者购买的是信息服务或电子商品，还可以通过网络直接下载，从而方便了消费者，简化了购买过程。企业可以通过网络接受订单，根据订单制订生产计划，通过网络进行库存管理、发货及商品配送，完成售后服务。

1.2.5 网络营销实行的是双向交流，即刻反馈

绝大多数媒介只能进行单向的信息传递，网络的互动性促成了网络营销的双向交流，同时这种交流的传输速度非常迅速，消费者可以即刻从企业那里得到反馈，企业也可以很快了解消费者的需求，既提高了消费者的购物效率，也提高了企业的经营效率。

2. 网络营销的功能

网络营销的功能不仅表明了网络营销的作用和网络营销工作的主要内容，同时也说明了网络营销应该实现的效果。对网络营销功能的认识有助于全面理解网络营销的价值和网络营销的内容体系。网络营销主要具备以下八大功能。

2.1 建立网络品牌

网络营销的重要任务之一就是在互联网上建立并推广企业的品牌，知名企业的品牌可以在网上得以延伸，一般企业则可以通过互联网快速树立品牌形象，并提升企业整体形象。网络品牌建设是以企业网站建设为基础，通过一系列的推广措施，达到顾客和公众对企业的认知和认可。在一定程度上，网络品牌的价值甚至高于通过网络获得的直接收益。

2.2 促进网址推广

这是网络营销最基本的功能之一在几年前，甚至有人认为网络营销就是网址推广。相对于其他功能来说，网址推广显得更为迫切和重要，网站所有功能的发挥都要以一定的访问量为基础，所以网址推广是网络营销的核心工作。

2.3 发布信息

网站是一种信息载体，通过网站发布信息是网络营销的主要方法之一。同时，信息发布也是网络营销的基本职能。可以这样理解：无论哪种网络营销方式，结果都是将一定的信息传递给目标人群，包括顾客（潜在顾客）、媒体、合作伙伴、竞争者等。

2.4 促进销售

营销的基本目的是为增加销售提供帮助，网络营销也不例外，大部分网络营销方法都直接或间接与促进销售有关，但促进销售并不限于促进网上销售。事实上，网络营销在很多情况下对于促进网下销售很有价值。

2.5 拓宽销售渠道

一个具备网上交易功能的企业网站本身就是一个网上交易场所，网上销售是企业销售渠道在网上的延伸，网上销售渠道建设也不限于网站本身，还包括建立在综合电子商务平台上的网上商店及与其他电子商务网站不同形式的合作等。

2.6 优化顾客服务

互联网提供了更加方便的在线顾客服务手段，从形式最简单的常见问题解答（Frequently Asked Questions，FAQ）到邮件列表，以及 BBS、MSN、聊天室等各种即时信息服务，顾客服务质量对于网络营销效果具有重要影响。

2.7 增进顾客关系

良好的顾客关系是网络营销取得成效的必要条件，网络营销通过网站的交互性、顾客参与等方式在开展顾客服务的同时，也增进了顾客关系。

2.8 网上调研

通过在线调查表或者电子邮件等方式，可以完成网上市场调研。相对于传统市场调研而言，网上调研具有高效率、低成本的特点，因此，网上调研成为网络营销的主要功能之一。

开展网络营销的意义就在于充分发挥各种职能，让网上经营的整体效益最大化，因此，仅仅由于某些方面效果欠佳就否认网络营销的作用是不合适的。网络营销的功能是通过各种网络营销方法来实现的，网络营销的各个功能之间并非相互独立的，同一个功能可能需要多种网络营销方法的共同作用，而同一种网络营销方法也可能适用于多个网络营销功能。

扫一扫

深度加油站：网络营销的理论基础

素养园地

认识传销，识别传销骗术！

传销与网络营销有以下区别：

（1）在本质概念上不同。

互联网营销是营销的手段，此种营销方式是以互联网为工具，比如，搜索引擎、微信、微博、抖音等；利用扩散性的工具获取流量，进而获客，实现转化；传销则不同，传销也可以利用互联网工具，也可以不用，目前出现了互联网性质的传销，但传销的本质是发展下线。

（2）操作手法不同。

互联网营销有一定的操作技法，比如做搜索引擎营销，你要会 SEM 和 SEO，这两项工作，都是需要技能和经验的；传销通过各种方法获客，再进行洗脑，用超高的利润幻想操控人心，进而非法获利。

（3）边界不同。

互联网营销如果在规则的设计上没有考虑周全，可能会向互联网传销方向转变，目前出现了一些负面的案例；营销的本质是人与产品的价值的对等，而传销则不是，传销没有任何边界，会丧失道德，会跨过法律的边界。

那么如何识别传销呢？传销的本质是非法集资，俗称诈骗。传销的工作内容就是拉人进入他们的团伙，然后再利用炫耀别人入会交纳大额金钱的场景和他们的说辞，引诱你交钱。所以，传销者的最基本工作就是采用各种办法约人。现在的传销很多都转移到了网上，与网络营销相融合，比如通过各种社交软件宣传推广。同学们要擦亮双眼，以免上当受骗。

扫一扫

视界瞭望台：求职防骗术

任务二 网络营销策略规划

案例导入

“元气森林”精准的网络营销策略

在2020年“双11”活动中，主打“健康、低卡的、女性最爱的”元气森林超越长年“霸榜”的国际品牌，同时斩获天猫和京东饮品类销量第一，推出的新品夏黑葡萄味苏打气泡水更是两度售罄。官方数据显示，“双11”当天，元气森林37分钟销售量突破1 000万瓶，42分钟突破2019年“双11”全天销售总额，较去年同期增长344%，销售总瓶数超过2 000万。

其实元气森林的成功绝不是因为它首次推出了某种具有绝对优势的产品所致，而是因为其精准的产品营销策略。在基本的产品形态确立后，元气森林面临的就是如何把这种产品心智注入消费者的心智。在早期，元气森林的做法是标准的“两微一抖一书”，“一书”即小红书。热爱甜味和恐惧糖分这种极端矛盾的心态，在年轻人（偏女性）群体中非常典型，而元气森林正好抓住了这两者间的平衡。元气森林在小红书“种草”的技术达到了大师级的程度。举例来说，元气森林在小红书有一个1.9万点赞的内容，一个粉丝量为408.5万的IP做了一个关于“含糖和变胖”的内容测评，这两个关键词直接切中核心用户和核心痛点。另外，他通过不断地与顶级网红合作，通过直播大规模扩大销量，多次在直播过程中卖断货。

元气森林很好地抓住了网络营销的特点，通过不同的线上渠道向目标人群传递产品信息，取得了显著的成效。网络营销是当今营销的热点。不论是抖音、小红书等社会化媒体营销，还是直播带货，都是网络营销从单一的电商平台到多渠道升级的表现。唯有把握住网络营销的趋势，才能更好地推广产品。

问题与思考：

1. 案例中元气森林通过哪些渠道推广自己的产品？
2. 你认为元气森林上述推广渠道中最成功、最有效的是哪个，为什么？

学习任务单

学习情境	小米通过网上市场调研，发现自己小店销售不好有多方面原因，但主要原因还是营销问题，网店推广做得不够，商品价格设置有问题，也没有做产品促销推广。小米发现那些经营得好的网店采用了各种营销方式，如打折、秒杀、赠品、包邮等。小米想，自己能不能也采取类似的网络营销策略呢？她具体该如何做呢？
环境需求	1. 互联网接入。 2. 计算机（每人1台）。 3. 原淘宝店铺小组。 4. 学习任务考核单（可在教学资源包中下载电子版）。

续表

任务描述	任务 1： 上网搜索网络营销的价格策略，了解目前网络营销都有哪些价格策略，针对自己小店的商品，小组讨论拟采用的价格策略方案并加以实施。 任务 2： 上网搜索网络营销的促销策略，了解目前网络营销都有哪些网上促销策略，针对自己小组的经营项目，讨论拟采用的促销策略方案并加以实施。 以上任务建议 2～4 学时完成。
素养目标	培养诚信经营精神，如实宣传，不虚假、不夸大。
讨论	你如何看待有些购物网站推出的免费送活动？
小调查	1. 网上购物时，你主要考虑哪些方面的因素？ □价格　□质量　□式样　□方便　□习惯 2. 你所在的淘宝小组之前采用了哪些促销手段？
任务拓展	访问淘宝皇冠级以上店铺，了解其营销策略。

学习任务考核单

组名：

组长及其职责：				
组员及其职责：				
调查项目：				
序号	任务	分值	总结与归纳	成绩
1	常用价格策略	20 分		
2	小组价格策略方案	30 分		
3	常用促销策略	20 分		
4	小组促销策略方案	30 分		
合　计				

* 请学生填写完学习任务考核单后上交。

知识探究

网络营销的实施是一项系统工程，它涉及人、财、物以及技术等方面，企业实施网络营销不只是技术问题，更多的是管理和组织方面的问题，需要进行周密的电子商务策划，制定网络营销策略。

1. 网络营销的产品策略

1.1 网络营销产品的概念

在网络营销中，产品的整体概念可分为以下五个层次：

（1）核心利益层次。这是指产品能够提供给消费者的基本效用或益处，是消费者真正想要购买的实质性东西。如消费者购买电脑是为了学习电脑知识、利用电脑作为上网工具等。

（2）有形产品层次。这是指产品在市场上出现时的具体物质形态，是核心产品的物质载体。对于物质产品来说，第一，产品的品质必须有保障；第二，必须注重产品的品牌；第三，注意产品的包装；第四，在式样和特征方面，要根据不同地区的亚文化来进行针对性加工。

（3）期望产品层次。顾客在购买产品前对所购产品的质量、使用方便程度、特点等方面的期望值，就是期望产品层次的内容。

（4）延伸产品层次。这是指由产品的生产者或经营者提供的、购买者需要的、能帮助购买者更好地享用核心利益的服务。在网络营销中，对于物质产品来说，延伸产品层次要注意提供满意的售后服务、送货、质量保证、免费培训等。

（5）潜在产品层次。这是在延伸产品层次之外，由企业提供能满足顾客潜在需求的产品层次，主要是产品的一种增值服务。它与延伸产品层次的主要区别是顾客没有潜在产品层次仍然可以很好地享用顾客需要的产品的核心利益和服务。在高新技术发展日益迅猛的时代，有许多潜在需求和利益还没有被顾客认识到，这需要企业通过引导和支持，更好地满足顾客的潜在需求。

素养园地

诚信经营——海尔真诚到永远

海尔有一句很著名的广告语：“真诚到永远”。

海尔的决策层曾解释说，一个企业要永续经营，首先要得到社会的承认、用户的承认。企业对用户真诚到永远，才有用户、社会对企业的回报，才能保证企业向前发展。

“顾客永远是对的，”海尔的决策层认为，“不管在任何时间、任何地点、发生任何问题，错的一方永远只能是厂家，永远不是顾客，不管这件事表面上看起来是不是顾客的错。”

一位农民来信说自己的冰箱坏了。海尔马上派人上门处理，还带着一台新冰箱。赶了 200 多千米到了顾客家，一检查是温控器没有打开，打开温控器就一切正常了。海尔决策层却就此认真反思：绝不能埋怨顾客，海尔必须满足所有人的需求，要把说明书写得让所有人都读得懂才行。

对用户“真诚”，就是对用户保持一份诚实、敬畏的心态，把用户当衣食父母，处处为他们着想，为他们服务，用真诚赢得真诚。这是一种以退为进的处世哲学，也是企业求得发展的最佳心理状态。

1.2 网络营销产品分类

扫一扫

视界瞭望台：揭秘电商大促中的不诚信现象

目前由于网络的限制，只有部分产品适合在网上销售，随着网络技术的发展和其他科学技术的进步，将有越来越多的产品可以在网上销售。按照产品形态的不同，网络营销产品可以分为两大类：实体产品和虚体产品。

1.2.1 实体产品

实体产品是指有具体物理形状的物质产品。在网络上销售实体产品的过程与传统的销售方式有所不同。在这里已没有传统的面对面的买卖方式，网络上的交互式交流成为买卖双方交流的主要形式。消费者或客户通过卖方的主页考察其产品，通过填写表格表达自己对品种、质量、价格、数量的选择；卖方则将面对面的交货改为邮寄或送货上门，这一点与邮购产品颇为相似。因此，网络销售也是直销方式的一种。

1.2.2 虚体产品

虚体产品与实体产品的本质区别是虚体产品一般是无形的，即使表现出一定形态，也是通过其载体体现出来，但产品本身的性质和性能必须通过其他方式才能表现出来。在网络上销售的虚体产品可以分为两大类：软件和服务。

（1）软件包括计算机系统软件和应用软件。网上软件销售商常常可以提供一段时间的试用，允许用户尝试使用并提出意见。好的软件很快能够吸引顾客，使顾客爱不释手并为此慷慨解囊。

（2）服务分为普通服务和信息咨询服务两大类。普通服务包括远程医疗、法律救助、订票、入场券预订、饭店旅游服务预约、医院预约挂号、网络交友、电脑游戏等。信息咨询服务包括法律咨询、医药咨询、股市行情分析、金融咨询、资料库检索、电子新闻、电子报刊等。

2. 网络营销定价策略

价格是市场营销组合中唯一为企业提供收益的因素，同时又是企业参与市场竞争的重要手段之一。事实表明，定价是否恰当，会直接影响甚至改变消费者的购物原则，进而影响到企业产品的销量和利润额。因此，如何制定合适的价格，已经成为许多开展网络营销活动的企业竞相关注的焦点。

2.1 网络营销定价概述

2.1.1 网络营销定价与网络营销价格的定义

网络营销定价是指给网上营销的产品和服务制定价格。

网络营销价格是指企业在网络营销过程中买卖双方成交的价格。网络营销价格的形成过程较为复杂，受到诸多因素的影响和制约，如传统营销因素和网络自身对价格的影响因素。

2.1.2 网络营销定价的特点

开放、快捷的互联网使企业、消费者和中间商对产品的价格信息都有比较充分的了解，因此网络营销定价与传统营销有很大的不同。网络营销定价的特点如下：

（1）低价位化。

互联网成为企业和消费者交换信息的渠道，网络营销一方面可以使企业减少印刷费用与邮递成本，免交店面租金，节约水电费与人工成本；另一方面可以使企业减少由于多次迂回交换造成的损耗。

网络营销能使企业绕过许多中间环节，和消费者直接接触，进而使企业产品开发和营销成本大大降低。

消费者可以通过开放、互动的互联网掌握产品的各种价格信息，并对其进行充分的比较和选择，迫使开展网络营销的企业以尽可能低的价格出售产品，增大消费者的让渡价值。

（2）全球定价化。

网络营销市场面对的是开放的和全球性的市场，世界各地的消费者可以直接通过网站进行交易，而不用考虑网站所属的国家或地区。企业的目标市场从过去受地理位置限制的局部市场，拓展到范围广泛的全球性市场，这使得网络营销产品定价时必须考虑目标市场范围变化所带来的影响因素。企业不能以统一市场策略来面对差异性极大的全球性市场，而是必须采用全球化和本地化相结合的原则进行。

（3）价格水平趋于一致化。

互联网市场是一个开放的、透明的市场，在这个市场中，消费者可以及时获得同类产品或相关产品的价格信息，对价格及产品进行充分的比较，这就迫使企业努力减少因国家、地区等因素的不同而产生的价格差异，进而使价格趋于一致化。

（4）弹性化。

方便、快捷的互联网能够使消费者及时获取各种产品的多个甚至全部厂家的价格信息，真正做到货比多家，这就决定了网上销售的价格弹性很大。因此，企业在制定网上销售价格时，应当科学地量化每个环节的价格构成，制定出较为合理的价格策略。另外，消费者不断趋于理性化，企业在网络营销定价时要综合考虑各种因素，如消费者的价值观、消费者的偏好等。

（5）顾客主导化。

在传统市场中，产品的价格是以生产成本为基准，加上一定的利润率，就成为市场价格。在互联网市场中，消费者能及时获取产品及其价格的各种信息，通过综合这些信息，决定是否接受企业报价并达成交易。所以，在定价时，企业必须考虑消费者的心理特点和价格预期，以消费者为中心，根据生产成本和消费者心理意识到的产品价值综合定价，以赢得消费者的接受和认可，产生购买欲望，实现双赢。

2.2 网络营销定价的过程

企业要想制定合理的网络营销价格，必须做好以下几个方面的工作：

（1）企业必须通过调研活动获取并分析消费者的需求，主要包括市场的总需求量、需求结构以及不同价格水平上人们可能购买的数量与需求价格弹性等。

（2）相关人员要对产品的成本进行评估。

（3）分析市场中同类产品与替代品的价格及策略，为企业选择定价目标和定价方法提供参照。

（4）初步确定网络营销价格，然后将其拿到市场上征求消费者的意见，并最终确定产品的网络营销价格。

2.3 网络营销定价策略

价格策略是企业营销的一种重要竞争手段，营销价格的形成是极其复杂的，它受到成本、供求关系以及市场竞争等因素的影响。网络营销的价格策略很多，这里简要介绍几种。

2.3.1 低价定价策略

网络营销可以帮助企业降低流通成本，因而网上商品定价可以比传统营销定价低。直接低价策略就是在定价时采用成本加少量利润，甚至是零利润来定价。如戴尔公司电脑网上的定价比同性能的其他公司的产品价格低 10%～15%。由于网上的信息是公开和易于搜索的，消费者很容易获得多家公司的价格信息进行比较，从而选择购买质优价廉的商品。图 6－1 为淘宝网金冠店铺——大学生创业园艺梦之店的低价定价策略。

图 6－1　大学生创业园艺梦之店的低价定价策略

2.3.2 折扣定价策略

商品打折销售对消费者具有相当大的诱惑力，不少电子商城采用打折销售的方式来扩大知名度，客观上起到了广告的效应，还有的网站以折扣特卖作为网站的营销定位，比如唯品会就是一家专门做折扣特卖的网站。折扣定价包括对某些商品直接打折、按购买的数量标准给予不同的折扣、采取季节打折的方法及按照企业在商品流通中的功用不同给予不同折扣等。苏宁易购的数量折扣定价策略如图 6-2 所示，唯品会的折扣定价策略如图 6-3 所示。

图 6-2　苏宁易购的数量折扣定价策略

图 6-3　唯品会的折扣定价策略

2.3.3 等价定价策略

在网上销售数量不是很大的情况下，网络零售企业为了尝试网上营销的经验，可以采取等价定价策略，即在网上销售的商品价格与在传统商店中的商品价格相等。如西单商场的网上购物服务就采取了等价定价策略。

2.3.4 智能型定价策略

网络零售企业可以通过网络与顾客直接在网上协商价格。如一些网站可设置洽谈室让买卖双方在网上讨价还价，有一些拍卖网站则通过网上定价系统来确定价格。

2.3.5 个性化商品定价策略

网络营销的互动性使得企业可以为顾客提供个性化的定制服务，即顾客对产品的外观、颜色、附件提出个性化的需求，企业按订单进行生产。这时企业提供了高附加值的服务，可实行较高价格的个性化商品定价策略。

2.3.6 免费价格策略

免费价格策略就是将企业的产品和服务以免费形式供顾客使用。免费价格策略的形式有以下几类：第一类是产品和服务完全免费，如免费的新闻报道、软件下载、电子邮箱、个人主页空间以及贺卡等。第二类是对产品或服务实行限次免费，即产品或服务可以被消费者有限次地免费使用，如许多免费试用软件，当超过一定期限或者使用次数后，这种产品或服务就不能再继续使用。第三类是对产品或服务的部分功能实行免费，让消费者试用，但要使用其全部功能则必须付款购买。第四类是对产品和服务实行捆绑式免费，即购买某种商品或服务时，赠送其他产品与服务，华为手机的捆绑式免费价格策略如图 6－4 所示。第五类是对产品或服务实行限量免费，消费者需要提交试用申请，取得试用资格并使用商品或服务后需要提交试用报告。

图 6－4 华为手机的捆绑式免费价格策略

3. 网络营销的促销策略

网络促销是指利用现代化的网络技术向虚拟市场传递有关产品和服务的信息，以激发消费者的需求欲望，刺激消费者购买产品和服务，促进市场营销的各种活动。

3.1 网络促销的作用

3.1.1 告知功能

网络促销能够把企业的产品、服务、价格等信息传递给目标公众，引起他们的注意。

3.1.2 说服功能

网络促销的目的在于通过各种有效的方式，解除目标公众对产品或服务的疑虑，说服目标公众坚定购买决心。例如，在同类产品中，许多产品往往只有细致的差别，用户难以察觉。企业通过网络促销活动，宣传自己产品的特点，使用户认识到本企业的产品可能给他们带来的特殊效用和利益，进而乐于购买本企业的产品。

3.1.3 反馈功能

网络促销能够通过电子邮件及时地收集和汇总顾客的需求和意见，迅速反馈给企业管理层。由于网络促销所获得的信息基本上都是文字资料，信息准确，可靠性强，对企业经营决策具有较高的参考价值。

3.1.4 创造需求

运作良好的网络促销活动不仅可以诱导需求，而且可以创造需求，发掘潜在的顾客，扩大销售量。

3.1.5 稳定销售

由于某种原因，一家企业的产品销售量可能时高时低，波动很大，这是产品市场地位不稳的反映。企业通过适当的网络促销活动，树立良好的产品形象和企业形象，往往有可能改变用户对本企业产品的认知，使更多的用户形成对本企业产品的偏爱，达到稳定销售的目的。

3.2 网络营销促销策略的具体类别

根据网络营销活动的特征和产品服务的不同，网络营销的促销策略主要有以下几种。

3.2.1 网络广告促销

网络广告类型很多，根据形式不同可分为横幅广告（旗帜广告）、图标广告、文字广告、电子邮件广告、新闻组广告、电子杂志广告、公告栏广告等。苏宁易购和京东在搜狐首页的广告如图 6－5 所示。

3.2.2 利用搜索引擎促销

在著名搜索引擎上用关键词注册，方便消费者利用搜索引擎查询网站地址。唯品会和梦芭莎的百度推广如图 6－6 所示。

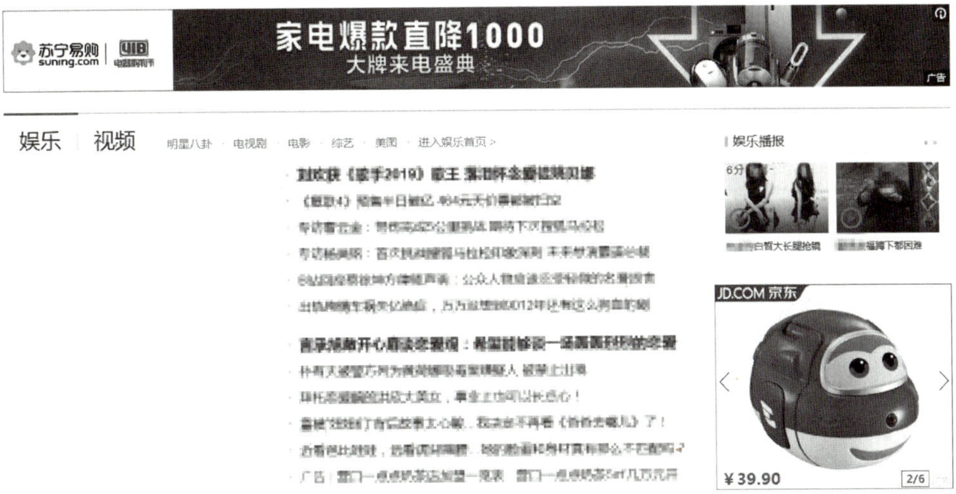

图 6-5 苏宁易购和京东在搜狐首页的广告

图 6-6 唯品会和梦芭莎的百度推广

3.2.3 提供免费资源与服务促销

通过免费资源与服务促销是互联网上最有效的促销法宝，通过这种促销方式取得成功的站点很多，有的提供免费信息服务，有的提供免费贺卡、音乐、软件下载，从而扩大了站点的吸引力。

3.2.4 有奖促销

许多顾客喜欢得奖，如果在网上进行抽奖活动，可以产生非同寻常的访问流量。

3.2.5 网上赠品促销

在新产品推出试用、产品更新、对抗竞争品牌、开辟新市场等情况下，利用赠品促销可以达到较好的促销效果。京东商城第二届轮胎节的赠品促销策略如图 6-7 所示。

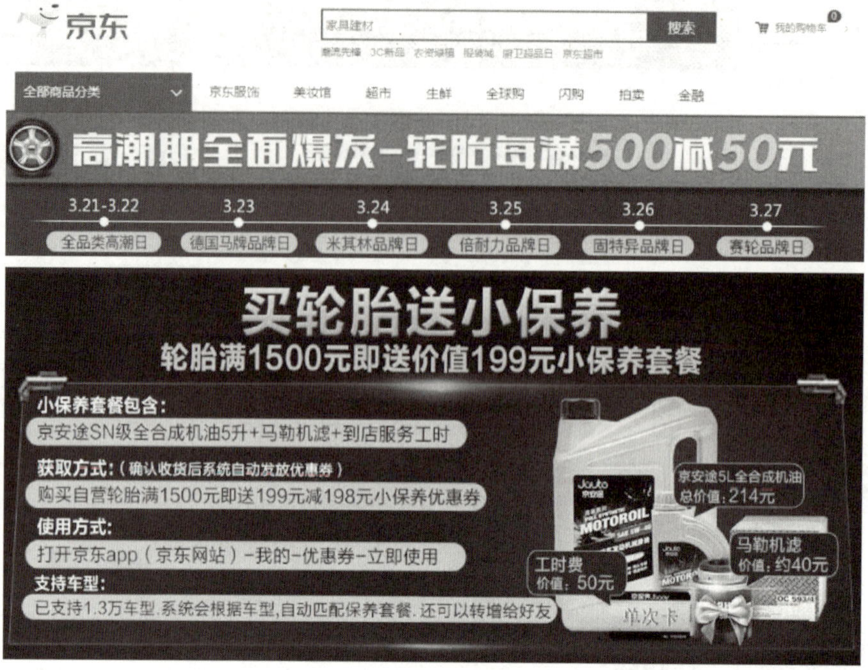

图 6-7　京东商城第二届轮胎节的赠品促销策略

3.2.6　积分促销

积分促销在网络上应用起来比传统营销方式要简单和容易操作。网上积分活动很容易通过编程和数据库等来实现。积分促销一般设置价值较高的奖品，或直接折抵现金，消费者通过多次购买或多次参加活动来增加积分以获得奖品。淘宝百雀羚旗舰店和淘宝朵朵云五金冠母婴店的积分促销策略如图 6-8 和图 6-9 所示。

图 6-8　淘宝百雀羚旗舰店的积分促销策略

3.2.7　发行虚拟货币促销

当顾客申请成为网站会员或参加某种活动时，可以获得网站发放的虚拟货币，用来购买本网站的商品，如淘宝会员每天都可以免费领取淘金币，购物也送淘金币，可以抵现金用，100 淘金币最少可抵 1 元，实际上是给会员购买者相应的优惠。再如，京东商城“券集市”的京豆可以兑换优惠券及限时免费领优惠券活动（见图 6-10），目的就是通过发行虚拟货币来促销。

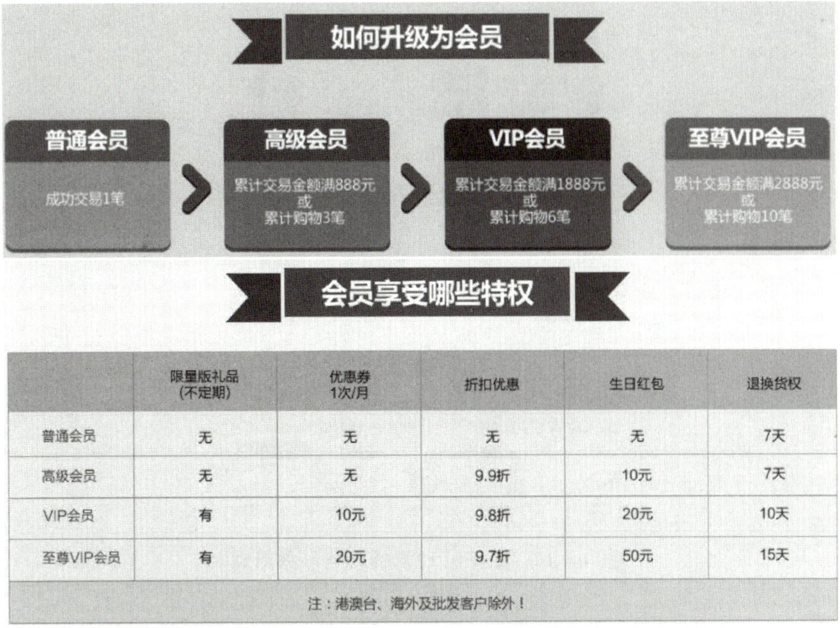

	限量版礼品（不定期）	优惠券1次/月	折扣优惠	生日红包	退换货权
普通会员	无	无	无	无	7天
高级会员	无	无	9.9折	10元	7天
VIP会员	有	10元	9.8折	20元	10天
至尊VIP会员	有	20元	9.7折	50元	15天

注：港澳台、海外及批发客户除外！

图 6-9　淘宝朵朵云五金冠母婴店的积分促销策略

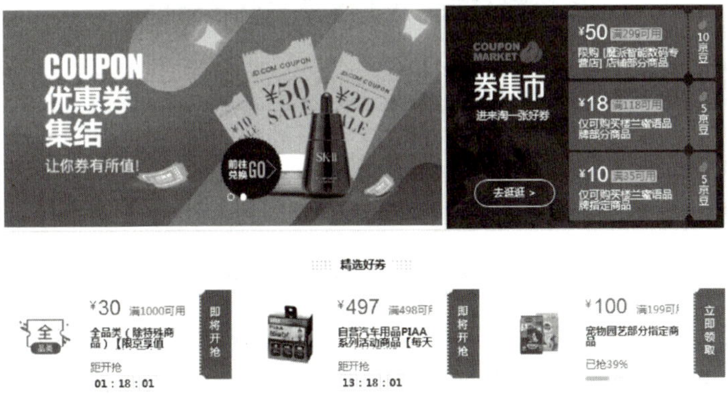

图 6-10　京东商城“券集市”的优惠券

3.2.8　网上打折促销

通过打折降价销售和价格秒杀等策略来吸引顾客是不少网站常用的促销方式，苏宁易购的打折促销策略如图 6-11 所示，京东移动端的价格秒杀策略如图 6-12 所示。

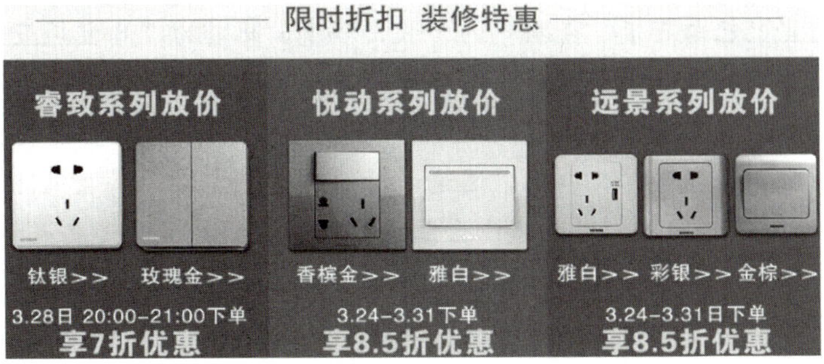

图 6-11　苏宁易购的打折促销策略

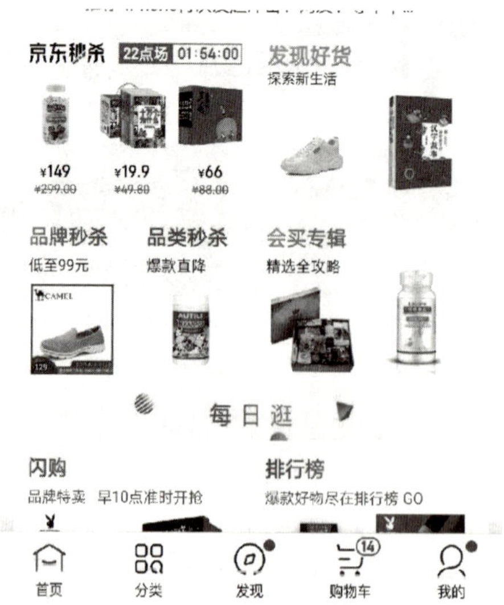

图 6-12　京东移动端的价格秒杀策略

任务三　网络营销运作

案例导入

网络营销量与质之争：看阿里与百度 PK 升级

继相互屏蔽之后，2008 年 10 月 29 日，阿里巴巴正式发函告知百度，全面停止在百度的广告投放。百度立即作出强硬回应，称阿里巴巴因为“公司资金链出现严重断裂”而停止广告投放。业内分析认为，百度“有啊”的上线及正在启动的 B2B 项目，正面冲击了阿里巴巴旗下业务。利益是二者矛盾升级的关键。

阿里巴巴此举将“最牛电子商务”与“最牛搜索引擎”的本土 PK 推向新的高潮，尽管阿里巴巴给出的解释极为合理：“百度的流量质量逐年下降，存在相当比例的异常的无效流量。百度所带来的点击，与中小企业的需求不符合。”但想必不少业内人士都会将之归咎于这是阿里巴巴与百度“互掐”的升级，毕竟，此前的“淘宝屏蔽百度搜索”“百度‘有啊’引发口水战”一度成为业内关注的热点。

两家这次决裂的导火索是阿里巴巴责难“百度的搜索引擎流量质量”有假冒伪劣，声称“用户群膨胀，但客户转化率低，迅速增加的流量是虚幻的人气”“流量大部分并非商业流量”，从而将核心问题归结到中小企业从事网络营销的目的是要流量还是要效果。

深入探讨“流量与效果”的辩证关系无异于争论“先有鸡还是先有蛋”，实际意义不大。正如有关方面提出过的搜索引擎的“发展悖论”，中小企业网络营销的效果集中在商业流量上，“无利不起早”的商人注重的商业利益，在对搜索引擎的要求上也必须得到体现和满足。能为广大中小企业带去促进产品销售效果和购买欲望强烈的客户的流量，才是中小企业喜闻乐见的东西。

那么，搜索引擎流量中有无真正的商业流量呢？答案是肯定的。不过，搜索营销中面对的信息源是整个网页世界，互联网信息的多元化必然稀释商业流量的比例，这也是毋庸置疑的，单凭这一点，阿里巴巴的理由就稍显牵强，甚至苛刻。阿里巴巴之所以挑战百度，大概是自恃有大量的商业信息的聚集，但它的商业信息就等同于中小企业的高质量流量吗？这同样是个问题。

如何吸引更多的商业流量，如何提升客户转化效率，是中小企业网络营销过程中必须面对的问题，并需要一直积极求解。

问题与思考：

1. 百度与阿里争论的主要问题是什么？
2. 如何看待搜索引擎的营销效果？

学习任务单

学习情境	在网上市场调研过程中，小米发现自己的小店销售不好有多方面原因，网上有很多做得比较成功的小店。通过比较，小米认为自己的小店销售不好的主要原因是营销问题以及商品价格设置的问题，自己也没有做产品促销推广，更关键的是没有做网店推广。淘宝网上店铺有上千万家，自己的店铺如“沧海一粟”，不做网店推广又有谁会知道呢？看来网络营销运作势在必行。如何实施网络营销运作呢？小米决定深入研究一番。
环境需求	1. 互联网接入。 2. 计算机（每人 1 台）。 3. 原淘宝店铺小组。 4. 学习任务考核单（可在教学资源包中下载电子版）。
任务描述	任务 1： 访问网易、腾讯、新浪等门户网站，查看都有哪些商家在这些网站上做广告，有哪些广告形式；访问淘宝、拼多多、京东，查看都有哪些商家在这些网站上做广告，有哪些广告形式。以淘宝店小组为单位，设计本店铺的几种网络广告，上传并在本店铺发布（可选择和使用教学资源包中提供的一款简单的制作工具 Flashtext）。利用小组间广告互换和友情链接进行网店推广。 任务 2： （1）把自己的淘宝店网址提交到百度等搜索引擎。 （2）针对本店促销方案设计一封邮件，收集邮件地址并进行群发。 （3）练习写一篇博客并上交，通过博客推广自己的淘宝店。 （4）利用公众平台、朋友圈、微信群等微信工具推广自己的淘宝店。 （5）开通抖音或快手账号，设计并拍摄短视频推广自己的产品。
任务描述	任务 3： （1）搜索并在相关论坛、社区上注册会员，通过发表一些主题和回复，对本组店铺所经营的产品进行推广。 （2）利用阿里旺旺群发进行店铺网络推广。 （3）设计进行客户服务时的咨询与解答方案，假定几个客户问题，并利用阿里旺旺进行标准化解答。 上述任务建议 4～6 学时完成。

素养提升	直播带货过程中，既要追求大流量，也要带出正能量。商家要把消费者的利益放在首位，坚决抵制虚假宣传等不法行为。
小调查	1. 你有几个 QQ 号？ 2. 你的 QQ 有多少个好友？ 3. 你的微信朋友圈有多少个好友？
任务拓展	利用课余时间为本组淘宝店或拼多多店做网络推广。

学习任务考核单

组名：

组长及职责：				
组员及职责：				
口号：				
序号	任务	分值	教师评价	成绩
1	广告设计、发布与友情链接	15 分		
2	通过搜索引擎推广网店	10 分		
3	通过个人博客推广网店	15 分		
4	邮件设计	15 分		
5	通过论坛推广网店	15 分		
6	通过微信推广网店	15 分		
7	小组短视频脚本及视频（优选 1 个上交）	15 分		
合　　计				

* 请学生填写完学习任务考核单后上交。

知识探究

1. 网络营销方法体系

网络营销方法，是对网络营销资源和网络营销工具的合理利用，也是网络营销各项功能得以实现的基本手段，在网络营销内容体系中处于重要位置。根据企业是否建立网站，可将网络营销方法分为无站点网络营销方法和基于网站的网络营销方法。两种情形分别有不同的网络营销方法，也有一些通用的网络营销方法，无论是否已经建立企业网站，都是适用的。网络营销方法体系如图 6－13 所示。

从图 6－13 中可以看到，凡是未建立网站即可采用的网络营销方法，对于已经建立网站的企业而言同样可以采用，并且由于拥有网站这个综合性网络营销工具，营销效果会更好。这也就意味着，基于网站的网络营销方法包含了无站点网络营销方法。这样分

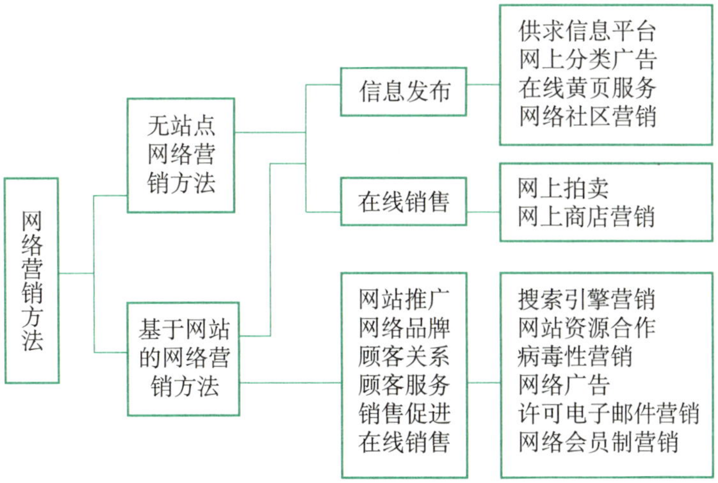

图 6-13 网络营销方法体系

类还有一个好处，可以消除对网络营销的一些误解。例如，以为只有建立网站才能开展网络营销，或者将建设网站本身就理解为网络营销的全部内容等。同时，通过这种对比也可以发现，在拥有网站的情况下，企业可以采用的网络营销方法不仅更多，而且营销效果也更好，由此也可以说明企业网站在网络营销中的重要地位。

2. 常用网络营销方法

网络营销是借助一切被目标用户认可的网络应用服务平台开展的引导用户关注的行为或活动，目的是促进产品的在线销售及扩大品牌影响力。在互联网 Web 1.0 时代，常用的网络营销方法有网络广告营销、搜索引擎营销、电子邮件营销、即时通信营销、病毒式营销、论坛营销；但随着互联网发展至 Web 2.0 时代，网络应用服务不断增多，网络营销方式也越来越丰富，包括网络广告营销、博客营销、SNS 营销、微信营销、视频营销等。

我们需要深刻理解网络营销的常见方法，并结合自身资源广泛应用到产品推广和品牌建设中去。

2.1 网络广告营销

网络广告又称互联网广告，是指借助网站、网页、互联网应用程序等互联网媒介，以文字、图片、音频、视频或者其他形式，直接或者间接地推销商品或者服务的商业广告，英文名称是 Internet Advertising 或 Web Advertising，简称 Internet Ad 或 Web Ad。随着国际互联网在世界各国的迅速普及，网络广告逐渐成为继报纸、杂志、广播和电视之后的第五大媒体。由于网络的多媒体特性使得网络广告集传统四大媒体广告特点——文字、图像、声音和动态影像于一身，并具有互动性这一传统四大媒体所缺乏的突出特点，因而它越来越受到广告主的认可、接受，并迅速发展，成为网络营销的重要手段之一。

2.1.1 网络广告的特点

凭借国际互联网具有的不同于传统媒体的交互、多媒体和高效率的独有特性，网络广告在下列方面呈现出不同于传统媒体广告的特点：

（1）传播范围广。网络广告的传播不受时间和空间的限制，只要具备上网条件，任何人，在任何地点、任何时间都可以阅读。这是传统媒体无法做到的。

（2）交互性强。交互性是互联网络媒体的最大优势，它不同于传统媒体的信息单向传播，而是信息互动传播，用户可以获取他们认为有用的信息，厂商也可以随时得到宝贵的用户反馈信息。

（3）受众数量可准确统计。利用传统媒体做广告很难准确地知道有多少人接收到广告信息，而在互联网上可通过权威公正的访客流量统计系统，精确统计出每个客户的广告被多少个用户看过，以及这些用户查阅的时间分布和地域分布，从而有助于客户正确评估广告效果，进而确定广告投放策略。

（4）实时、灵活、成本低。在传统媒体上做广告，发布后很难更改，即使可以改动往往也需要付出很高的经济代价。网络广告能按照需要及时变更广告内容。这样，企业经营决策的变化也能及时实施和推广。

2.1.2 网络广告的形式

按照中国广告协会于 2015 年 3 月发布的《中国移动互联网广告标准》，广告形式是指为了某种特定的需要，通过一定形式的媒体，公开而广泛地向公众传递信息、宣传产品。主要分为传统媒体和网络媒体两种。网络媒体广告可分为 PC 端广告和移动端广告。《互联网广告管理暂行办法》中明确规定，互联网广告应当具有可识别性，显著标明“广告”，使消费者能够辨明其为广告。目前的网络广告上面基本都有广告标识。

（1）PC 端广告。

PC 端广告是指通过电脑访问网站或者应用时显示的广告。PC 端广告形式包括通栏类、矩形类、背投类、流媒体类、富媒体类、邮箱类、文字链、贴片类共 8 类。

1）通栏广告。

通栏广告常见于综合门户类网站，以横贯页面的形式出现，可位于网页的顶部、中部和底部。新浪网站顶部的通栏广告和网易网站中部的通栏广告。如图 6－14 所示。

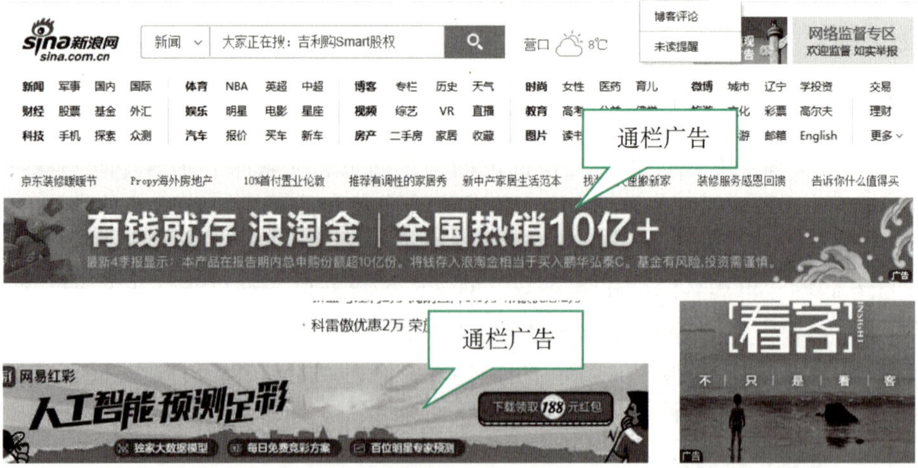

图 6－14　新浪网站顶部的通栏广告和网易网站中部的通栏广告

由于通栏广告尺寸较大，允许客户用简练的语言、图片、动态影像等较为丰富的表现手段介绍企业的产品或树立企业形象，容易引起网络浏览者的注意，因而它是目前最常见的网络广告形式之一。通栏广告通常与广告主的主页或网站相链接，浏览者可以点击广告，进而看到广告主想要传递的更详细的信息。该广告形式尺寸较大，视觉冲击力强，能给网络访客留下深刻印象，特别适合活动信息发布、产品推广、庆典等。通栏广告常用尺寸及格式如表 6－1 所示。

表 6－1　通栏广告常用尺寸及格式

广告形式	常用尺寸	格式
通栏广告	550×100	jpg、png、swf、gif、flv
	590×130	
	640×90	
	620×100	
	310×100	
	960×90	
	960×100	
	960×130	
	1 000×90	
	1 200×125	
	640×100	

2）矩形广告。

矩形广告也是网络广告中常见的形式之一，如图 6－15 所示。矩形广告通常以 jpeg、png、swf 等格式建立的图片、动态影像文件，链接着广告主的主页或站点。矩形广告常见的尺寸有 160 像素×80 像素、120 像素×600 像素、140 像素×425 像素和 200 像素×300 像素等，比通栏广告的尺寸种类更多，组合方式也更灵活，能够分布在网页页面的不同位置，这样广告主可以选择页面中不同的栏目和位置放置矩形广告。

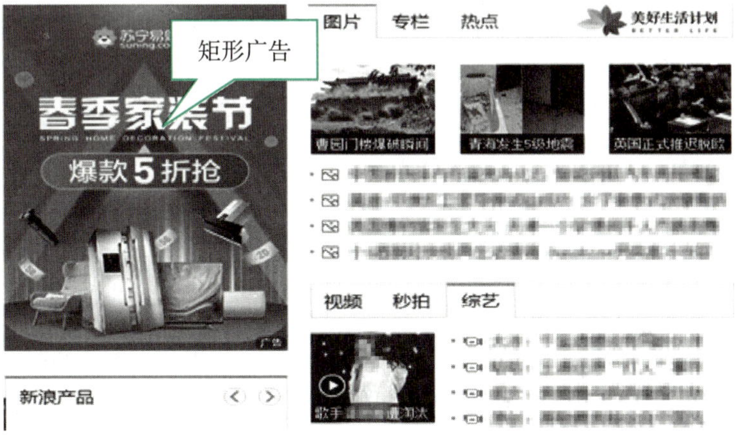

图 6-15　矩形广告示例

3）背投广告。

背投广告是打开网站页面时在当前页面的背后弹出的一个窗口广告。背投广告的特点是：只要用户打开带有背投广告的网页，不管用户是否愿意看这个广告，它都会随着网页的打开而自动弹出，只是广告位置在用户所有打开网页的后面，当用户把所有网页都关闭的时候广告还会存在于用户的桌面上，不会影响用户的正常浏览，也不会被用户及时关闭。自《互联网广告管理暂行办法》实施后，背投广告增加了广告字样和明显的关闭标志。

该类广告能够迅速吸引浏览者的目光，能给浏览者留下深刻印象，具有独立页面、大幅显示的特点。

4）流媒体广告。

流媒体广告基于流媒体技术优势应运而生，是通过流媒体技术在网络上传播产品、服务或品牌信息的广告活动。流媒体广告图文并茂、声色兼备，能够以“流”的方式实现边下载边播放，在媒体表现方面，信息传递更直接，表达内容更丰富。

5）富媒体广告。

富媒体广告是基于富媒体技术之上的一种互联网广告形式。它是利用富媒体技术把大体量的广告文件（视频广告片、Flash 广告等）在大流量的门户网站上流畅地播放。富媒体广告具有声音、图片、文字、动画等多维表现形式。相较于传统广告，富媒体广告内容更丰富，具有强曝光、高互动、易分享的特征，但费用较高。因此，富媒体广告对媒体流量要求极高，投放主要集中在大型门户网站及重点垂直网站，如腾讯、新浪、搜狐、汽车之家、优酷等。

常见的富媒体广告形式有横幅广告（Banner）（见图 6-16）、浮层广告（Floating Ads）（见图 6-17）、按钮广告（Button）、全屏广告（Full Screen）、弹出窗口广告（Pop-up Ads）（见图 6-18）、插播式广告（Interstitial）等。

6）电子邮件类广告。

电子邮件广告是指以电子邮件作为载体的一种广告。常见形式有邮件列表广告和电子邮件式广告。

邮件列表广告（Direct Marketing）又称直邮广告。它是利用网站电子刊物服务中的电子邮件列表，将广告加在读者所订阅的刊物中定期发放给相应的邮箱所属人。其广告形式具有多样化的特点，如 Banner、Buttons、文字等。

图 6-16 富媒体广告之横幅广告示例

图 6-17 富媒体广告之浮层广告示例

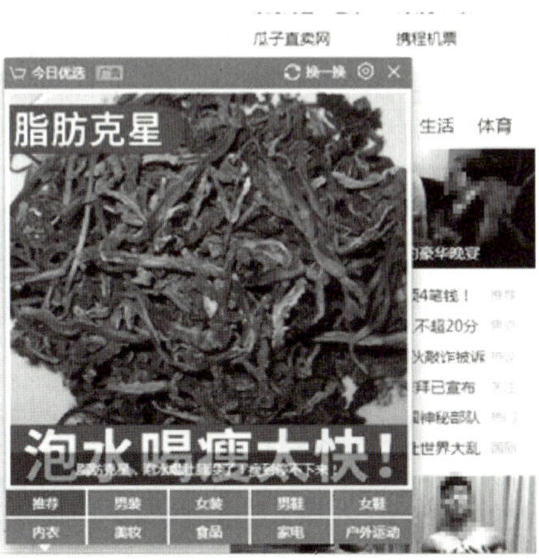

图 6-18 富媒体广告之弹出窗口广告示例

电子邮件式广告是指利用免费电子邮箱，定期或不定期地将广告主的有关信息以电子邮件的形式发送给免费信箱所属人的广告形式，示例如图 6－19 所示。

图 6－19　电子邮件式广告示例

7）文字链广告。

文字链广告是指将文字超级链接到公司的主页、网站或公司其他相关页面，示例如图 6－20 所示。文字链接型广告虽然简单，但在页面中的放置位置更为灵活多样。通常分为语句广告和关键字广告两类。关键字广告有以下四种形式：

第一，将公司名称或产品商标关键字，直接链接到公司相关的主页或网站。

第二，将公众感兴趣的关键字，直接链接到公司相关主页或网站。公众感兴趣的关键字目前主要有演员、体育运动员、歌手、社会名流等公众人物，也包括高频率出现的名词术语，如人工智能、大数据等。

第三，企业用产品或服务的具体名称或与产品或服务相关的关键词，注册属于自己的“产品关键字”，当潜在客户通过搜索引擎找相应产品信息时，企业网站或网页出现在搜索引擎的搜索结果页面或合作网站页面醒目位置。

图 6－20　文字链广告示例

第四，在关键字搜索结果的网站中，客户根据需要购买相应的排名，以便提高自己网站被搜索者点击的概率。

8）贴片类广告。

网络贴片广告是随网络视频加贴的一个专门制作的广告，它的表现手法与传统电视广告类似，都是在正常的视频节目中插入广告片段。比如，在节目开始前或节目结束后播放广告，它也是强迫用户观看的一种广告形式。

（2）移动端广告。

移动端广告是指通过移动设备（手机、PSP、平板电脑等）访问移动应用或 WAP 网页时显示的广告。随着使用移动终端上网人数比例的不断增加，移动营销以其精准性高、互动性强的优势获得越来越多的广告主的认可。据艾瑞咨询调查数据显示，2022 年我国移动广告市场规模达到 8 950 亿元。

中国广告协会将移动端广告形式分为六类，包括启动画面/开屏/插屏广告、焦点图广告、信息流广告、矩形类广告、富媒体广告和贴片广告，具体如表 6－2 所示。

表 6－2 中国广告协会移动端广告形式分类

广告形式	常见格式
启动画面/开屏/插屏广告	jpg、png、gif、flv
焦点图广告	jpg、png
信息流广告	jpg、png＋文字
矩形类广告	jpg、png
富媒体广告	jpg、png、gif、flv
贴片广告	flv

尚普咨询在《中国移动互联网广告行业深度研究》中将移动广告展现形式分为图片类广告、富媒体类广告、视频类广告、激励类广告及原生广告。

1）图片类广告。

图片类广告还可以细分为横幅广告和插屏广告。横幅广告是移动广告的主要形式，一般使用 gif 格式的图像文件，可以用静态图形，也可以用多帧图像拼接为动画图像，这种广告形式在 App 的底部或者顶部出现，尺寸较小，对用户的干扰也较少。美团 App 的横幅广告如图 6－21 所示。插屏广告在用户打开浏览页面时，以全屏或插屏方式出现 3～5 秒，可以是静态的页面，也可以是动态的 Flash 效果。英语趣配音 App 的插屏广告如图 6－22 所示。

2）富媒体广告。

移动端富媒体广告与 PC 端的富媒体广告相同，都是基于富媒体技术之上的一种新的互联网广告形式，趣味性和互动性明显。在移动端，这类广告最常见的形式有 360 度观赏、摇一摇、滑动、放大、擦除、拖拽等。

3）视频类广告。

视频类广告可分为贴片广告、角标广告和纯视频广告。贴片广告是在视频播放前、中、后插播的一小段广告，具有高曝光率的特点。角标广告是以透明的角标界面在视频播放窗口中内置的广告形式，不会影响用户对视频节目的观看。纯视频广告是专门拍摄的一段广告视频，用户可以自主选择是否点击观看。

图 6－21　美团 App 的横幅广告

6－22　英语趣配音 App 的插屏广告

4）激励类广告。

激励类广告是通过给予用户积分、优惠券等奖励，促使用户下载安装推荐的优质应用、注册、填表等。华为应用商店的优惠券激励如图 6－23 所示。

5）原生广告。

原生广告是指针对广告内容和特定移动应用，对广告进行个性化的定制和糅合，最大程度优化用户在使用应用过程中的广告体验。美国雅虎的销售副总裁帕特里克·阿尔巴诺（Patrick Albano）认为，原生广告形式更多元，可能是图片、影音或是文字，只要是消费者体验的一种，都可以被称为是原生广告的形式之一。微信朋友圈的原生广告如图 6－24 所示。

图 6－23　华为应用商店的优惠券激励

图 6－24　微信朋友圈的原生广告

2.2 搜索引擎营销

扫一扫

深度加油站：常用网络广告名词解释

搜索引擎营销（Search Engine Marketing，SEM）就是根据用户使用搜索引擎的方式，利用用户检索信息的机会，尽可能地将营销信息传递给目标用户。简单来说，搜索引擎营销就是基于搜索引擎平台的网络营销，它利用人们对搜索引擎的依赖和使用习惯，在人们检索信息的时候将信息传递给目标用户。搜索引擎营销的基本思想是让用户发现信息，并通过点击进入网页，进一步了解所需要的信息。企业通过搜索引擎付费推广，让用户可以直接与公司客服进行交流，实现交易。搜索引擎营销包括 SEO 和 PPC 两部分。

（1）SEO（Search Engine Optimisation）即搜索引擎优化，是通过对网站结构（内部链接结构、网站物理结构、网站逻辑结构）、高质量的网站主题内容、丰富而有价值的相关外部链接进行优化，而使网站和用户及搜索引擎更加友好，以获得在搜索引擎上的优势排名，为网站引入流量。

（2）PPC（Pay Per Click）即每点击付费，是通过购买搜索结果页上的广告位来实现营销目的。各大搜索引擎都推出了自己的广告体系，相互之间只是形式不同而已。搜索引擎广告的优势是相关性，由于广告只出现在相关搜索结果或相关主题网页中，因此，搜索引擎广告比传统广告更加有效，客户转化率更高。

2.2.1 搜索引擎及其优化

搜索引擎是互联网上进行信息资源搜索和定位的基本工具，是为了帮助用户从成千上万个网站中快速有效地查询，找到想要得到的信息而出现的。如果说互联网上的信息浩如烟海，那么搜索引擎就是海洋中的导航灯。只有通过搜索引擎的查询结果，用户才会知道信息所处的网上地点，然后再去该地点获得相关的详细资料。对浏览者而言，是如何掌握搜索引擎的使用方法去找到自己想要的信息；对营销的企业而言，是如何利用搜索引擎让更多的浏览者找到自己。

搜索引擎优化是指通过研究各类搜索引擎抓取互联网页面和文件原理，研究搜索引擎进行排序的规则，对网页进行相关的优化，使其有更多的内容被搜索引擎收录，并针对不同的关键字获得搜索引擎更高的排名，从而提高网站访问量，最终提升网站的销售能力及宣传效果。搜索引擎优化不是技术手段，是网站推广的一部分，是主推被动式营销。搜索引擎优化是针对网络的传播模式把目标内容（广告、产品、品牌）传递给目标受众的最有效的途径。

2.2.2 为什么要进行搜索引擎优化

进行搜索引擎优化的目的是让搜索引擎更容易对企业的站点进行识别和收录，同时相应的关键字排位靠前，让企业的客户更容易找到企业的网站和产品，增加企业的产品和公司的曝光率，是适应搜索经济发展的必经之路。完整的搜索引擎优化还是对用户心理需求进行分析、适应浏览者需求的过程。

小资料

网络蜘蛛

网络蜘蛛（Spider）是搜索引擎用来访问互联网上网页的自动程序。网络蜘蛛根据 HTML 的语法和格式，对读取的页面进行代码过滤，收录相关的文字内容。目前搜索引擎无法像人那样去读相应的图片、Flash、影片里面的内容。图片中的文字对网络蜘蛛来说毫无意义。

2.3 电子邮件营销

电子邮件营销是以订阅的方式，将行业及产品信息通过电子邮件提供给所需要的用户，以此建立与用户之间的信任与信赖关系。大多数公司及网站都会充分利用电子邮件营销方式，毕竟邮件已经是互联网基础应用服务之一。互联网企业认为，获得了用户的邮件，如同获得了可以向用户宣传的“通道”。值得注意的是，电子邮件营销中给用户发送的电子邮件的界面和内容要极富创意，这样才能吸引邮件用户的注意力，产生进一步了解的兴趣，达到较佳的营销效果。

2.3.1 发送电子邮件的注意事项

（1）目标要明确。

电子邮件营销和垃圾广告邮件最大的区别就在于是否经过邮件接收者的许可。这里的“许可”是一个比较复杂的概念，需要详细解释一下。对于客户直接提交的电子邮件地址，在站点向其说明了权利义务的前提下，这些地址可默认为已经获得了客户的许可，然而对于那些购买或交换来的地址又应该如何看待呢？比较规范的处理方法有两种：一是事前通知，即在客户第一次向原站点提交电子邮件地址之前就由该站点声明其用途，客户自由选择是否接受来自其他站点的信件；二是事后通知，即由原站点向客户发送邀请或通知，客户自己选择是否接受另一站点的电子邮件。第一种处理方法较为常见，然而对于事后通知的情况，有时也可以采用不经过原站点而直接向客户发信的方式，但这种方式无疑是不礼貌的，而且有垃圾邮件的嫌疑。在获得许可的前提下，企业还应该对电子邮件地址进行分类，以明确不同类型的潜在客户对信息的不同需求。例如，一个销售图书的站点就应该根据潜在客户的教育背景、兴趣等对电子邮件地址进行分类，而一个生产服装的企业就应该根据潜在客户的性别、年龄等对电子邮件地址进行分类。分类的目的是进一步确定不同信息的发送目标，如果给客户寄送了不适当的信息，就仍有发送垃圾邮件的嫌疑。

（2）主题要清晰。

主题要清晰是指电子邮件的主题栏应当能够概括邮件的基本内容或最突出的信息，而且应当实事求是，绝无夸大。这就对主题词的写作提出了以下要求：

1）概括性。主题词应当使邮件的接收者能够很快明白信件的基本内容，以便对方迅速做出阅读与否的决策。这一要求是出于对潜在客户的尊重，同时也是为了塑造站点的良好形象，因为大部分垃圾邮件制造者根本就不会考虑这些，而且，就算邮件的接收者打开了信件，如果他们发现其内容毫无参考价值，同样也会立即删除，甚至将发件人列入拒收的名单。

2）吸引力。主题词的写作应当突出潜在客户可能最感兴趣的内容，例如商品打折的邮件往往以“低至5折”“百元封顶”“多买多送”等作为主题的构成部分，而提供中介服务的站点则通常在主题中宣称其服务“费用低廉”“即时办理”“诚信可靠”等。

3）准确性。这一点也是经许可的电子邮件和垃圾广告邮件的重要区别，因为除了吸引邮件接收者打开信件以外，后者撰写主题词并非出于长远的考虑，他们可以为邮件任意起名，类似“无条件送现金”“今晚有个约会”等。这样的做法极不可取，因为大部分接收者不会第二次上当受骗，以后此种类型的信件将被直接过滤掉，无缘再和接收者见面。

（3）内容要简洁。

除非确定为接收者非常感兴趣的信息，否则邮件内容最好不要超过一屏。此外，很多站点常常会将商品的图片随同信件寄发，有时甚至制作弹出窗口强迫收信人浏览，这些做法很不可取，尤其是后者，因为这样做会耗用大多数宽带用户的资源，极不尊重对方。

（4）完善的邮件功能。

即需要有HTML格式的邮件，而不是简单的文本邮件带上一个链接地址而已。最基本的体现至少需要包含符合网站风格的底色、图片、文字，并且需要完成基本的“退订”功能。退订的好处在于，让潜在用户知道，他不是被强制地接收这一封邮件，他也有主导权，而不至于造成客户接收了好几次邮件，却无法退订，最终打电话向互联网服务提供商（ISP）投诉，进而使域名被禁。

（5）回复要及时。

对于客户咨询信息和索取详细资料的信件一定要及时回复，否则就会给客户留下不被重视或者缺乏效率的印象。回复的期限为1～2天，如果能够在数小时内甚至是即时加以回复，则会给客户留下极好的印象。目前国内的大多数企业站点在这方面做得不够好，有的甚至公开声明由于信件众多而无法迅速处理和回复。其实解决这个问题的方法有很多，比如如果确实无法加派专门人员处理信件，最简单的办法就是设置自动回复功能，将常见的问题集中归类做成用户手册等形式直接回复给对方，并在回信中注明其他资料的索取办法。

2.4 博客营销

“博客”一词是从英文单词Blog翻译而来。Blog是Weblog的简称，是由Web和Log两个英文单词组合而成。Weblog就是在网络上发布和阅读的流水记录，通常称为“网络日志”，简称“网志”。

Blogger即指撰写Blog的人。Blogger在很多时候也被翻译成为“博客”一词，而撰写Blog这种行为，有时候也被翻译成“博客”。因而，中文“博客”一词，既可作为名词，分别指代Blog（网志）和Blogger（撰写网志的人），也可作为动词，意思为撰写网志这种行为，只是在不同的场合分别表示不同的意思罢了。

从广义上讲，博客就是记录自己生活、工作、见闻、想法的一种网络笔记本，始于

1997 年，其用途广泛。目前用 Blog 的站点已经达数千万，有的名人博客访问量都快 2 亿了，利用博客做网站推广一直是大家比较喜欢的推广方式，用博客带外链、以博客养站都是不错的选择。那么，如何利用博客进行营销呢？

2.4.1 选择域名

创建博客，为了长期推广要起个有创意的名字，可以是名字的全拼、缩写、小名、乳名等，就像树立品牌，要有意义、有内涵、响亮、易记等，要尽可能简短，便于访客的记忆与口碑宣传。

2.4.2 博客空间

要开通博客，一定要选择稳定的服务器空间，要选择稳定、安全性高、网速流畅、信誉好、有实力的服务器商。

排名前十位的博客网站地址如下：

（1）新浪博客（http：//blog. sina. com. cn）。

（2）网易博客（http：//blog. 163. com）。

（3）和讯博客（http：//blog. hexun. com）。

（4）点点网（http：//www. diandian. com）。

（5）搜狐博客（http：//blog. sohu. com）。

（6）博客园（http：//www. cnblogs. com）。

（7）天涯博客（http：//blog. tianya. cn）。

（8）CSDN 博客（https：//blog. csdn. net）。

（9）博客中国（http：//www. blogchina. com）。

（10）科学网博客（http：//blog. sciencenet. cn）。

更多地址请参见教学资源包中“500 个博客地址”的内容。

2.4.3 选择程序

目前网上有很多开源的博客系统，省去了开发代码的麻烦，主流的博客系统程序有 Z-blog 与 WordPress。Z-blog 是国内开发的，有很多网站插件，还有不少免费的模板，深受国内博主的喜爱。

2.4.4 博客定位

用博客记录生活还是记录工作，即确定博客定位，这一点很重要，这将决定以后访问博客的人群是哪些。定位准确与否直接影响到博客将来的发展空间。

2.4.5 内容为王

经过了上述步骤，博客算是正式安家了，下面就可以开始完善博客，添加内容。内容是生动的、专业的、有内涵的，还是有深度的等，取决于作者的水平。有质量的内容，是吸引访客的关键。如果写得好，写得精，“酒香不怕巷子深”，慢慢就会网聚人气，吸引很多眼球。

2.4.6 博客推广

博客投入运营之后，剩下的工作就是宣传推广了，下面介绍博客网站推广的几种方法。

（1）提交你收录的博客。

博客大全（http：//lusongsong. com/daohang/login. asp）。

百度博客（https：//ziyuan. baidu. com/linksubmit/url）。

必应 Bing 博客（https：//www. bing. com/toolbox/submit-site-url）。

搜狗（SoGou）博客（http：//fankui. help. sogou. com/index. php）。

（2）访问别人的网站。

多去别人的博客“踩踩”，留下你对别人日志的评价，留下你的网址，别人有时也会回访，看看你写得怎么样，正所谓“人人为我，我为人人”，你关注别人，别人同样也会对你投来关注的目光。

（3）友情链接推广。

交换友情链接，就相当于把网站访问的人群资源共享，别人在访问其他人的网站的同时，有可能进入你的网站。这种链接互换也是网络推广的方法之一。

（4）多和别人交流。

平时养成多留言、参与讨论的习惯，不忘在留言后面加上自己 Blog 的地址宣传一下，欢迎别人来访问。

当然，也有人选择发送垃圾邮件、写软文、群发信息等方式来宣传自己的博客，这样做短时间内可能会有一些浏览量，不过对自己网站的形象有损，不建议使用。做好宣传最根本的是要做好自己的 Blog，经常更新，保证内容好看，这样坚持下去自己网站的访问量也会节节攀升。

小提示

博客营销要点

（1）主题要明确，这样有利于客户和搜索引擎优化。

（2）博客内容要原创和经常更新（这一点是最关键的）。

（3）博客日志注意选择分类，这样客户才容易选择想要的，搜索引擎也好分类。发布日志时，标题尽量突出你的关键词。

2.5 直播营销

2.5.1 直播营销简介

直播营销是指在现场随着事件的发生、发展进程同时制作和播出节目的营销方式，该营销活动以直播平台为载体，达到企业获得品牌提升或销量增长的目的。直播营销是营销形式上的重要创新，也非常能体现互联网视频的特色。与传统电视、互联网视频相比，直播能够实现与用户的实时互动，甚至还能够动用民意的力量改变节目进程，这种互动的真实性和立体性只有在直播的时候才能够完全展现。

扫一扫

视界瞭望台：直播行业打赏行为管理规则

直播营销最显著的优势在于可实时互动的环境，能够即时收集用户反馈，以达到最有效率的营销效果。在网络环境下，视频媒介的传播变得更加广泛和高效，录制好的直播还可以再次进行观看，因此形成二次营销。伴随着网络直播的迅速发展，2016 年直播内容逐渐被细分，形成如游戏、美妆、健身、旅行类等多种垂直领域，直播的内容和观看的用户群体均带有显著特点，便于广告主进行精准定位。

从 2016 年开始网络直播行业进入爆发期，经过短短几年的发展，已经形成了网络直播平台遍地开花的局面。目前，知名度比较高的网络直播平台有斗鱼、虎牙、熊猫、花椒、抖音、映客、快手等。

每个网络直播平台的类型和发展方向不同，同类型的平台之间也有一定的差距，主播在选择网络直播平台时，选择合适自己的平台才是最重要的。

2.5.2 主流直播平台

直播平台可分为综合类直播平台、秀场类直播平台、游戏类直播平台、短视频类平台、购物类直播平台等。

（1）综合类直播平台。

综合类直播平台一般是指集游戏、娱乐、户外等于一体的平台，目前这类平台在网络直播行业还是比较有优势的，这得益于它的粉丝群体比较大。这类平台目前知名度比较高的有虎牙、斗鱼、熊猫等。

这类平台有个最大的好处就是目标观众比较多，看游戏的可以来，看娱乐的可以来，看户外的、看美食的……都可以来。这类平台对主播的要求比较高，主播之间的竞争比较激烈，粉丝主要集中在平台一线主播的直播间，新人主播或者在才艺方面没有优势的主播很难做出成绩。

在这类直播平台上要想获得较好发展，最好选择一家不错的主播经纪公司，前期有经纪公司的帮助，会让主播在平台上发展得更快些。

（2）秀场类直播平台。

秀场类直播平台主要分为移动端和 PC 端的平台，目前移动端比 PC 端的秀场类直播平台发展得更好一些。这类平台以主播聊天和唱歌为主，内容形式相对单一。

移动端在这类平台中发展得不错，其中有映客、花椒、来疯等。移动端直播平台有个特有的直播功能叫“附近的人”，这个功能对于新人主播来说很重要，排不到前面展示位的新人主播靠着这个功能也可以吸引很多粉丝。

这类平台看似一般，但是相对而言竞争较小，娱乐新主播选择这类平台不失为一种好方案。

（3）游戏类直播平台。

游戏类直播平台主要是直播游戏电竞的平台，入驻这类平台有一定的专业门槛，以爱好游戏和在游戏方面有一定天赋的主播为主。

这类平台主要有企鹅电竞、触手 TV 等，因为直播内容的单一性和粉丝年龄段的问题，选择这类平台时主要考虑平台粉丝总数量。游戏类主播打赏礼物收入相对于娱乐主播要低很多，游戏主播主要靠超高的人气，通过一定的人气转换获得高收益。所以，平台的观众数对于游戏主播很重要。

（4）短视频类平台。

抖音就属于这类平台，其平台门槛比较低，而且是以视频形式出现的，不需要固定时间和固定地点，只要你有创意，那人气爆红真是快到令人无法想象。

这类平台看似简单，但是想做好也没有这么容易，因为需要主播有很好的创意，对内容质量要求比较高，和粉丝互动没有其他直播来得直接。

素养提升小锦囊

人无真不立，国无真不宁。真品实德，乃立身之本；真才实学，乃立业之基。直播带货要实事求是，切忌过度夸张，做到以诚待人。

（5）购物类直播平台。

购物类直播平台总体上不属于娱乐方面的，观众看直播的出发点和泛娱乐直播平台也不太一样，主播收入方式和泛娱乐直播也不一样。购物类直播平台有淘宝直播、苏宁直播等。

扫一扫

深度加油站：主播如何选择直播平台

素养园地

网上直播规则知多少

如今无数个人、商家开启了直播卖货。但是，全民直播的同时也有不少新手直播玩家处处碰壁，不知道为什么直播间被封。收到直播封禁通知的，轻者封禁直播账号两三天，严重者可能永久封禁直播间！

直播间被封是怎么回事？如何避免抖音直播间被封？抖音直播间违规规定有哪些？

一般来说，之所以会被封禁直播间，很有可能是主播在直播时存在一些违规行为，包括但不限于侵权他人作品、违反抖音直播社区公约、在直播间说了抖音直播违禁词等。抖音直播相关禁播规则如表 6-3 所示。

表 6-3　抖音禁播行为规则表

违规行为	说明
违法涉政	包括但不限于直播反党反政府或带有侮辱诋毁党和国家的行为、直播违反国家法律法规的内容等
衣着不当	包括但不限于裸露上身、穿着露乳沟的上装、大面积裸露文身等
色情低俗	包括但不限于一切色情、大尺度、带有性暗示直播内容，其他低俗、违反公序良俗的行为等
辱骂挑衅	包括但不限于各种破坏社区氛围的言行等
违规广告	包括但不限于出售假冒伪劣和违禁商品、使用一些违反广告法的夸张和绝对化用语推销、以任何形式引导用户私下交易等
封建迷信	包括但不限于宣传封建迷信思想、直播迷信活动等

续表

违规行为	说明
侵权行为	包括但不限于直播没有转播权的现场活动、录屏直播没有版权的视听内容等
对未成年人有害的行为	包括但不限于未成年人进行单独直播、未成年人进行消费或充值等
其他不适合直播的行为	直播车祸、矿难等事故场景，精神疾病患者等无完全民事行为能力的人单独直播等

2.6 短视频营销

伴随着移动互联网终端的普及和5G网络的发展，以及流量资费的降低，更加贴合用户碎片化内容消费需求的短视频凭借着内容传播优势，迅速获得了各大内容平台、用户，以及资本等多方的支持与青睐，短视频营销由此产生。

2.6.1 短视频的概念

短视频是指以新媒体为传播渠道，适合在移动状态和休闲状态下观看的、高频推送的、时长在5分钟以内的视频内容，是继文字、图片、传统视频之后新兴的一种内容传播载体。短视频内容可以包含技能分享、幽默搞笑、时尚潮流、社会热点、街头采访、公益教育、广告创意等主题。

短视频营销主要借助短视频，通过选择目标受众人群，并向他们传播有价值的内容，吸引用户了解企业品牌产品和服务，最终形成交易。

2.6.2 短视频与传统视频的区别

（1）视频时长。

网络短剧、电视剧、微电影等视频形式的传统视频的时长均较长，而短视频时长一般为几分钟，更能满足用户碎片化阅读的需求。

（2）传播渠道。

传统视频主要通过电视和视频网站进行传播，短视频更多是通过移动端短视频App进行传播。

（3）制作成本。

相对于传统视频高昂的制作费用，短视频对设备、特效、专业度等方面要求较低，无论是时间还是资金成本，相对于传统视频都降低了很多，小型团队或个人也可以制作。

（4）制作团队。

相对于传统视频至少10人以上的制作团队，短视频以单人或2～3人团队居多，对于刚开始尝试短视频制作的普通用户来说，极大地降低了制作门槛，提升了平台内容的丰富程度。

2.6.3 短视频平台

短视频平台可分为以下三类：第一类是能提供满足个人制作短视频需求工具的平台，

如小咖秀、小影等，通过提供手机录制、逐帧剪辑、电影滤镜、字幕配音等功能，让非专业用户也能在手机上剪辑出专业的短视频作品。第二类是能提供满足发现新鲜事物需求的作品，如与微博绑定的秒拍、今日头条旗下的西瓜视频等，通常依托社交或资讯平台并为其提供短视频播放功能。第三类是能提供满足用户社交需求的社区类作品，以快手、抖音、美拍等为代表，通过互动式创作分享，营造浓郁社交氛围，吸引高黏性用户，这类产品市场占有率最高，引流能力最为明显。

（1）抖音。

抖音是一款可以拍摄短视频的音乐创意短视频社交软件。

（2）快手。

快手是北京快手科技有限公司旗下的产品，其前身为“GIF 快手”，最初是一款用来制作、分享 GIF 图片的手机应用。

（3）西瓜视频。

西瓜视频是今日头条旗下的独立短视频 App，基于人工智能算法为用户做短视频内容推荐，它能让用户的每一次刷新，都发现新鲜、好看，并且符合自己口味的短视频内容。

（4）微信视频号。

微信视频号是腾讯旗下短视频创作平台与分享社区，用户不仅可以在微信视频号上浏览各种短视频，同时还可以通过创作短视频来分享自己的所见所闻。微信视频号还结合了微信和 QQ 等社交平台，用户可以将微信视频号上的视频分享给好友。

（5）梨视频。

梨视频是资讯类短视频 App，是原澎湃新闻的一个资讯类视频平台。

2.6.4 短视频编排设计

短视频相对于而言文本更有表达力和说服力，能够激起用户的观看欲望。目前短视频营销应用越来越广泛，如企业宣传片、产品短视频推广等。短视频的内容主要是通过前期的脚本设计来进行编排的，由于短视频一般播放时长比较短，因此在脚本设计时应该围绕一个主题设计拍摄框架，以提高短视频拍摄的效率。

（1）短视频脚本设计。

如今抖音平台大部分的视频是通过编写剧本拍摄出来的，而不是自然发生的，这种有剧情设置的视频更吸引用户。想要让更多的人观看短视频，就需要根据平台用户的内容喜好来制作视频。短视频脚本编排设计由于时间短，内容比较精练，切入过程简短，主题鲜明，能够通过创意和镜头语言吸引用户观看。目前新媒体视频典型平台有小红书、抖音、今日头条等，仔细研究上热门的短视频，不难发现这些短视频在整个内容主题选择、组织编排方面表现卓越。抖音平台账号应在内容主题选择上进行聚焦和深耕，做好内容的定位，切忌什么都做，现在各个平台都很重视垂直类的内容，什么都做的账号难以在粉丝心中形成独特鲜明的标签。

首先，账号运营人员在内容定位上要选择自己擅长的，这样能够在内容领域实现可持续的产出，要确认短视频内容的输出方向，是做人物搞笑剧情、办公室的日常生活、户外运动技能展示，还是情感共鸣等。

其次，内容的垂直化和差异化应该提前定位好，这样便于精准吸纳用户，能够在用户印象中形成特有的标签。如做电商培训的视频号可以定位在电商干货分享的内容，分享企业店铺运营的实操案例、困难等，通过每次的个案分享、技能工具分享、电商人才推荐、理论知识普及和行业最新动态分享，让用户能够获得价值，提高用户的黏性。当然，每一个短视频平台面向的用户群是不一样的，在内容选择上要考虑到不同平台的内容选材方向和平台用户爱好。

最后，短视频内容在编排上应该能够让用户一打开视频就能被吸引住，如直接抛出话题、构建用户场景等，还可以在内容中间部分分享干货，在视频结束部分提出互动点和思考，让用户在短视频观看过程中持续被吸引，提高短视频的播放率、完播率和评论率。

（2）短视频拍摄与后期剪辑。

在制作抖音短视频的过程中，拍摄的技巧和剪辑的手法都是非常重要的，因为抖音短视频的爆红不一定是内容，有可能是短视频的剪辑和拍摄做得比较好，这种短视频被抖音称为“技术流”。有些短视频是真人出镜的，视频画面的风格保持一致也很重要，如每段短视频的人物服装、道具和场景需要保持一致，在用户心中形成深刻的印象。所以在拍摄视频过程中，要注意场景的搭建、拍摄设备的选择，视频的配乐与内容要有契合点。

简单的拍摄场景只需要有两盏灯和一个深色布，如果是固定场景，可以配置两盏灯＋背景纸＋三脚架＋相机或手机即可，非固定的场景只需要灯光明亮即可。另外，如果用手机拍摄，应该选择竖屏全屏拍摄，这样用户观看起来更方便，体验更好。

小资料

短视频剪辑软件介绍

1. Adobe Premiere

Adobe Premiere 是一款常用的视频编辑软件，目前这款软件广泛应用于广告制作和电视节目制作中，是视频编辑爱好者和专业人士必不可少的视频编辑工具。

2. 爱剪辑

爱剪辑是最易用、强大的视频剪辑软件之一，也是国内首款全能的免费视频剪辑软件。

3. 会声会影

会声会影是一款功能强大的视频编辑软件，具有图像抓取和编修功能，可以抓取转换 MV、DV、V8、TV 和实时记录抓取画面文件，并提供 100 多种编制功能与效果。该软件操作简单，适合家庭日常使用。

4. 剪映

剪映是由抖音官方推出的一款手机视频编辑工具，可用于手机短视频的剪辑制作和发布，带有全面的剪辑功能，支持变速、多样滤镜效果，有丰富的曲库资源。

素养提升小锦囊

直播带货既要追求大流量，也要带出正能量。靠蹭热点、搞炒作来吸引观众，注定走不远；“带假货”“割韭菜”的行为，损害消费者权益，更为法律所不容。

2.7 微信营销

微信是 2011 年 1 月 21 日腾讯推出的一款手机通信软件，它支持通过手机网络发送语音短信、视频、图片和文字，可以单聊及群聊，还能根据地理位置找到附近的人，带给人们全新的移动沟通体验。在腾讯 QQ 邮箱、各种户外广告和旗下产品的不断宣传和推广下，微信的用户迅速增加，仅用了一年多的时间，微信用户就突破一亿大关。越来越多的商家领略到了微信营销的好处和魅力，开始利用微信开展营销活动。微信营销是网络经济时代企业对营销模式的创新，它伴随着微信的火热产生，迅速成为一种新型的网络营销方式。

2.7.1 微信营销的优点

（1）微信能够做到点对点精准营销。微信拥有庞大的用户群，它借助移动终端、天然的社交和位置定位等优势，每个信息都是可以推送的，能够让每个个体都有机会接收到这个信息，进而帮助商家实现点对点精准化营销。

（2）微信营销形式灵活多样。微信的很多功能能够用于营销，例如漂流瓶、位置签到、二维码、开放平台、公众平台，商家可以运用这些功能开展灵活多样的营销活动。

（3）强关系的机遇。微信的点对点产品形态注定了其能够通过互动的形式与用户建立联系，让企业与消费者形成朋友关系，从而将普通关系发展成强关系，因为人们一般不会相信陌生人，但是会信任“朋友”，借此，企业可以将这些朋友关系转化成流量和订单数。

2.7.2 微信营销的缺点

微信营销是基于强关系网络来开展营销活动的，如果不顾及用户的感受，强行推送各种不吸引人的广告信息，会引来用户的反感。凡事要理性而为，善用微信这一时下最流行的互动工具，让商家与客户回归最真诚的人际沟通，才是微信营销真正的王道。

2.7.3 微信营销的形式

（1）朋友圈营销。

腾讯 2022 年 11 月公布的财报数据显示，微信月活跃用户已经达到 13.09 亿，微信朋友圈作为微信三件套之一，触达率极高，朋友圈也升级为营销战场。用户可以在朋友圈发布文字、视频或图片，也可实现一对一交流和互动。进行微信朋友圈营销的可以是个人，也可以是企业。通过微信朋友圈可以推广品牌活动、推广商品、推广门店、推广应用、派发优惠券、推广公众号、推广小游戏、收集销售线索等。

小案例

微信朋友圈推广

华为 P30 系列国行版发布时，华为终端利用微信朋友圈进行了产品推广。欧莎女装的销售人员也通过朋友圈发布产品的信息。

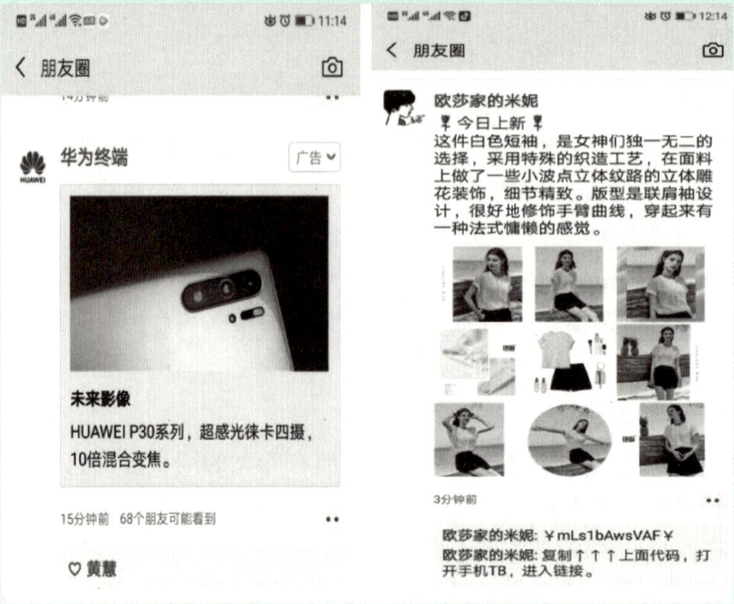

（2）微信群营销。

微信用户可以点击界面右上角的“＋”图标，选择发起聊天菜单，将好友加入，建立自己的微信群。在微信群里可以发送语音、图片、文字、视频、红包等，还能够与微信群里面的成员实时互动。加入微信群的方式有两种：一种是扫描群二维码；另一种是通过好友邀请。想要通过微信群营销，一般可以通过以下方法进行：

1）拉新（吸引用户）：就是将更多微信好友邀请到微信群——解决粉丝问题。

2）养熟（建立信任）：就是和微信好友搞好关系，增进彼此了解，建立良好的信任关系——解决信任问题。

3）成交（体现价值）：就是将产品销售给群成员或者发展群成员为企业会员——解决赢利问题。

4）裂变（核心用户）：就是让会员去邀请更多好友加入——解决推广问题。

（3）二维码营销。

微信二维码是腾讯开发出的配合微信使用的添加好友和实现微信支付等功能的一种方式，是含有特定内容格式的，只能被微信软件正确解读的二维码。二维码可以是电子形式的，也可以被打印出来，通过平面广告、户外广告、网络等媒体进行展示，再结合诱因，如扫码送礼包等，即可比较简单地获得粉丝。这种与现有媒体的捆绑的方式，亦可将现有媒体传播价值保留和延伸至移动互联网中，以沉淀新产生的潜在客户。

小案例

哈啰单车“免押金骑哈啰”

用户通过微信中的“扫一扫”扫描哈啰单车推出的“免押金骑哈啰”二维码，就可进入哈啰出行骑行卡券免费领界面，可以拼手气领取骑行礼包。

小资料

App

App是英文Application的简写。由于iPhone等智能手机的流行，现在的App多指智能手机的第三方应用程序。比较著名的App商店有苹果的App Store，安卓的Google Play Store，诺基亚的Ovi Store，还有黑莓的App World。

（4）微信开放平台。

微信开放平台为第三方移动程序提供接口，使用户可将第三方程序的内容发布给好友或分享至朋友圈，第三方程序的内容借助微信平台获得更广泛的传播，微信用户也能够方便地在会话中调用第三方应用进行内容选择与分享，从而形成了一种主流的微信互动营销方式。

小案例

云集通过微信开放平台营销

云集微店是一款在手机端开店的App，在云集微店开店的店主可以将云集微店的产品、特卖场次、促销活动等信息通过微信进行分享。

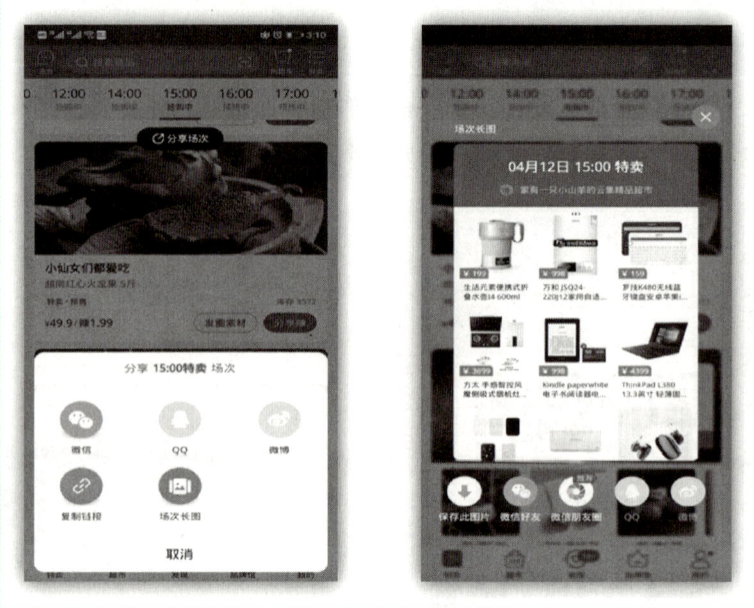

（5）微信公众平台。

微信公众平台简称公众号，于 2012 年 8 月推出，推出后广受欢迎，成为企业、媒体、公共机构、名人、个人用户等继微博之后又一重要的运营平台。目前微信公众号共有四种类型，包括订阅号、服务号、企业微信和小程序，各类型微信公众号的具体功能如表 6－4 所示。

表 6－4　各类型微信公众号的具体功能

账号类型	功能
订阅号	它偏重于为用户传达资讯，类似报纸杂志，认证前后都是每天只可以群发一条消息。（适用于个人和组织）
服务号	它为企业和组织提供更强大的业务服务与用户管理能力，主要偏重于服务类交互，功能类似 12315。114，提供绑定信息，服务交互。（适用于媒体、企业、政府或其他组织）
企业微信	它是微信团队为企业打造的专业办公管理工具，是一个独立 App，具有与微信一致的沟通体验，有丰富免费的 OA 应用，并与微信消息、小程序、微信支付等互通，助力企业高效办公和管理。（适用于企业、政府、事业单位或其他组织）
小程序	这是一种不需要下载安装即可使用的应用，它实现了应用“触手可及”的梦想，用户扫一扫或搜一下即可打开应用。小程序可以在微信内被便捷地获取和传播，同时具有出色的使用体验

温馨提示：

（1）如果想简单地发送消息，做宣传推广服务，达到宣传效果，建议选择订阅号。

（2）如果想进行商品销售或用公众号获得更多的功能，如开通微信支付等，建议选择服务号。

（3）如果想用来管理内部企业员工、团队，对内使用，可申请企业微信。

小案例

百雀羚微信公众号与小程序

上海百雀羚日用化学有限公司通过微信公众平台注册了服务号，用于分享产品信息、品牌动态、活动信息和生活指南等。同时，在百雀羚的服务号中还能够看到百雀羚的 3 个相关小程序：小小签到、百雀羚自营旗舰店、百雀羚唯品会官方旗舰店。用户点击小程序即可访问签到活动页面或百雀羚的旗舰店。

（6）地理位置推送。

具有线下门店的广告主可在朋友圈广告创建中“添加门店”，添加后，即可在广告外层显示门店地址信息栏，加强用户对门店所在地的认知，从而延伸营销链条，满足广告主多重营销需求，促进最终销售转化。

小案例

神州租车地理位置推送

神州租车经过长期数据积累和用户行为洞察，发现门店周边 1 千米以内是用户到店转化的最佳范围。借助微信广告投放端的 LBS 地域定向能力，神州租车将广告精准触达门店周边 1 千米范围内的人群，通过添加门店标识，有效增强用户“身边”感知，提升广告效果。

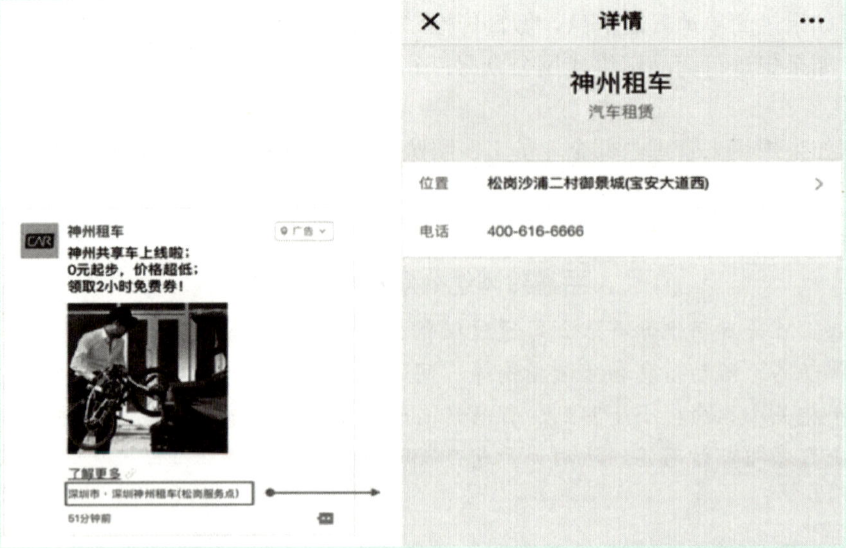

项目小结

网络营销的目的是借助计算机网络技术、通信技术和数字交互式媒体来实现营销目标的一种市场营销方式。网络营销的基本目的、思想与传统营销基本一致，彼此之间还有许多共性，只是网络营销在实施和操作过程中与传统营销有很大的区别。本项目是学习电子商务课程的重点环节，是学好电子商务的关键。通过本项目的学习，重点应掌握以下知识点：网络营销的内涵、网络营销的特征、网络营销的策略、网络营销的方法。

实训练习

知识微检验：

扫一扫

扫码自测

拓展课下练：

利用QQ博客为自己的淘宝网店进行营销推广，要求如下：

（1）请同学们针对自己网店产品，写一篇相关的（如穿着技巧、养生之道等方面）博文，博文里链接网店地址或产品说明。

（2）通过转发一些热点博客文章，链接自己的网店地址进行营销。

（3）更改QQ签名和更新心情，宣传网店。

（4）更换自己的头像和QQ相册照片，以吸引好友驻足你的空间，在空间醒目的地方加入你的网店介绍，以此达到营销目的。

项目七

电子商务安全与法律保障

问题引入

小米和同学的网店经营还算不错，无意中，小米听说外系一同学的QQ号码被盗了，这位同学很郁闷。小米想，QQ号码能被偷，那网银或者支付宝账号也有被偷的危险啊！想到这里，小米就紧张了起来，她到网上一搜索，吓了一跳，交易安全事件真是层出不穷啊！那么，什么是电子商务安全？电子商务安全包括哪些内容呢？我国又有哪些法律法规可提供保障呢？

任务导读

本项目主要包括电子商务安全技术和电子商务法律法规两个学习任务。学生可借助互联网资源和教学资源包提供的资料自学，并通过模拟、实操、网上调研等手段，充分认识电子商务交易中存在的威胁与安全隐患，对电子商务安全引起重视，了解电子商务相关法律法规，在生活和今后的工作中遵守法规，合法经营。

学习目标

通过本项目的学习，学生应该：了解当前电子商务安全现状；掌握相关电子商务技术，学会简单的安全设置与电子交易安全防范；懂得电子商务立法及相关法规规定，合法经营，依法保护自身权益。

任务一　电子商务安全技术

案例导入

谁动了我的账户？

近日，李先生发现自己网上银行账户内的1万元被盗用了。李先生说，因为网上银行盗取的钱没法转走，更不能提现，所以只能消费。诈骗者首先在腾讯官方网站购买了4 000元的Q币，招商银行查到了购买Q币的订单号，是6位QQ号码。但是腾讯的答复是，6位的订单号码太短，没法查询，导致线索中断。剩下的6 000元人民币，诈骗者在淘宝网站进行了消费。公安机关通过淘宝网查询了交易买家、卖家的淘宝账号，并查到了诈骗者登录的IP地址。公安机关传讯了买家、卖家的账户主人，证实与本案无关。后来淘宝网证实，买家、卖家的账户都是诈骗者通过盗用获得，买家、卖家的登录地址一样。由于腾讯的Q币作为一种虚拟网络货币可以控制，只要公安机关查证交易属于盗窃他人账号购买，腾讯公司作为交易平台和虚拟货币的监控者，应该归还受害者李先生损失的4 000元。所以从这方面分析，李先生经过合法的手续即可追回一部分损失，腾讯公司也已经答应处理此事：取消偷盗者使用QQ的虚拟Q币，退还李先生4 000元现金。但是，经过在淘宝网上真实货物的交易，李先生被盗的6 000元已经被诈骗者"套现"，而且淘宝网、买家和卖家都不愿承担责任，在公安机关未破案之前，李先生只能独吞苦果。

一位姓薛的淘宝用户说，某天下午，他要给家里汇款7 000元，发现账户里的7 000多元被盗走了，从工行打印出来的流水单来看，收款人的姓名是"东莞杨加远"，另外一个收款公司是"金华市婺城区盟众网络服务部"。无独有偶，另一位受害的淘宝网用户也是被"金华市婺城区盟众网络服务部"划去了现金，该用户是12月中旬查询其网银余额时发现的。他说："我开通网上银行账户后，我在网上买东西之前账户并没有被盗，当我买了第一件商品后，第二天我的钱就被划走了。"通过搜索引擎查找"金华市婺城区盟众网络服务部"，发现多起工商银行网上银行被盗事件都与此公司有关。经查询，这些被盗款项均被转到中国网络游戏服务网（原金华市婺城区盟众网络服务部）的账户上。这些受害者与中国网络游戏服务网没有任何交易关系，甚至没有上过该网站。这些钱是怎么跑到中国网络游戏服务网站账户上的呢？

问题与思考：

当前电子商务交易过程中所面临的风险有哪些？如何有效避免？

学习任务单

学习情境	小米和同学的网店经营还算顺利，无意中小米听说外系一同学的QQ号码被盗了。小米想，QQ号码能被偷，那网银或者支付宝账号也有被偷的危险啊！想到这里，小米就紧张了起来，她到网上一搜索，吓了一跳，交易安全事件真是层出不穷啊！那么，怎么才能保障自己账号和交易的安全呢？
环境需求	1. 互联网接入。 2. 计算机（每人1台）。 3. 学习任务考核单（可在教学资源包中下载电子版）。

任务描述	任务1： （1）百度搜索“钓鱼网站”，了解钓鱼网站的情况。 （2）搜索“网络安全大事记”。 通过搜索，认识电子商务安全的相关知识。 任务2： 百度搜索电子商务安全类问题案例，并进行总结： 问题1：结合以上案例，总结当前电子商务交易各方所面临的威胁。 问题2：目前，无论是电子商务交易，还是电子商务网站本身，都存在大量的不安全因素，假定某公司怀疑自己的电子商务网站受到恶意攻击，从技术人员的角度讨论该电子商务网站的服务器可能会受到哪些安全威胁，并对此给出相应的防范策略。 问题3：面对如此多的黑客、病毒和蓄意破坏者，作为网上消费者的我们应在哪些方面进行防范？ 问题4：电子商务交易安全中都有哪些技术保障？ 任务3： （1）登录www.360.cn，下载360免费杀毒软件，进行安装、设置和升级，之后对本人使用的计算机进行病毒查杀，并提交查杀结果报告。 （2）登录www.360.cn，下载360安全卫士最新版进行安装和设置，之后进行电脑体检、清理插件、修复漏洞、木马查杀，并将结果填入学习任务考核单的相应栏目。 （3）使用360杀毒系统中的“急救箱”对本机进行深度查杀。 （4）从手机商店下载360手机安全卫士App或手机管家App，安装并对自己手机进行安全检测和病毒查杀。 （5）对个人手机进行安全设置，对手机中支付宝和微信支付进行安全设置，并给个人支付宝安装数字证书。 以上任务建议2～4学时完成。
素养提升	了解我国法律对利用计算机实施金融诈骗、盗窃、贪污、挪用公款、窃取国家秘密等违法犯罪行为的处罚规定，形成自觉遵守相关法律法规的意识。
小调查	1. 你的QQ号被盗过吗？ □被盗过　□没有 2. 你在网上购物时上过当吗？ □上过当　□没有 3. 你的电脑时常中病毒吗？ □是的　□没有
任务拓展	你还知道哪些杀毒软件和防火墙？登录火绒安全网站（https://www.huorong.cn/）下载火绒安全软件并安装和设置（先卸载电脑原有的防病毒软件后再安装）。

学习任务考核单

姓名：　　　　　　　　　　　　　学号：

序号	任务	分值	总结与归纳	成绩
1	网络安全大事记	20分		
2	电子商务交易所面临的威胁	20分		

续表

序号	任务	分值	总结与归纳	成绩
3	网上消费者如何防范安全威胁?	20分		
4	电子商务安全技术有哪些?	20分		
5	病毒查杀报告	10分		
6	木马查杀报告	10分		
合　计				

*请学生填写完学习任务考核单后上交。

知识探究

1. 电子商务的安全需求

由于电子商务是在开放的网上进行的，支付信息、订单信息、谈判信息、机密的商务往来文件等大量的商务信息将在计算机系统中存放、传输和处理，因此，其安全问题显得尤为重要。IP 欺骗、计算机病毒等造成商业信息窃取、篡改、破坏和伪造，以及机器出错、程序出错、误操作、传输错误造成的失误和失效，都严重地危害到了电子商务系统的安全，因此，保证商务信息的安全是开展电子商务的前提。

电子商务安全是一个复杂的系统问题，它不仅与其支持平台有关，还与电子商务的应用环境、交易模式、人员素质、电子商务安全立法和社会等诸多因素有关。有关电子商务的安全要求主要体现在以下几个方面。

1.1　保密性

电子商务依托的是一个开放的网络环境，因此商业信息的保密是电子商务应用全面推广的重要保障。所谓保密性，是指信息在传输或存储过程中不被他人窃取。交易中的商务信息具有保密的要求，如信用卡的账号信息、订单信息等，因此，在电子商务的信息传播过程中一般均有加密的要求，以防止信息泄露。

1.2　完整性

完整性指的是数据在存储和传输过程中，要求能保证数据的一致性，防止数据被非授权建立、修改和破坏。数据在存储、传输过程中，可能由于数据输入时的意外差错或欺诈行为，或数据传输过程中信息的丢失、信息重复或信息传送的次序差异甚至被篡改等不确定因素导致交易各方信息的差异，从而影响交易各方的交易和经营策略。因此，保证交易各方信息的完整性是电子商务应用的基础。

1.3　不可否认性

商情千变万化，当交易一方发现交易行为对自己不利时，就有可能否认交易的行为，这样必然造成另一方利益受损。在传统贸易中，双方通过在合同、契约等书面文件上手写签名或加盖印章来约束交易双方，防止抵赖行为的发生。在电子交易中，通过对发送信息进行数字签名，来实现交易的不可抵赖性（包括发送方在发送后不能抵赖和接收方在接收信息后不能抵赖）。

1.4 可靠性

可靠性指的是电子商务系统的可靠程度。任何一个电子商务系统在运作过程中都会受到计算机失效、程序出错、传输出错、硬件故障、系统软件故障、计算机病毒和自然灾害等潜在威胁。如何采取一系列的控制和预防措施来防止数据信息资源不受破坏，决定了电子商务系统的可靠程度。

2. 我国电子商务中的安全隐患

从安全和信任的角度来看，传统的买卖双方是面对面的，因此很容易保证交易过程的安全性和建立起信任关系。但在电子商务开展过程中，买卖双方通过网络来联系，由于双方的不可见性，因而建立交易双方的信任关系比较困难。电子商务交易双方都面临着不同的安全隐患。

2.1 卖方存在的安全隐患

（1）系统中心安全性易被破坏：入侵者假冒成合法用户来改变用户数据（如商品送达地址）、解除用户订单或生成虚假订单。

（2）竞争者的威胁：恶意竞争者以他人的名义来订购商品，从而了解有关商品的递送状况和货物的库存情况。

（3）商业机密的安全：客户资料被竞争者获悉。

（4）假冒的威胁：不诚实的人建立与销售者服务器名字相同的另一个 WWW 服务器来假冒销售者；虚假订单；获取他人的机密数据，如某人想要了解另一人在销售商处的信誉时，他以另一人的名字向销售商订购昂贵的商品，然后观察销售商的行动，假如销售商认可该订单，则说明被观察者的信誉高，否则，则说明被观察者的信誉不高。

（5）信用的威胁：买方提交订单后不付款。

2.2 买方存在的安全隐患

（1）虚假订单：一个冒名者可能会以客户的名字来订购商品，而且有可能收到商品，而此时客户却被要求付款或返还商品。

（2）付款后不能收到商品：在要求客户付款后，销售商中的内部人员不将订单和钱转发给执行部门，因而使客户收不到商品。

（3）货不对板：客户在付款后，收到的货与所订的货在颜色、货号、质量等方面存在差异。

（4）机密性丧失：客户有可能将秘密的个人数据或自己的身份数据（如 PIN、口令等）发送给冒充销售商的机构，这些信息也可能会在传递过程中被窃听。

（5）拒绝服务：攻击者可能向销售商的服务器发送大量的虚假订单来挤占它的资源，从而使合法用户不能得到正常的服务。

2.3 黑客攻击电子商务系统的手段

买卖双方从事网上交易时所面临的安全隐患，常常成为黑客攻击的目标。从买卖双方的情况分析，黑客攻击电子商务系统的手段大致可以归纳为以下四种：

（1）中断（攻击系统的可用性）：破坏系统中的硬件、硬盘、线路、文件系统等，使系统不能正常工作。

（2）窃听（攻击系统的机密性）：通过搭线与电磁泄漏等手段造成泄密，或对业务流量进行分析，获取有用情报。

（3）篡改（攻击系统的完整性）：篡改系统中数据的内容，修正消息次序、时间（延时和重放）。

（4）伪造（攻击系统的真实性）：将伪造的消息注入系统，假冒合法人介入系统，重放截获的合法消息实现非法目的，否认消息的接入和发送等。

3. 电子商务安全技术保障

3.1 防病毒木马黑客技术

3.1.1 计算机病毒防范

《中华人民共和国计算机信息系统安全保护条例》明确规定，计算机病毒是指编制或者在计算机程序中插入的破坏计算机功能或者破坏数据，影响计算机使用，并能自我复制的一组计算机指令或者程序代码。计算机病毒本身具有隐蔽性、传染性、触发性、破坏性和不可预见性的特点。

（1）计算机病毒的种类。

计算机病毒包括引导型病毒、文件型病毒、复合型病毒、宏病毒、蠕虫病毒等。

（2）计算机病毒的防范。

计算机病毒主要是通过读写文件和网络传播的，但这些操作又是不可缺少的，因此必须根据其传播途径采取适当措施加以防范。

1）避免多人共用一台计算机。在多人共用的计算机上，由于使用者较多，各自的病毒防范意识不一样，软件使用频繁，且来源复杂，从而大大增加了病毒传染的机会。

2）杜绝使用来源不明的软件或盗版软件。不要把他人的 U 盘、移动硬盘放进自己的计算机，也不要把自己的 U 盘、移动硬盘随便借给他人使用，更不能使用盗版的软件（文件、程序、游戏），因为它们极有可能携带病毒。

3）下载文件要到知名大网站。近年来，计算机病毒通过网络散发已成为主流，网络也使病毒的传播达到前所未有的疯狂程度，因此网上下载要谨慎，一定要到安全可靠的知名网站、大型网站，不要选择一些小型网站。使用网上下载的文件之前最好先做病毒扫描，确保其安全无毒。

4）管好、用好电子邮件（E-mail）系统和即时通信软件。

5）安装品质优良的正版杀毒软件，开启病毒防火墙。

3.1.2 黑客与木马防范

（1）黑客、木马的含义。

黑客是英文 hacker 的音译，“hacker”有“恶作剧”的意思，尤指那些手法巧妙、技术高明的恶作剧，可见，至少在早期，黑客这个称谓并无贬义。

扫一扫

深度加油站：骇客与黑客

骇客是英文 cracker 的音译，是“破坏者”的意思。这些人做的事情更多的是破解商业软件、恶意入侵别人的网站并造成损失。

素养园地

入侵他人电脑犯法吗？利用软件漏洞获利怎么处罚？

有以下行为之一的，属于违法行为；情节严重的，构成犯罪：

（1）侵入国家事务、国防建设、尖端科学技术领域的计算机信息系统。

（2）对计算机信息系统功能进行删除、修改、增加、干扰，造成计算机信息系统不能正常运行。

（3）对计算机信息系统中存储、处理或者传输的数据和应用程序进行删除、修改、增加的操作，后果严重的。

（4）利用计算机实施金融诈骗、盗窃、贪污、挪用公款、窃取国家秘密或者其他犯罪。

我国《刑法》第 287 条规定：“利用计算机实施金融诈骗、盗窃、贪污、挪用公款、窃取国家秘密或者其他犯罪的，依照本法有关规定定罪处罚。”

扫一扫

视界瞭望台：“薅羊毛”可能违法

利用软件漏洞获利属于盗窃罪，非法所得 1 万元处 3 年以下有期徒刑、拘役或者管制，并处或者单处罚金，非法所得 10 万元处 3 年以上 10 年以下有期徒刑，并处罚金。

“木马”的全称是“特洛伊木马”（Trojan Horse）。木马的名称来源于古希腊特洛伊木马的故事：希腊人围攻特洛伊城，很多年不能得手，后来想出了木马的计策，他们把士兵藏匿于巨大的木马中，在敌人将其作为战利品拖入城内后，木马内的士兵爬出来，与城外的军队里应外合攻下了特洛伊城。

计算机木马的设计者套用了同样的思路，把木马程序插入正常的软件、邮件等宿主中。在受害者执行这些软件的时候，木马就悄悄地进入系统，向黑客开放进入计算机的途径。

（2）黑客、木马的防范与查杀。

目前黑客非法获取信息主要是通过木马程序来实现的，因此对于木马的防范不能疏忽。我们在检测清除木马的同时，还要注意对木马的预防。要做到防患于未然，可以从以下几个方面着手：

1）不随意打开来历不明的邮件。

2）不随意下载来历不明的软件。

3）及时修补漏洞和关闭可疑的端口。

4）尽量少用共享文件夹。

5）安装反黑客防火墙和木马及恶意软件防控程序，实时监控。

6）经常升级系统和更新病毒库，定期对电脑全面查杀。

3.2 防火墙技术

在古代，人们总是在房子之间垒一道砖墙，当火灾发生时可以防止火势蔓延，从而达到防火的目的，这道墙就被称为防火墙。这一概念应用到网络安全中，指的是如果一个内部网络与互联网相连，用户就可以与外部网络通信，同样，外部网络也可以访问内部网络并与之交互。为了安全起见，人们一般在内部网络与互联网之间放一个中介系统，竖起一道安全屏障，用以阻止外部的非法访问和侵入，使所有的外流和内流信息都通过这道屏障的审核，这种中介系统就称作“防火墙”，示意如图7-1所示。

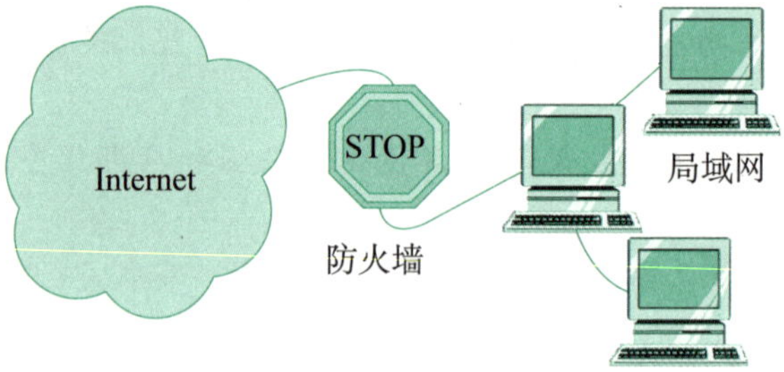

图7-1 防火墙示意图

3.2.1 防火墙的工作原理

防火墙是在内部网和互联网之间构筑的一道屏障，是在内外有别及在需要区分处设置有条件的隔离设备，用以保护内部网中的信息、资源等不受来自互联网中非法用户的侵犯。具体来说，防火墙是一类硬件及软件。

防火墙按照事先规定好的配置和规则，检测并过滤所有通向外部网和从外部网传来的信息，只允许授权的数据（即防火墙系统中安全策略允许的数据）通过，防火墙还应该能够记录有关的链接来源、服务器提供的通信量以及试图闯入者的任何企图，以方便管理员检测和跟踪，并且防火墙本身也必须能够免于各种攻击的影响。简单来说，防火墙是一个限制点，任何进入内部网的信息都必须经过它，它只允许授权信息通过，而其本身不能被渗透。如果把局域网比作一个要塞，那防火墙就是保护要塞的城墙。

3.2.2 防火墙形式的选择

常见的防火墙体系结构主要有四种类型：包过滤防火墙、双宿网关防火墙、屏蔽主机防火墙、屏蔽子网防火墙。在实际应用中，用户可根据对防火墙的规则要求、安全策略以及预算等问题，确定合适的防火墙体系机构。

3.3 加密技术

加密技术是实现电子商务安全的一种重要手段，目的是防止合法接收者之外的人获取机密信息。

加密包含两个元素：加密算法和密钥。加密算法是用基于数学计算方法与一串数字（密钥）对普通的文本（信息）进行编码，产生不可理解的密文的一系列步骤。密钥是用来对文本进行编码和解码的数字。将这些文字（称为明文）转成密文的程序称为加密程序。发送方将消息发送到公共网络或互联网之前进行加密，接收方收到消息后对其解码。所用的程序称为解密程序，这是加密的逆过程。加密算法和密钥对保护安全至关重要，在各国都有专门的机构控制加密算法的发布。

加密分为两类：对称加密和非对称加密。

（1）对称加密又称私有密钥加密，它用且只用一个密钥对信息进行加密和解密。由于加密和解密用的是同一密钥，所以发送者和接收者都必须知道密钥。

（2）非对称加密也称公开密钥加密，它用两个数学相关的密钥对信息进行编码，即公钥和私钥。

公钥与私钥是通过一种算法得到的一个密钥对。公钥是密钥对中公开的部分，私钥是密钥中非公开的部分。用公钥加密数据就必须用私钥解密，用私钥加密数据就必须用公钥解密。

3.4 认证技术

采用认证技术可以直接满足身份认证、信息完整性、不可否认和不可修改等多项网上交易的安全需求，较好地避免网上交易面临的假冒、篡改、抵赖、伪造等威胁。目前广泛使用的认证技术有：数字摘要、数字签名、数字时间戳、数字证书。

3.4.1 数字摘要

数字摘要是用哈希（Hash）算法加密而得到的一种特殊形式的密文。数字摘要技术的应用可以保证交易文件的完整性。发送方采用单向 Hash 函数对文件进行变换运算得到消息摘要，并把消息摘要和文件一同发送给接收方，接收方收到文件后，用相同的哈希函数对文件进行变换计算，用得出的消息摘要与发送来的消息摘要进行比较来判定文件是否被篡改。

3.4.2 数字签名

在传统商务合同或支付单据中，一般需要人为签字或盖章，其作用有两种：一是证明合同或支付单据是由签名者发送并认可的，负有法律责任，不能抵赖；二是保证合同或单据的真实性，不是伪造的，不经签名或者许可不得更改。在电子商务中，为了保证电子合同、电子单据等的真实性和不可否认性，可以通过数字签名来完成。

数字签名是指在要发送的信息报文上附加一个特殊的唯一代表发送者个人身份的标记（数字标签），从而证明信息报文是由发送者发送的。数字签名是密钥加密和数字摘要相结合的技术，把哈希函数和公钥算法结合使用，在保证数据完整性的同时，也能保证数据的真实性和不可否认性。

3.4.3 数字时间戳

在电子商务交易过程中，时间和签名同样十分重要。与寄信用的邮戳一样，数字时间戳服务是用来证明消息的收发时间的。数字时间戳产生的过程为：用户首先将需要加时间戳的文件用哈希算法运算形成消息摘要，然后将该消息摘要发送到第三方机构。第三方机构在加入收到消息摘要的日期和事件信息后对该文件加密（数字签名），然后送达用户。

在书面合同中，文件签署的日期也是十分重要的，是防止文件被伪造和篡改的关键性内容。在电子商务交易中，应对交易文件的日期和时间信息采取安全措施。交易者需要对经过数字签名的交易上打上一个可信赖的时间戳，而数字时间戳服务有效地为文件发布时间提供了佐证，从而有利于解决一系列的实际和法律问题。

3.4.4 数字证书

数字证书是标志网络用户唯一身份信息的一系列数据，用来在网络通信中识别通信各方的身份，即要在互联网上解决“我是谁”的问题，就如同现实中证明个人身份的身份证。数字证书作为现实实体在虚拟网络中的唯一身份标识，必须由权威、公正的第三方认证机构即数字证书认证中心颁发，认证中心要负责在发行证书前证实个人身份和密钥所有权。

数字证书可用于发送安全电子邮件，访问安全站点、网上证券、网上签约、网上办公、网上缴费、网上税务等网上安全电子事务处理和安全电子交易活动。

扫一扫

深度加油站：
CA安全认证体系

数字证书主要有以下四种证书类型：

（1）用户证书：这种证书证实用户身份和密钥所有权。

（2）服务器证书（站点证书）：这种证书证实服务器的身份和公钥。

（3）安全邮件证书：这种证书证实电子邮件用户的身份和公钥。

（4）认证中心机构证书：这种证书证实认证中心身份和认证中心的签名密钥。

任务二 电子商务立法及相关法律

案例导入

电商平台不得删除评价

消费者杨女士投诉称，之前自己曾对在某购物平台上购买的特价面膜质量不佳给予差评，但该评价被平台删除了。杨女士认为，消费评价是消费体验的重要一步，也是后续顾客购物的重要参考，故投诉该平台不顾消费者感受删除差评的行为。

杨女士的投诉合理吗？

刷销量、刷好评、删差评等“炒信”“刷单”行为，严重误导消费者，损害消费者的知情权、选择权。《电子商务法》对相关方面进行了规定：一是明确规定电子商务经营者信息披露的一般义务，要求经营者全面、真实、准确、及时披露商品或者服务信息，禁止以虚构交易、编造用户评价等方式进行虚假、引人误解的商业宣传，欺骗、误导消费者；二是要求电子商务平台经营者建立健全信用评价制度，公示信用评价规则，不得删除消费者评价信息；三是明确平台经营者未为消费者提供评价途径或者擅自删除消费者评价的，由市场监管部门责令限期整改、给予行政处罚、情节严重的，最高处以50万元以下罚款；四是明确电子商务经营者违反法律规定，实施虚假或者引人误解的商业宣传等不正当竞争行为的，依照有关法律的规定进行处罚。

问题与思考：

1. 消费者网络购物过程中产生纠纷该怎么办？
2. 你知道哪些规范电子商务方面的法律法规？

学习任务单

学习情境	小米在学习中发现，伴随着我国电子商务的高速发展，暴露出网络欺诈、电商价格战、虚假促销、售后服务不当、个人信息被泄露，以及合同问题、知识产权问题、信息安全问题、纳税问题等，如果将来自己遇到这些纠纷该怎么办呢？应该如何利用法律武器保护自己呢？我国目前的电子商务法律法规又有哪些呢？
环境需求	1. 互联网接入。 2. 计算机（每人1台）。 3. 学习任务考核单（可在教学资源包中下载电子版）。
任务描述	任务1： （1）百度搜索关键词“中华人民共和国电子商务法”，了解电子商务立法的背景、法律定义、发展状况、保护权益等具体内容。 （2）仔细阅读《中华人民共和国电子商务法》全文。（可以直接在网上阅读，也可阅读资源包提供的文档） 任务2： （1）百度搜索关键词“网络交易监督管理办法”，了解该办法的制定经过并阅读全文。 （2）深入学习该办法的内容解读。 以上任务建议2学时完成。
课程思政	保护客户隐私、诚信经营，向泄露个人隐私、“大数据杀熟”说“不”。
讨论	1.《电子商务法》与《网络交易监督管理办法》的关系。 2.《消费者权益保护法》与《电子商务法》的关系。
任务拓展	利用课余时间，学习《民法典》合同编和《消费者权益保护法》。

学习任务考核单

姓名：　　　　　　　　　　　　　　　　　学号：

序号	任务	分值	总结与归纳	成绩
1	《电子商务法》主要内容	30 分		
2	《网络交易监督管理办法》主要内容	30 分		
3	电子商务相关其他法律法规	40 分		
合　计				

* 请学生填写完学习任务考核单后上交。

知识探究

1. 电子商务法的定义

电子商务法是指调整平等主体之间通过电子行为设立、变更和消灭财产关系和人身关系的法律规范的总称，是调整企业和个人以数据电文为交易手段，通过信息网络所产生的、因交易形式所引起的各种商事交易关系，以及与这种商事交易关系密切相关的社会关系、政府管理关系的法律规范的总称。

2. 《电子商务法》的立法背景

2012 年，中国电子商务迅猛发展，交易额同比增长超过 30%，中国成为全球规模最大的电子商务市场，电子商务产业成为最具发展潜力、最有国际竞争力的产业。与电子商务迅猛发展的实践相比，当时尚未对电子商务进行专门立法，实践中规范、指导电子商务发展主要依靠部门规章，电子商务法律法规亟待梳理、补充、修改和完善，促进电子商务持续健康发展迫切需要加强立法。

扫一扫

深度加油站：《电子商务法》

2013 年 12 月 7 日，全国人大常委会召开了《中华人民共和国电子商务法》（以下简称《电子商务法》）第一次起草组的会议，正式启动了《电子商务法》的立法进程。

2018 年 8 月 31 日，十三届全国人大常委会第五次会议表决通过《电子商务法》，自 2019 年 1 月 1 日起施行。

3. 《电子商务法》的作用与影响

《电子商务法》分总则、电子商务经营者、电子商务合同的订立与履行、电子商务争议解决、电子商务促进、法律责任和附则七章。《电子商务法》的颁布和实施是我国电子商务发展史上的一个里程碑。

3.1 电子商务服务将更加规范

《电子商务法》首次明确了电子商务法律法规不仅监管通过互联网等信息网络销售商品的行为，还监管通过互联网等信息网络提供服务的行为，因此网约车、外卖、旅游、家政等各种通过网络平台提供的服务也都属于《电子商务法》所管辖的范围。对于这些服务而言，不仅要接受相应行业主管部门制定的管理规章的约束，还要遵守《电子商务法》的相关规定。

知识充电站

微商、直播销售纳入规范

近年来，电子商务新形态不断产生，通过微信、网络直播等形式销售商品、提供服务的情况日益增多，带来了很多消费维权新问题。《电子商务法》通过“其他网络服务”将这些新形态和涉及主体纳入其中，明确利用微信朋友圈、网络直播等方式从事商品、服务经营活动的主体属于电子商务经营者，有利于加强对相关领域的监管，有利于更好地解决消费纠纷。

3.2 电子商务经营将更加公开透明

《电子商务法》要求电子商务经营者应当依法办理市场主体登记和履行纳税义务，使得监管部门对电子商务经营者信息有了更加全面的了解和掌握，有效地支撑国家在电子商务方面政策的制定。同时，《电子商务法》要求电子商务经营者应当在其首页显著位置持续公示营业执照信息以及与其经营业务有关的行政许可信息，当信息发生变更时要求经营者及时更新公示信息，该措施使得消费者对经营者的信息有了更加全面的了解，经营者的合法性得到进一步认可。

3.3 不诚信经营行为将得到有效遏制

《电子商务法》从多个方面对电子商务经营者诚信经营提出了相应要求。一是《电子商务法》要求电子商务经营者不得以虚构交易、编造用户评价等方式进行虚假或者引人误解的商业宣传，欺骗、误导消费者，这使得刷单、诱导好评等不诚信经营行为受到法律的严格管制。二是《电子商务法》要求电子商务平台经营者不得删除消费对其平台内销售的商品或者提供的服务的评价，从法律层面保障了消费者的评价权，堵住了不诚信企业企图通过平台删除用户真实评价的监管漏洞。

3.4 电商平台对数据利用将更加规范

《电子商务法》要求电子商务经营者根据消费者的兴趣爱好、消费习惯等特征向消费者提供商品或者服务的搜索结果的，应当同时向该消费者提供不针对其个人特征的选项，这规范了平台利用个人数据做精准广告营销的行为，保障了消费者对商品自由选择的权利。同时，《电子商务法》要求电子商务经营者不得对用户信息查询、更正、删除以及用户注销设置不合理条件，这规范了平台对个人数据的控制行为，保障了个人对信息的查询、删除和注销等权益。

3.5 垄断竞争将得到逐步遏制

《电子商务法》要求电子商务经营者因其技术优势、用户数量、对相关行业的控制能力以及其他经营者对该电子商务经营者在交易上的依赖程度等因素而具有市场支配地位的，不得滥用市场支配地位排除、限制竞争。

素养提升小锦囊

电子商务经营者不仅要诚信经营，更要合法经营。随着新技术的发展，商业模式也不断创新，为了避免掉入违法陷阱，同学们一定要多学点法律知识，比如《电子商务法》。

4.《电子商务法》的特点

4.1 技术性

电子商务是通过互联网进行商务活动，商务活动涉及的签字、确认等环节均通过电子签名、加密等技术来实现，这是传统的民商法所没有的。

4.2 安全性

《电子商务法》对电子商务的安全性问题进行了规定，可有效预防和打击计算机网络犯罪，从而保证电子商务交易活动的安全。

4.3 开放性

《电子商务法》是关于数据电文的法律制度，而数据电文在形式上是多样化的，并且处在不断发展和变化之中，以开放的态度对待任何技术手段与信息媒介，设立开放的规范，有利于发展电子商务。

4.4 复合性

电子商务交易关系的复合性来源于其技术手段上的复杂性和多样性，通常表现为当事人必须在第三方的协助下完成交易活动。

5.《电子商务法》所呈现的保护权益的特色

《电子商务法》填补了网购监管的空白，实现了市场经营行为的全覆盖、全环节、全链条监督与管理，使电子商务行业更加规范，电子商务市场的产品质量得到提升，惩治手段更加有效。《电子商务法》保障了消费者在网上购物时的基本权益，除此之外，其对以下几个方面的权益保护有显著提高。

5.1 捆绑销售必须有显著提示

针对捆绑销售，《电子商务法》规定：电子商务经营者搭售商品或者服务，应当以显著方式提请消费者注意；不得将搭售商品或者服务作为默认同意的选项。

5.2 保证押金顺利退还

针对押金退还难的问题，《电子商务法》规定：电子商务经营者按照约定向消费者收取押金的，应当明示押金退还的方式、程序；不得对押金退还设置不合理条件；消费者申请退还押金，符合押金退还条件的，电子商务经营者应当及时退还。

5.3 向“大数据杀熟”说“不”

《电子商务法》规定：电子商务经营者根据消费者的兴趣爱好、消费习惯等特征向其提供商品或者服务的搜索结果的，应当同时向该消费者提供不针对其个人特征的选项，尊重和平等保护消费者合法权益。

扫一扫

视界瞭望台：大数据杀熟违法，也违反诚信原则

5.4 个人信息保护加强

《电子商务法》规定：电子商务经营者收集、使用其用户的个人信息，应当遵守法律、行政法规有关个人信息保护的规定。

素养园地

保护客户隐私、诚信经营，向泄露个人隐私、“大数据杀熟”说“不”

2019 年，消费者廖女士称，自己经常通过某旅行服务网站预订某酒店的房间，长年价格在 380～400 元。偶然一次，她通过前台了解到，酒店房间淡季的价格在 300 元左右，用朋友的账号在该旅行服务网站查询后发现，果然是 300 元，但用自己的账号查询还是 380 元。为什么是这样呢？原来，目前电子商务经营者积累了大量用户的个人信息、交易记录等，并利用大数据对消费者进行个人画像，有目的地提供搜索结果，进行精准营销，一些不诚信企业平台就会利用大数据“杀熟”。其实“大数据杀熟”是法律明令禁止的。《电子商务法》规定：电子商务经营者根据消费者的兴趣爱好、消费习惯等特征向其提供商品或者服务的搜索结果的，应当同时向该消费者提供不针对其个人特征的选项，尊重和平等保护消费者合法权益。廖女士完全可以拿起法律的武器保护自己的权益。

让我们学好法律，用好法律，依法诚信经营，依法保护自己的权益。

6. 电子商务活动中的其他相关法律法规

除《电子商务法》以外，我国在电子商务方面颁布的法律法规还有很多，表 7-1 列举了其中一些。这些法律法规都是电子商务经营活动各参与方需要遵守的，也是解决纠纷的法律依据。

表 7-1　电子商务其他相关法律法规

电子商务领域	相关法律法规
网站域名方面	《中国互联网络域名注册暂行管理办法》《中国互联网络域名注册申请程序》《互联网 IP 地址备案管理办法》等
交易方面	《中华人民共和国民法典》合同编、《网络交易监督管理办法》、《消费者权益保护法》、《网络购买商品七日无理由退货暂行办法》（2020 年修订）、《产品质量法》、《电子签名法》（2019 年修订）等
支付方面	《非金融机构支付服务管理办法》《非金融机构支付服务管理办法实施细则》等
信息方面	《中华人民共和国计算机信息系统安全保护条例》《非经营性互联网信息服务备案管理办法》《互联网信息服务管理办法》等
网络方面	《计算机信息网络国际联网安全保护管理办法》等

以下重点解读一下《网络购买商品七日无理由退货暂行办法》和《网络交易监督管理办法》。

6.1 《网络购买商品七日无理由退货暂行办法》解读

2017 年 1 月 6 日，国家工商行政管理总局颁布了《网络购买商品七日无理由退货暂行办法》；2020 年 10 月 23 日，国家市场监督管理总局对该暂行办法进行了修订。该暂行办法规定，消费者为生活消费需要通过网络购买商品，自收到商品之日起 7 日内依照《消费者权益保护法》第 25 条规定退货的，适用该办法。网络商品销售者应当依法履行 7 日无理由退货义务。

小资料

不适用退货的商品范围和商品完好标准

下列商品不适用 7 日无理由退货规定：

（1）消费者定作的商品。

（2）鲜活易腐的商品。

（3）在线下载或者消费者拆封的音像制品、计算机软件等数字化商品。

（4）交付的报纸、期刊。

下列性质的商品经消费者在购买时确认，可以不适用 7 日无理由退货规定：

(1) 拆封后易影响人身安全或者生命健康的商品，或者拆封后易导致商品品质发生改变的商品。

(2) 一经激活或者试用后价值贬损较大的商品。

(3) 销售时已明示的临近保质期的商品、有瑕疵的商品。

消费者退回的商品应当完好。

商品能够保持原有品质、功能，商品本身、配件、商标标识齐全的，视为商品完好。

消费者基于查验需要而打开商品包装，或者为确认商品的品质、功能而进行合理的调试不影响商品的完好。

6.2 《网络交易监督管理办法》解读

2021 年 3 月 15 日，国家市场监督管理总局出台《网络交易监督管理办法》，自 2021 年 5 月 1 日起施行，原《网络交易管理办法》同时废止。

该办法是贯彻落实《电子商务法》的重要部门规章，共 5 章 56 条。

针对网络经营主体登记问题，该办法对《电子商务法》规定的“便民劳务”和“零星小额”两类免于登记情形进行了具体界定，即个人通过网络从事保洁、洗涤、缝纫、理发、搬家、配制钥匙、管道疏通、家具家电修理修配等依法无须取得许可的便民劳务，或者年交易额累计不超过 10 万元的依法无须进行登记。

针对网络交易新业态监管问题，该办法对当前“社交电商”“直播带货”等网络交易活动中的经营者定位作出了明确规定。网络社交、网络直播等网络服务提供者为经营者同时提供网络经营场所、商品浏览、订单生成、在线支付等网络交易平台服务的，应当依法履行网络交易平台经营者的义务。通过上述网络交易平台服务开展网络交易活动的经营者，应当依法履行平台内经营者的义务。

针对压实平台责任问题，该办法规定：平台应当每半年向住所地省级市场监管部门报送平台内经营者身份信息；平台要对平台内的经营活动建立检查监控制度，并对违法行为及时处置和报告；平台不得干涉平台内经营者的自主经营，不得通过各种手段禁止或者限制平台内经营者自主选择多平台经营、自主选择快递物流等交易辅助服务提供者等。

针对消费者权益保护问题，该办法要求：经营者不得将搭售商品等选项设定为消费者默认同意，不得将消费者以往交易中选择的选项设定为消费者默认选择；要求自动展期、自动续费服务的经营者应当在消费者接受服务前以及展期、续费前 5 日，以显著方式提请消费者注意，由消费者自主选择等。

针对个人信息保护问题，该办法规定：网络交易经营者应当明示收集、使用消费者个人信息的目的、方式和范围，并经消费者同意；不得强迫或者变相强迫消费者同意收集、使用与经营活动无直接关系的信息；在收集、使用个人敏感信息前，必须逐项取得消费者同意；未经被收集者授权同意，不得向包括关联方在内的任何第三方提供。

扫一扫

深度加油站：《网络交易监督管理办法》

该办法还针对虚构交易、误导性展示评价、虚构流量数据等新型不正当竞争行为进行了明确规制，禁止各类网络消费侵权行为。

项目小结

安全和法律问题一直是制约电子商务快速发展的一个重要因素。本项目主要介绍了电子商务交易中的安全威胁及针对威胁采用的电子商务安全技术，同时介绍了国家出台的一些针对电子商务的法律法规，着重阐述了《电子商务法》及相关法律法规。结合案例与电子商务交易中实际存在的安全与法律问题，应重点学习如下内容：对电子商务安全的认识，电子商务安全要求以及当前电子商务安全技术；《电子商务法》的制定背景，《电子商务法》中有关消费者权益保护和《网络交易监督管理办法》部分内容的解读。

实训练习

知识微检验：

扫一扫

扫码自测

拓展课下练：

利用杀毒软件、反木马和流氓软件对你的个人电脑进行全面查杀，对个人手机进行全面体检和病毒查杀，就结果写一个查杀记录或日志并提交。

参考文献

［1］宋文官．电子商务实用教程［M］．5 版．北京：高等教育出版社，2014.

［2］宋文官，马笑蓉．电子商务实训［M］．北京：高等教育出版社，2004.

［3］中国就业培训技术指导中心．电子商务师国家职业资格培训教程［M］．北京：中央广播电视大学出版社，2014.

［4］叶红玉．阿里巴巴商务初级认证教程：国际贸易方向［M］．北京：清华大学出版社，2008.

［5］脸盆妹妹．在淘宝网开店［M］．北京：中国宇航出版社，2006.

［6］夏天岛影视动漫制作有限公司．阿里巴巴带你玩转电子商务［M］．北京：中信出版社，2007.

［7］曹淑艳．电子商务应用基础［M］．2 版．北京：清华大学出版社，2009.

［8］姚国章．新编电子商务案例［M］．2 版．北京：北京大学出版社，2008.

［9］林强，黄云森．电子商务基础教程［M］．2 版．北京：清华大学出版社，2005.

［10］黄敏学．电子商务［M］．4 版．北京：高等教育出版社，2014.

［11］杨坚争，杨立钒．电子商务基础与应用［M］．9 版．西安：西安电子科技大学出版社，2015.

［12］瞿彭志．网络营销［M］．5 版．北京：高等教育出版社，2019.

［13］赵祖荫．电子商务网站建设教程［M］．2 版．北京：清华大学出版社，2008.

［14］宋文官．电子商务与网络营销［M］．大连：东北财经大学出版社，2005.

［15］周树清．电子商务情景案例［M］．北京：中国国际广播出版社，2001.

［16］凯西·施瓦尔贝．IT 项目管理［M］．孙新波，朱珠，贾建锋，译．北京：机械工业出版社，2017.

［17］加里·P 施奈德．电子商务［M］．张俊梅，徐礼德，译．北京：机械工业出版社，2014.

［18］阿里巴巴商学院．电商运营［M］．2 版．北京：电子工业出版社，2019.

［19］黄若．我看电商［M］．北京：电子工业出版社，2013.

［20］张波．O2O：移动互联网时代的商业革命［M］．北京：机械工业出版社，2013.

［21］苏静，翟旭君．传统企业电商之道［M］．北京：电子工业出版社，2013.

［22］陆新之．电子商务创世纪［M］．北京：中信出版社，2016.

［23］黄若．走出电商困局［M］．北京：东方出版社，2013.

［24］赵守香，丁辉，等．网站运营与管理［M］．2 版．北京：清华大学出版

社，2019.

［25］胖胡斐．玩法变了：淘宝卖家运赢弱品牌时代［M］．北京：电子工业出版社，2012.

［26］江礼坤．网络营销推广实战宝典［M］.2 版．北京：电子工业出版社，2016.

［27］阿里巴巴商学院．网店推广［M］.2 版．北京：电子工业出版社，2019.

［28］陈威如，余卓轩．平台战略：正在席卷全球的商业模式革命［M］．北京：中信出版社，2013.

［29］昝辉．SEO 实战密码：60 天网站流量提高 20 倍［M］.4 版．北京：电子工业出版社，2021.

［30］徐茂权．网络营销决胜武器：软文营销实战方法、案例、问题［M］.2 版．北京：电子工业出版社，2015.

［31］阿里学院．网络整合营销［M］．北京：电子工业出版社，2013.

［32］昝辉．网络营销实战密码：策略、技巧、案例［M］.2 版．北京：电子工业出版社，2013.

［33］张利，杨俊清．电子商务设计师教程［M］.3 版．北京：清华大学出版社，2019.

［34］程越敏．电子商务基础［M］.2 版．北京：高等教育出版社，2020.

［35］王欣．电子商务基础［M］.3 版．北京：高等教育出版社，2019.